法学文库　主编　何勤华

香港特别行政区法院研究

董茂云　杜筠翊　李晓新　著

商务印书馆
2010年·北京

图书在版编目(CIP)数据

香港特别行政区法院研究/董茂云等著.—北京：商务印书馆，2010
（法学文库）
ISBN 978-7-100-06914-4

I.香… II.董… III.宪法－法院组织法－研究－香港 IV.D926.22

中国版本图书馆 CIP 数据核字(2009)第 240602 号

所有权利保留。
未经许可，不得以任何方式使用。

法学文库
XIĀNGGĂNG TÈBIÉXÍNGZHÈNGQŪ FǍYUÀN YÁNJIŪ
香港特别行政区法院研究
董茂云 杜筠翊 李晓新 著

商 务 印 书 馆 出 版
(北京王府井大街 36 号 邮政编码 100710)
商 务 印 书 馆 发 行
北京民族印务有限责任公司印刷
ISBN 978-7-100-06914-4

2010 年 3 月第 1 版　　　　开本 880×1230　1/32
2010 年 3 月北京第 1 次印刷　印张 9¾
定价：23.00 元

总　序

商务印书馆与法律著作的出版有着非常深的渊源,学界对此尽人皆知。民国时期的法律著作和教材,除少量为上海法学编译社、上海大东书局等出版之外,绝大多数是由商务印书馆出版的。尤其是一些经典法律作品,如《法律进化论》、《英宪精义》、《公法与私法》、《法律发达史》、《宪法学原理》、《欧陆法律发达史》、《民法与社会主义》等,几乎无一例外地皆由商务印书馆出版。

目下,商务印书馆领导高瞻远瞩,加强法律图书出版的力度和规模,期望以更好、更多的法律学术著作,为法学的繁荣和法治的推进作出更大的贡献。其举措之一,就是策划出版一套"法学文库"。

在当前国内已出版多种法学"文库"的情况下,如何体现商务版"法学文库"的特色？我不禁想起程树德在《九朝律考》中所引明末清初大儒顾炎武(1613—1682)的一句名言。顾氏曾将著书之价值界定在:"古人所未及就,后世所不可无者"。并以此为宗旨,终于创作了一代名著《日知录》。

顾氏此言,实际上包含了两层意思:一是研究成果必须具有填补学术空白之价值;二是研究对象必须是后人所无法绕开的社会或学术上之重大问题,即使我们现在不去触碰,后人也必须要去研究。这两层意思总地表达了学术研究的根本追求——原创性,这也是我们编辑这套"法学文库"的立意和目标。

具体落实到选题上,我的理解是:一、本"文库"的各个选题,应是国内学术界还没有涉及的课题,具有填补法学研究空白的特点;二、各个选题,是国内外法学界都很感兴趣,但还没有比较系统、集中的成果;三、各选题中的子课题,或阶段性成果已在国内外高质量的刊物上发表,在学术界产生了重要的影响;四、具有比较高的文献史料价值,能为学术界的进一步研究提供基础性材料。

　　法律是人类之心灵的透视,意志的体现,智慧的结晶,行为的准则。在西方,因法治传统的长期浸染,法律,作为调整人们生活的首要规范,其位亦尊,其学亦盛。而在中国,由于两千年法律虚无主义的肆虐,法律之位亦卑,其学亦微。至目前,法律的春天才可以算是刚刚来临。但正因为是春天,所以也是一个播种的季节,希望的季节。

　　春天的嫩芽,总会结出累累的果实;涓涓之细流,必将汇成浩瀚之大海。希望"法学文库"能够以"原创性"之特色为中国法学领域的学术积累作贡献;也真切地期盼"法学文库"的编辑和出版能够得到各位法学界同仁的参与和关爱,使之成为展示理论法学研究前沿成果的一个窗口。

我们虽然还不够成熟,
但我们一直在努力探索……

何 勤 华
于上海・华东政法大学
法律史研究中心
2004 年 5 月 1 日

General Preface

It's well known in the academic community that the Commercial Press has a long tradition of publishing books on legal science. During the period of Republic of China (1912—1949), most of the works and text books on legal science were published by the Commercial Press, only a few of them were published by Shanghai Edition and Translation Agency of Legal Science or Shanghai Dadong Publishing House. Especially the publishing of some classical works, such as *On Evolution of Laws*, *Introduction to the Study of the Law of the Constitution*, *Public Laws and Private Laws*, *The History of Laws*, *Theory of Constitution*, *History of the Laws in European Continents*, *Civil Law and Socialism* were all undertaken by the Commercial Press.

Now, the executors of Commercial Press, with great foresight, are seeking to strengthen the publishing of the works on the study of laws, and trying to devote more to the prosperity of legal science and the progress of the career of ruling of law by more and better academic works. One of their measures is to publish a set of books named "Jurisprudential Library".

Actually, several sets of "library" on legal science have been published in our country, what should be unique to this set of "Jurisprudential Library"? It reminded me of Gu Yanwu's(1613—1682) famous saying which has been quoted by Cheng Shude(1876—1944) in *Jiu Chao Lv Cao* (*Collection and Complication of the Laws in the Nine Dynasties*). Gu Yanwu was the great scholar of Confucianism in late Ming and early Qing Dynasties. He defined the value of a book like this: "the subject covered by the book has not been studied by our predecessors, and it is necessary to our descendents". According to this principal, he created the famous work *Ri Zhi Lu* (*Notes on Knowledge Accumulated Day by Day*).

Mr. Gu's words includes the following two points: the fruit of study must have the value of fulfilling the academic blanks; the object of research must be the significant question that our descendents cannot detour or omit, that means even if we didn't touch them, the descendants have to face them sooner or later. The two levels of the meaning expressed the fundamental pursuit of academy: originality, and this is the conception and purpose of our compiling this set of "Jurisprudential Library".

As for the requirement of choosing subjects, my opinion can be articulated like this: Ⅰ. All the subjects in this library have not been touched in our country, so they have the value of fulfilling the academic blanks; Ⅱ. The scholars, no matter at home and or abroad are interested in these subjects, but they have not published systematic and concentrated results; Ⅲ. All the sub-subjects included in the subjects chosen or the initial results have been published in the publication which is of high quality at home or abroad; Ⅳ. The subjects chosen should have comparatively high value of historical data, they can provide basic materials for the further research.

The law is the perspective of human hearts, reflection of their will, crystallization of their wisdom and the norms of their action. In western countries, because of the long tradition of ruling of law, law, the primary standard regulating people's conducts, is in a high position, and the study of law is also prosperous. But, in China, the rampancy of legal nihilism had been lasting for 2000 years, consequently, law is in a low position, and the study of law is also weak. Until now, the spring of legal science has just arrived. However, spring is a sowing season, and a season full of hopes and wishes.

The fresh bud in spring will surely be thickly hung with fruits; the little creeks will coverage into endless sea. I hope "Jurisprudential Library" can make great contribution to the academic accumulation of the area of Chinese legal science by it's originality; I also heartily hope the colleagues in the area of legal study can award their participation and love to the complication and publication of "Jurisprudential Library" and make it a wonderful window showing the theoretical frontier results in the area of legal research.

We are not mature enough

We are keeping on exploring and seeking

He Qinhua

In the Research Center of Legal History

East China University of Politics and Law, Shanghai, P. R. C.

May 1st, 2004

目　　录

序 ·· 李昌道

前　言 ·· 5
第一章　香港的政制变迁 ·· 8
　第一节　香港政制的历史源流 ·· 9
　　一、港英政制的源头 ··· 9
　　二、港英政制的流变 ·· 11
　　三、港英政制的结构和特点 ·· 14
　第二节　香港特别行政区的政制结构 ··· 19
　　一、香港特别行政区政制的基本结构 ······································· 19
　　二、香港特别行政区政制的特点 ··· 25
　第三节　香港特别行政区的政制改革 ··· 28
　　一、高官问责制改革 ·· 28
　　二、香港的民主化进程 ··· 31
第二章　香港的法制变迁 ·· 34
　第一节　香港法制的形成与特点 ··· 35
　　一、香港二元化法制的形成与流变 ·· 35
　　二、判例法主导下的港英法制体系 ·· 36
　　三、港英时期的香港法制特点 ··· 40
　第二节　香港特别行政区的法制体系 ··· 43
　　一、基本法：香港特别行政区法制的基础 ·································· 43

二、香港特别行政区法制的基本结构 …………………………… 46
　　三、香港特别行政区判例法的发展 …………………………… 57
第三章　香港特别行政区的法院组织 …………………………… 60
　第一节　终审法院 ………………………………………………… 60
　　一、终审法院的组成 …………………………………………… 60
　　二、终审法院的司法管辖权 …………………………………… 63
　第二节　高等法院 ………………………………………………… 65
　　一、高等法院的组成 …………………………………………… 65
　　二、高等法院的司法管辖权 …………………………………… 67
　第三节　区域法院 ………………………………………………… 68
　　一、区域法院的组成 …………………………………………… 69
　　二、区域法院的司法管辖权 …………………………………… 70
　第四节　裁判法院 ………………………………………………… 74
　　一、裁判法院的组成 …………………………………………… 74
　　二、裁判法院的司法管辖权 …………………………………… 75
　第五节　土地审裁处 ……………………………………………… 76
　　一、土地审裁处的组成 ………………………………………… 76
　　二、土地审裁处的司法管辖权 ………………………………… 77
　第六节　劳资审裁处 ……………………………………………… 79
　　一、劳资审裁处的组成 ………………………………………… 80
　　二、劳资审裁处的司法管辖权 ………………………………… 80
　第七节　小额钱债审裁处 ………………………………………… 82
　　一、小额钱债审裁处的组成 …………………………………… 82
　　二、小额钱债审裁处的司法管辖权 …………………………… 82
　第八节　淫亵物品审裁处 ………………………………………… 84
　　一、淫亵物品审裁处的组成 …………………………………… 85
　　二、淫亵物品审裁处的司法管辖权 …………………………… 85

第九节　死因裁判法庭 ……………………………………… 87
　　一、死因裁判法庭的组成 ………………………………… 87
　　二、死因裁判法庭的司法管辖权 ………………………… 88
第十节　司法管理的行政化 …………………………………… 88
　　一、终审法院首席法官的管理权 ………………………… 89
　　二、其他各级法院领导的管理权 ………………………… 89

第四章　香港特别行政区的法官与陪审团 …………………… 90
第一节　香港特别行政区的法官 ……………………………… 91
　　一、司法人员推荐委员会 ………………………………… 91
　　二、法官资格 ……………………………………………… 91
　　三、法官任免 ……………………………………………… 95
　　四、法官任期 ……………………………………………… 98
　　五、法官行为指引 ………………………………………… 98
　　六、对法官的投诉、诉讼及处分 ………………………… 103
第二节　香港特别行政区的陪审团 …………………………… 104
　　一、陪审团的职责 ………………………………………… 104
　　二、陪审团的组成 ………………………………………… 104
　　三、陪审员的资格与产生 ………………………………… 105
　　四、陪审团的裁决规则 …………………………………… 105
　　五、陪审员的职责和待遇 ………………………………… 106
　　六、陪审团制度改革的最新探索 ………………………… 107

第五章　香港特别行政区法院的民事司法改革 ……………… 110
第一节　香港法院民事司法改革背景与思路 ………………… 110
　　一、香港法院民事司法改革背景 ………………………… 110
　　二、香港法院民事司法改革思路 ………………………… 113
第二节　香港法院民事司法改革主要内容与保障措施 ……… 119
　　一、民事司法改革主要内容 ……………………………… 119

二、民事司法改革保障措施 …………………………………… 122
第六章　香港特别行政区法院的司法独立 ………………………… 130
　第一节　香港法院司法独立的传统与现状 ……………………… 131
　　一、香港法院司法独立的传统 …………………………………… 131
　　二、香港特别行政区法院司法独立的现状 ……………………… 132
　　三、香港特别行政区法院司法独立的积极意义 ………………… 134
　第二节　香港特别行政区法院司法独立的具体保障措施 ……… 136
　　一、法官的任期保障 ……………………………………………… 136
　　二、法官的司法豁免 ……………………………………………… 136
　　三、法官的薪酬保障 ……………………………………………… 137
　第三节　对香港特别行政区法院司法独立的展望 ……………… 138
　　一、对于香港法院的立场的预期 ………………………………… 138
　　二、对于香港立法会与香港政府的立场的预期 ………………… 139
　　三、对于中央国家机关的立场的预期 …………………………… 140

第七章　香港特别行政区法院的角色定位 ………………………… 142
　第一节　中国主权下的香港法院 ………………………………… 142
　　一、香港特别行政区法院与全国人大及其常委会的关系 ……… 143
　　二、香港特别行政区法院与内地法院的关系 …………………… 147
　第二节　司法消极主义与司法积极主义 ………………………… 152
　　一、香港法院的司法消极主义传统 ……………………………… 152
　　二、司法积极主义对香港法院的影响 …………………………… 154

第八章　香港特别行政区法院的司法审判 ………………………… 156
　第一节　香港法院的民事审判 …………………………………… 157
　　一、香港法院民事审判的法律渊源 ……………………………… 157
　　二、香港法院民事审判的基本原则 ……………………………… 157
　　三、香港法院的民事司法管辖权 ………………………………… 159
　　四、香港法院民事审判基本程序 ………………………………… 160

五、香港法院民事审判中的司法救济 …………………………… 166
　　六、香港法院民事审判中的证据制度 …………………………… 169
第二节　香港法院的刑事审判 ……………………………………… 173
　　一、香港法院刑事审判的法律渊源 ……………………………… 173
　　二、香港法院刑事审判的基本原则 ……………………………… 173
　　三、香港法院的刑事司法管辖权 ………………………………… 174
　　四、香港法院刑事审判基本程序 ………………………………… 177
　　五、香港法院刑事审判中的司法救济 …………………………… 182
　　六、香港法院刑事审判中的证据制度 …………………………… 187
第三节　香港特别行政区法院的行政司法救济 …………………… 188
　　一、香港法院行政司法救济的方式 ……………………………… 188
　　二、香港法院司法审查的原则 …………………………………… 190
　　三、香港法院司法审查的对象 …………………………………… 192
　　四、香港法院司法审查的程序 …………………………………… 193
　　五、香港法院司法审查的救济措施 ……………………………… 194
第四节　香港法院司法审判与香港政制法制发展 ………………… 194
　　一、香港法院司法审判对香港政制统一的保障 ………………… 195
　　二、香港法院司法审判对法律实施和法制发展的促进 ………… 196
　　三、香港法院司法审判对法律文化的推进 ……………………… 198

第九章　香港法院的法律解释与宪法性法律解释传统 ……………… 201
第一节　香港法院法律解释的一般原则和方法 …………………… 202
　　一、判例法的解释方法 …………………………………………… 203
　　二、制定法法律解释的一般原则 ………………………………… 204
　　三、法律解释的辅助资料 ………………………………………… 210
第二节　回归前香港法院的宪法性法律解释 ……………………… 211
　　一、回归前香港法院的宪法性法律解释机制 …………………… 211
　　二、回归前香港法院的宪法性法律解释原则与方法 …………… 215

第三节 香港法院法律解释与香港政制和法制发展 ……… 219
　一、香港法院法律解释与法律适用 ……… 220
　二、香港法院法律解释与香港政制关系 ……… 221
　三、香港法院法律解释与香港社会发展 ……… 223

第十章　香港法院对基本法的解释 ……… 225
第一节 香港法院对基本法的解释机制 ……… 225
　一、香港法院对《基本法》的解释权依据 ……… 225
　二、香港法院对《基本法》的解释机制 ……… 228
第二节 香港法院对《基本法》的解释原则与方法
　　　　——以案例为视角 ……… 232
　一、宪法解释方法 ……… 232
　二、香港法院对《基本法》的解释原则与方法 ……… 235
第三节 关于《基本法》解释的问题与争议 ……… 256
　一、香港法院的审查对象 ……… 257
　二、香港法院对《基本法》的解释权限、范围和程序 ……… 259
　三、香港法院对人大释法的司法适用 ……… 262
　四、《基本法》解释与"一国两制" ……… 266

第十一章　香港法院作用带来的思考 ……… 267
第一节 法院作用的传统性 ……… 267
　一、法院作用的观念传统 ……… 268
　二、法院作用的政治传统 ……… 269
　三、法院作用的法律传统 ……… 270
第二节 法院作用的制度性 ……… 271
　一、法院作用与法治 ……… 271
　二、法院作用与司法独立 ……… 273
第三节 法院作用的成长性 ……… 274
　一、法院在政制中作用的成长性 ……… 275

二、法院在法制中作用的成长性 …………………………………… 277
参考文献 ……………………………………………………………… 279
附录 …………………………………………………………………… 284
　　香港特别行政区终审法院 ……………………………………… 284
　　香港特别行政区司法机构体系 ………………………………… 286
　　高等法院、区域法院及土地审裁处的上诉机制 ……………… 286
　　裁判法院及审裁处的上诉机制 ………………………………… 287

Contents

Preface ·· Changdao Li

Introduction ··· 5
Chapter One　The Evolution of Hong Kong's Political System ······ 8
　Section One　The Headstream and Evolution of Hong Kong's
　Political System ··· 9
　　I. The Headstream of British Hong Kong's Political System ············ 9
　　II. The Evolution of British Hong Kong's Political System ············ 11
　　III. The Framework and Characteristics of British Hong Kong's
　　Political System ··· 14
　Section Two　The Political System of Hong Kong Special
　Administrative Region (SAR) ··· 19
　　I. The Framework of Hong Kong SAR's Political System ············ 19
　　II. The Characteristics of Hong Kong SAR's Political System ············ 25
　Section Three　The Reform of Hong Kong SAR's Political
　System ··· 28
　　I. The Reform of the Principal Officials Accountability System ············ 28
　　II. The Democracy Course of Hong Kong ····························· 31
Chapter Two　The Evolution of Hong Kong's Legal System ······ 34
　Section One　The Emergence and Characteristics of Hong
　Kong's Legal System ··· 35

  Ⅰ. The Emergence and Evolution of Hong Kong's Dual Legal System …… 35

  Ⅱ. The British Hong Kong's Legal System Dominated by Case Law … 36

  Ⅲ. The Characteristics of British Hong Kong's Legal System …… 40

Section Two The Legal System of Hong Kong SAR …… 43

  Ⅰ. The Basic Law: The Constitutional Base of Hong Kong SAR's Legal System …… 43

  Ⅱ. The Framework of Hong Kong SAR's Legal System …… 46

  Ⅲ. The Development of Case Law of Hong Kong SAR …… 57

Chapter Three The Court System of Hong Kong SAR …… 60

Section One The Court of Final Appeal …… 60

  Ⅰ. The Structure of the Court of Final Appeal …… 60

  Ⅱ. The Jurisdiction of the Court of Final Appeal …… 63

Section Two The High Court …… 65

  Ⅰ. The Structure of the High Court …… 65

  Ⅱ. The Jurisdiction of the High Court …… 67

Section Three The District Court …… 68

  Ⅰ. The Structure of the District Court …… 69

  Ⅱ. The Jurisdiction of the District Court …… 70

Section Four The Magistrates' Courts …… 74

  Ⅰ. The Structure of the Magistrates' Courts …… 74

  Ⅱ. The Jurisdiction of the Magistrates' Courts …… 75

Section Five The Lands Tribunal …… 76

  Ⅰ. The Structure of the Lands Tribunal …… 76

  Ⅱ. The Jurisdiction of the Lands Tribunal …… 77

Section Six The Labour Tribunal …… 79

  Ⅰ. The Structure of the Labour Tribunal …… 80

II. The Jurisdiction of the Labour Tribunal ················· 80
Section Seven　　The Small Claims Tribunal ······················ 82
　　I. The Structure of the Small Claims Tribunal ··············· 82
　　II. The Jurisdiction of the Small Claims Tribunal ············ 82
Section Eight　　The Obscene Articles Tribunal ···················· 84
　　I. The Structure of the Obscene Articles Tribunal ············ 85
　　II. The Jurisdiction of the Obscene Articles Tribunal ········ 85
Section Nine　　The Coroner's Court ····························· 87
　　I. The Structure of the Coroner's Court ···················· 87
　　II. The Jurisdiction of the Coroner's Court ················· 88
Section Ten　　The Administration of the Court System ············ 88
　　I. The Administrative Power of the Chief Justice of the Court of Final Appeal ··· 89
　　II. The Administrative Power of other Courts ················ 89
Chapter Four　　The Judges and Jury of Hong Kong SAR ············ 90
　Section One　　The Judges of Hong Kong SAR ··················· 91
　　I. The Judicial Officers Recommendation Commission ·········· 91
　　II. The Qualification for a Judge ··························· 91
　　III. The Appointment and Removal of a Judge ················· 95
　　IV. The Tenure of a Judge ································· 98
　　V. The Guide to Judicial Conduct ·························· 98
　　VI. Complaints and Punishments against a Judge's Conduct ···· 103
　Section Two　　The Jury of Hong Kong SAR ······················ 104
　　I. The Duty of a Jury ···································· 104
　　II. The Structure of a Jury ······························· 104
　　III. The Qualification for Juror and Make up of a Jury ········ 105
　　IV. The arbitration rules of a Jury ························· 105
　　V. The Duty and Treatment of a Juror ······················ 106

  VI. The Latest Reform of the Jury System ……………………… 107

Chapter Five The Civil Justice Reform of the Courts of Hong Kong SAR ……………………………………………………………… 110

 Section One The Backgrounds and Considerations of the Civil Justice Reform of Hong Kong Courts ……………… 110

  I. The Backgrounds of the Civil Justice Reform of Hong Kong Courts ………………………………………………………… 110

  II. The Considerations of the Civil Justice Reform of Hong Kong Courts ……………………………………………………… 113

 Section Two The Main Contents and Guarantee Measures of the Civil Justice Reform of Hong Kong Courts ………… 119

  I. The Main Contents of the Civil Justice Reform …………… 119

  II. The Guarantee Measures of the Civil Justice Reform ……… 122

Chapter Six The Judicial Independence of the Courts of Hong Kong SAR ……………………………………………………………… 130

 Section One The Tradition and Current Condition of the Judicial Independence in Hong Kong Courts ………………… 131

  I. The Tradition of the Judicial Independence in Hong Kong Courts … 131

  II. The Current Condition of the Judicial Independence in Hong Kong SAR Courts ……………………………………………………… 132

  III. The Significance of the Judicial Independence in Hong Kong SAR Courts ………………………………………………………… 134

 Section Two The Guarantee Measures of The Judicial Independence in Hong Kong SAR Courts ……………………… 136

  I. Judges' Tenure as a Guarantee ……………………………… 136

  II. Judges' Immunity from Jurisdiction as a Guarantee ………… 136

  III. Judges' Salary as a Guarantee ……………………………… 137

Contents

Section Three　The Prospect for The Judicial Independence in Hong Kong SAR Courts ……… 138
　I. The Prospect for the Hong Kong Courts' Standpoint ……… 138
　II. The Prospect for the Hong Kong Legislative Council and the Hong Kong Government' Standpoint ……… 139
　III. The Prospect for the Central Government' Standpoint ……… 140

Chapter Seven　The Role of Hong Kong SAR Courts ……… 142
Section One　Hong Kong Courts under China's Sovereignty ……… 142
　I. The Relationship between the Hong Kong Courts and the National Peoples' Congress and its Standing Committee ……… 143
　II. The Relationship between the Hong Kong Courts and the Courts of the Mainland ……… 147
Section Two　Judicial Passivism and Judicial Activism ……… 152
　I. The Judicial Passivism Tradition of Hong Kong Courts ……… 152
　II. The Effection of Judicial Activism to Hong Kong Courts ……… 154

Chapter Eight　The Adjudgement of Hong Kong SAR Courts ……… 156
Section One　The Civil Adjudgement of Hong Kong Courts ……… 157
　I. The Law Sources of Civil Adjudgement ……… 157
　II. The Basic Principles of the Civil Adjudgement of Hong Kong Courts ……… 157
　III. The Civil Jurisdiction of Hong Kong Courts ……… 159
　IV. The Basic Civil Procedure of Hong Kong Courts ……… 160
　V. The Judicial Remedy Provided in Civil Adjudgement ……… 166
　VI. The Evidence Rules of Civil Adjudgement ……… 169
Section Two　The Criminal Adjudgement of Hong Kong Courts ……… 173
　I. The Law Sources of Criminal Adjudgement ……… 173

II. The Basic Principles of the Criminal Adjudgement of Hong Kong Courts ……… 173
III. The Criminal Jurisdiction of Hong Kong Courts ……… 174
IV. The Basic Criminal Procedure of Hong Kong Courts ……… 177
V. The Judicial Remedy Provided in Criminal Adjudgement ……… 182
VI. The Evidence Rules of Criminal Adjudgement ……… 187

Section Three　The Administrative Judicial Remedies of Hong Kong Courts ……… 188
I. The Modes of Administrative Judicial Remedies of Hong Kong Courts ……… 188
II. The Principles of Judicial Review by Hong Kong Courts ……… 190
III. The Objects of Judicial Review by Hong Kong Courts ……… 192
IV. The Procedure of Judicial Review by Hong Kong Courts ……… 193
V. The Remedy Measures of Judicial Review by Hong Kong Courts ……… 194

Section Four　The Adjudgement of Courts and Hong Kong's Political and Legal System Reform ……… 194
I. The Guarantee for the Unification of Hong Kong's Political System Provided by The Adjudgement of Hong Kong Courts ……… 195
II. The Promotion of the Practice and Development of Hong Kong's Legal System Provided by The Adjudgement of Hong Kong Courts ……… 196
III. The Boom of Legal Culture Driven by the Adjudgement of Hong Kong Courts ……… 198

Chapter Nine　The Legal Interpretation and Constitutional Interpretation Tradition of Hong Kong Courts ……… 201
Section One　The General Principle and Methodology of the Legal Interpretation in Hong Kong Courts ……… 202
I. The Interpretation of Case Law ……… 203
II. The General Principles on the Interpretation of Positive Law ……… 204

III. The Reference Materials of Legal Interpretation ········· 210

Section Two   The Constitutional Interpretation before Hong Kong's Return ········· 211

  I. The Courts' Constitutional Law Interpretation System before Hong Kong's Return ········· 211

  II. The Courts' Constitutional Law Interpretation Principles and Methods before Hong Kong's Return ········· 215

Section Three   The Legal Interpretation and the Political and Legal Development of Hong Kong ········· 219

  I. The Legal Interpretation and Practice of Hong Kong Courts ········· 220

  II. The Relationship between the Legal Interpretation of Hong Kong Courts and Hong Kong's Political System ········· 221

  III. The Legal Interpretation of Hong Kong Courts and the Development of Hong Kong Society ········· 223

Chapter Ten   Hong Kong Courts' Interpretation for the Basic Law ······ 225

  Section One   The Basic Law Interpretation System of Hong Kong Courts ········· 225

    I. The Legality of the Basic Law Interpretation of Hong Kong Courts ········· 225

    II. The Mechanism of the Basic Law Interpretation of Hong Kong Courts ········· 228

  Section Two   The Basic Law Interpretation Principles and Methods of Hong Kong Courts: From the Cases Perspective ······ 232

    I. The Methods of Constitutional Interpretation ········· 232

    II. The Basic Law Interpretation Principles and Methods of Hong Kong Courts ········· 235

  Section Three   The Main Questions and Disputes about the Basic Law Interpretation ········· 256

    I. The Object of the Judicial Review by Hong Kong Courts 257

    II. The Power, Range and Procedure in the Interpretation of Basic Law by Hong Kong Courts 259

    III. Hong Kong Courts' Judicial Application of the Legal Interpretation of the National Peoples' Congress 262

    IV. The Basic Law Interpretation and "One Country, Two Systems" 266

Chapter Eleven   The Thoughts on the Function of Hong Kong Courts 267

  Section One   The Traditionalism of the Function of Court ... 267

    I. The Idealistic Tradition of the Function of Court 268

    II. The Political Tradition of the Function of Court 269

    III. The Legal Tradition of the Function of Court 270

  Section Two   The Systematism of the Function of Court 271

    I. The Function of Court and Rule of Law 271

    II. The Function of Court and Legal Independence 273

  Section Three   The Accretionism of the Function of Court ... 274

    I. The Accretionism of the Function of Court in the Political System 275

    II. The Accretionism of the Function of Court in the Legal System ... 277

Bibliography 279

序

  茂云教授为项目负责人，偕其两位博士生弟子，在教育部人文社会科学项目成果基础之上，精心修改，其成品之精，填补之相关香港法制研究中有关法院部分项目的空白，甚属可喜、可贺！

  法院乃一国、一地区有举足轻重之地位的法治机构，它是该国、该地区政制和法制的治理组织。尤其是香港法院实属独特：它既具有一般法院之属性，同时又具有"一国两制"的属性；既有普通法系的法律传统，又须与《香港基本法》相衔接。踏实香港司法独立的基本载体，是香港繁荣稳定的监护女神。专著以独特视角、新颖立意、缜密思考、丰富内容，主要从宏观层面阐明香港法院的基本理念、体系结构、严格程序、司法独立、制度改革、法律解释、违宪审查、作用思考等，是一部有分量、有亮点、有内涵，能引人思索的力作，为研究香港法制打开了一扇全新之门。

  全书共十一章，正如作者在"内容摘要"中所云：本书着重解决之大问题，即香港政制和法制基础作用；香港法院基本组织及其发展；香港法院作用。纵览全书，想见大致有五大特色：

一、追根溯源

  历史即社会的遗响。追溯源头是研究任何课题的最佳途径，它能使研究者抓住本质、掌握规律、发现轨迹、了解其"然"，并知其"所以然"。这也许是茂云教授曾长期研究法律史的缘因。专著对香港政制的探求、对香港法制的追索、对香港法院的研讨,都从开埠后入笔,并以法条为依据、案例为依托;其他有关组织体系、程序规范、角色转换等无不如此。追根溯源才能言之有理、言之有物,而不会空谈泛论。

二、创新理念

理念犹如大厦的栋梁、人体的骨骼,它支撑着论著的主体,是其深度、广度的基础,亮点的所在;而创新理念则更重要,否则老生常谈,将会食之无味,弃之可惜。

专著的最后一章——香港法院作用带来的思考,乃全书集中创新性理念的总结。根据前十章的阐述,对法院的作用在不同宪政框架和法律传统下的相异,归纳为法院作用的传统性、制度性、成长性,颇有新意。它既包含了与不同国家的法院作用比较,也概括了"一国两制"下法院作用的特点;指明法院传统作用虽然形式上非刚性,但实际上是长久释放,胜于刚性;并特别提出香港法院面临新的挑战,在《香港基本法》框架下,通过司法判例创新法律,遇有前所未有的困难,不同法系的融合成为世界性难题。

三、贯注热点

贯注课题有关热点,是专著的现实性、生命力、学术价值之所在。当前香港法院对香港基本法的违宪审查权的认识,颇有分歧,其有或无、作用、范围、依据等,众说纷纭,莫衷一是。专著重点分析了香港法院的法律解释与宪法性法律解释传统;回归前香港法院宪法性解释;香港法院法律解释的发展;香港法院是否对香港基本法解释及其解释原则和方法;并集中研讨关于基本法解释的问题与争议等。特别指出,1999年6月26日,全国人大常委会的《解释》中并未对终审法院所宣称的对全国人大立法行为的审查权给与评论和回应。所以,目前对终审法院所宣示的该种审查权的讨论还是集中表现在学术和理论层面上。倡导一家之言，颇可琢磨。

四、梳理特点

香港法院作用具有与众不同的特点，它是"一国两制"下的法院，是中国主权下的香港特区法院。与全国人大常委会的关系、与全国人大常委会"释法"的关系、与内地法院的关系都有其特殊性。但它又享有高度自治权，有独立的司法权和终审权。《香港基本法》基本保留了香港原有的法院组织体系及司法制度，同时根据香港特区的法律地位和发展需要，确立了适合香港特点的司法原则。这是切入研究香港法院作用的关键点。

五、旁征博引

大量引用是人文社会科学专著的基石，在此基石上加以梳理、提炼，构建独特思路，方能形成创新理念。本专著引用大量国内外有关论著，既有基础性，又有专题性；并且引用香港司法机构网上资料，既有现实性，又有及时性。可谓史论结合，有史有论。法学著作的旁征博引离不开法条和案例。专著引用大量法条、法规和众多案例，这是复杂法律事实的认定和法律适用过程的结果，又蕴含着丰富的法律精神和法学理念。

回归十二年来，香港法院走过的路并不平坦，其行程绝非风平浪静，落实香港法院的作用并非轻而易举。但总而言之，它充分发挥作为香港的法制、宪政、人权和自由的监护者角色。其重要性、积极性、活跃性与回归前相比有增无减。当然有不少香港法院作用问题尚待研究，如是否可以介入立法会内部的议事运作、是否可受理因政策性条文引起的争论、英美法系中"政治问题回避审查"原则的运用、香港法院作用发挥受制于外在限制和内在限制的关系及其内涵等。

从法治实践来言，十二年来，香港法院在香港政制和法制中的功用有增无减，有宽阔空间去发展香港法律。香港法院作用所面临的挑战一方面是如何充分发挥香港法院管辖权，藉以维护法治和权利保障等原则；另一方面则是不采取过高姿态，以避免法院过于政治化，掌握中庸之道，处理社会整体利益平衡，不过于激进也不过于保守。

正如全国人大常委会香港特别行政区基本法委员会委员、香港大学法学院陈氏基金宪法学教授、香港法律改革委员会成员陈弘毅教授指出：香港是中华人民共和国的一个窗口，在回归以前，这个窗口作用在经济上尤其重要；回归以后，香港的法律和政治制度成为重要内容。香港法院的作用及其与法治、宪政、人权、自由的关系，不但是对港人的考验，更是对中国乃至其国家政权的考验。陈教授祈愿国人能以"一国两制"在香港的法治实践中汲取法治和宪政的资源，使我国法治事业蒸蒸日上。

以此共勉，并作为序。

李昌道
2009 年 7 月于复旦园

前　　言

　　香港最初的西式法治似乎是被逼出来的。鸦片战争后,英国统治者用坚船利炮占领了香港,他们把英国法的传统,包括司法体制推广到香港。但是,香港早期的法院,可谓处境寒酸。1856年,有报纸记者描写香港的高等法院:"法院设在楼上,楼下一部分为警察分庭,一部分为宿舍,楼上的房屋矮而狭长,法庭所在地仅一面有窗,大雨时若不关窗,则律师席即有泛滥之患,可是紧闭窗门,室内则闷热难耐。以至于有些身体衰弱的陪审员,宁愿缺席而被判罚100元,不愿冒险出庭,因为出庭一次回家后调理身体的费用也要花费这个数目。"[①]面对破旧的法庭、慵懒的陪审团、只会讲英文的法官,有多少香港人能看到司法的正义和权威呢?1912年,位于得副辅道与遮打道间的高等法院建筑正式落成。经过100多年的发展,香港的法治逐步成熟,司法制度也基本健全。

　　在普通法内,法治精神应包含下列法律原则:(1)法律的运作独立于政治制度;法律具有公开性;法律具有确定性;法律受到尊重。(2)法律并非统治的工具,而是市民权利的屏障。(3)任何人无论地位多高,都要遵守法律;只有违反法律的明文规定,才受惩罚。(4)法律面前人人平等。(5)政府的决定须以法律为依据。(6)解决纷争由独立于行政机关的法官负责,法官独立审判,只服从法律。临近九七回归,香港的

[①] 连继民:《别了义律公告》,中国友谊出版社,1997年版,第21页。

民主和法治在有意无意中加快了速度。香港的法治及司法传统终于被看成是旧香港的宝贵遗产。法治与司法传统的维护,与香港的顺利回归和保持繁荣稳定联系起来。

1997年7月1日,香港回归,法官的灰白假发套与猩黑色法袍并无改变,但法官宣誓效忠的对象却发生了根本性变化。包括终审法院首席法官李国能(2009年谢任)在内的全体法官,均须宣誓忠于香港特别行政区,拥护《中华人民共和国香港特别行政区基本法》(以下简称《基本法》)。法官和其他司法人员中国香港人面孔的增加,以及中文在法庭中越来越多地使用,司法的亲民性日益体现。

随着法治的发展与成熟,法律渗入社会生活的各个角落,司法成为解决权益冲突和纠纷的广泛使用的手段。随着《基本法》的实施,"一国两制,港人治港"的原则得以贯彻,政治性的争议与诉讼快速增加。在马维騉案中,临时立法会是否合法?"居港权"案中,居港权证明书的要求是否违反《基本法》第24条第2款?"国旗、国徽"案中,国旗国徽条例和区旗区徽条例是否违反《基本法》第39条所保证的《公民权利与政治权利国际公约》所述的表达自由?香港法院,特别是香港终审法院在这些政治性案件中,面临重大挑战。

法院在政制与法制中的最基础的作用无疑是纠纷解决,而扩展的作用则包括社会控制、权力制约、规范创制、正义促进等。由于历史传统的不同,政制与法制的不同,法院的具体作用有许多不同。香港法院曾经在普通法的长河中遨游,今天,却又有《基本法》这一典型的大陆法的法典确定它的地位与职权。基于《基本法》在香港政制与法制中的基础地位,香港特别行政区法院因拥有《基本法》解释权而提升了自身地位。《基本法》虽然全面规定了香港的政治制度及香港居民的权利,但基于其作为全国人大综合性立法所具有的法典形式,其体系化、抽象化的特点,为《基本法》在适用中的解释留下了巨大空间。香港特别行政区法院,特别是其终审法院,因承担特殊的时代使命而呈现司法权扩张的明显势头。司法权扩张带来的争议虽然不可避免,但是,法院在政制法制中逐步取得中心地位,几乎可以成为定论。

香港法院在政制法制中的具体作用可以从法院的独立性地位及与其他政权机关的关系中来观察,也可以从司法审判和司法审查的过程中来观察,还可以从法律解释和《基本法》解释的作用中来观察。

本书是在我们共同完成的教育部九五人文社会科学项目"法院在香港特别行政区政制与法制中的作用"研究成果的基础上修改而成的。具体分工:董茂云设定写作总思路与整体结构,撰写前言、第六章、第十一章,负责全书通稿、定稿;杜筠翊撰写第三章、第四章、第五章、第七章、第八章、第九章、第十章;李晓新撰写第一章、第二章。这本书,凝聚着我们在共同学术探索中的感悟、心血和友谊。

第一章　香港的政制变迁

　　1997年的香港回归是中国政治制度史上的一个重要事件,它不仅宣告了中国香港地区作为殖民地的屈辱历史的结束,而且开启了香港政治制度创新和发展的新篇章。香港回归以前,由于其是作为英国的海外殖民地而存在的,因此其政治制度基本上是按照英国殖民地的统治架构建立并发展而成。从殖民地性质出发,不仅香港政府的权力来源于宗主国英国的赋予,而且政府对香港地区民众的管制不是以民众的同意或选择为基础,港英政府和香港社会之间的权力关系只是一种自上而下的指令式关系,而不存在自下而上的制约机制。这种体制的集中表现就是香港回归前长期存在的以港督为首脑的中央集权式体制。在这种体制下,港督作为英国皇权在香港的统治象征,集行政、立法大权于一身,兼任行政局和立法局两局的主席,有权任命法官,并兼任港英海陆空三军总司令,权力之大,是任何一个宪制国家的地方行政首长所无法比拟的。

　　随着香港的顺利回归,以及《基本法》的正式实施,宣告了一个建立在中华人民共和国主权基础上,以"港人治港"和"高度自治"为原则的香港特别行政区政府的诞生。从这一时刻开始,香港的政治制度发生了深刻的变革,其最重要的体现就是香港的主权从归属于英国政府变为归属于中国政府,香港特别行政区的责任对象也相应变为中国政府和香港特别行政区自身。但同时,香港作为一个运作成熟的资本主义社会,其政治制度、经济制度和社会制度又是紧密结合在一起的,不少港英政府时期的政治制度在改造后得以延续。如特别行政区行政长官的权力与港英总督的权力有些相近,特别行政区行政会议和立法会与港英时期的行政局和立法局相比有较大的继承性,等等。

第一节 香港政制的历史源流

一、港英政制的源头

1841年1月20日,清朝代表琦善与英国驻华全权公使兼商务总监义律(Charles Elliot)签订了《穿鼻条约》,将"香港之岛及其港口割让于英国"。1842年8月29日,清政府与英国在《南京条约》中又约定:"今大清皇帝准将香港一岛给予英国君主暨嗣后世袭主位者,常远主掌,任便立法治理。"从此,中国失去了对香港的统治。但与英国当时其他的殖民地相比,英国占领香港的目的不仅限于殖民,而且带有外交、军事及商业意图。关于这一点,在1843年英国殖民地部及军事大臣写给第一任香港总督璞鼎查的信中说得很明白:"香港的占领,不是为了殖民,而是为外交、商业及军事目的的。负责管治此地的官员,须同时负责与中国的接触和谈判,管治在中国境内英人,处理与中国的贸易。"①有鉴于香港的这种特殊情况,以及香港与中国内陆毗邻,华人占据多数等特点,使得其最初的政治制度在英国19世纪的所谓皇领殖民地模式②的基础上,具有了自己的一些特色。

---

① 转引自郑宇硕编:《香港政制及政治》,香港天地图书有限公司,1987年版,第5页。
② 19世纪,英国殖民地直接管辖下的殖民地政制主要有三种类型:第一种类型是殖民地部委派总督为全权代表,负责殖民地的各项事务,不设任何议局,此类殖民地多为军事战略要地,如直布罗陀海峡等;第二种类型是总督下设一议局或行政、立法两局为辅助,议局成员全为委任,如锡兰、毛里求斯等地;第三种类型是总督下设行政、立法两局,两局议员部分或全部由选举产生,如马耳他、西印度群岛等殖民地。

从宪法上来看,最初的香港政制是根据1843年4月5日英国女王签署的《英皇制诰》和次日颁发的《皇室训令》而建立的。1843年的《英皇制诰》被称为是香港殖民地政制宪法的蓝本,它以大英联合王国女皇的名义,颁布了香港殖民地政府组织的基本法则,规定总督为香港首长,下设立法和行政两局。在立法局的协助下,港督可以制定法律条例,以确保殖民地的"和平、秩序和良好管理"。但香港所制定法律条例的权限要受到以下几个方面的制约:一是不得违反殖民地部训令的指示;二是英皇对香港所制定的法律条例享有否决权;三是英国国会或英皇会同内阁有权制定适用于香港的法律。因此,港督享有管理和处置香港事务的最高权力,在行政局的协助下,是颁布法令、处理土地分配、任免法官、太平绅士及公务员等行政事宜的最高决策者。

《皇室训令》可以说是《英皇制诰》的执行细则,它具体规定了行政、立法两局的构成与运作,以及港督在两局中所享有的基本权力。根据《皇室训令》的规定,立法局由三名成员组成,由港督提名、英皇任命,会议主席为香港总督,所讨论内容仅限于港督提出的事项,会议记录不公开,每半年送交殖民地部审阅。港督在立法局享有决定性投票权,也有权否决全体议员的意见。行政局的构成和立法局相同,其职权具有咨询性质。会议的召开及讨论议题,由港督最后决定,港督有权拒绝接受会议的意见,但必须将意见记录在案,并向殖民地部就拒绝原因加以解释。

《英皇制诰》和《皇室训令》奠定了香港作为英国殖民地政府的宪制框架,二者所确立的以港督为核心的中央集权式政治体制,将香港置于英国王权的直接管辖之下,使得香港政治深深烙上了殖民统治的色彩。1843年以后,在原有的两个敕令基础上,英国又于1917年发布了新的《英皇制诰》和《皇室训令》,奠定了20世纪香港回归之前的政治制度结构。受这种政治制度运行惯性的影响,时至今日,香港政制依然清晰地反映着这种制度的诸多特点。

二、港英政制的流变

（一）香港政制的最初调整

从 1843 年香港殖民地政制的确立到 20 世纪中期,为了适应殖民地统治利益的需要,在保持香港基本政治架构不变的情况下,港英政府对自身结构做出了几方面比较重要的调整。

第一,实行总督专职化。如前所述,由于英国政府将香港定位在"外交、商业及军事目的",因此,其最初任命的四任香港总督都同时兼任英国在华贸易总监、全权大臣及特使,并同时对殖民地部和外交部负责。这样导致英国需要同时设立副总督和副贸易总监等职,以协助总督工作。而这样的政治设置又不可避免要引起行政上的混淆和人事倾轧等问题。为了解决这种制度设置缺陷,自 1854 年,外交部收回了立法局可以为在华英国人立法的权力。并且从 1859 年第五任总督罗便臣（Hercules Robinson,今译为鲁滨逊）开始,香港总督不再兼任英国驻华全权大臣和贸易总监之职,专任港英政府首长,从而开始了总督专职化时代。

第二,增设非官守议员。在港府初设时期,立法局和行政局的所有议员都由在港府中担任官职的人员担任,即官守议员。由于这一结构将在港英商拒之门外,再加上征税以及市议局计划①的流产等问题,使得在港英商于 1849 年上书英国国会,要求在两局内增设非官守议席,以便反映自身利益。1850 年,两位大商行董事大卫·渣甸（David Jar-

---

① 早期英国政府准备在港设立一些市议局,以便使香港居民可以参与部分市政的决策过程,后来由于香港政府把加征税收作为设立市议局的前提条件,最终导致该计划的流产。

dine,今译为贾丁)和埃德加(J. F. Edger,今译埃杰尔)被时任总督般含任命为立法局非官守议员。[①] 1880年,华人伍廷芳(1842—1922)被委任接替任期未满离港的英籍非官守议员盖普(H. B. Gibb,今译为吉布),开启了华人参政的先河。相比之下,行政局对非官守议席的增设则晚了许多,直到1896年,才正式在行政局中增设非官守议席,而第一位华人议员被委任进入行政局更是直到1926年才实现。

第三,调整立法局组织结构和运行原则,增加议员权力。1850年以后,随着香港经济地位的逐步提高,从1858年起,港英政府对立法局进行了一些调整。一是公开立法局会议和会议记录,将政府财政预算在立法局辩论通过;二是从1865年起,明确规定立法局官守议员由职位规定,成为当然议席,不再由港督挑选;三是从1866年起要求官守议员对议案保持一致态度,不得反对政府提案;四是于1872年增大了议员提案权,除财政议案以外,任何议案如获得两名议员动议及和议后,便可以在立法局进行辩论。五是从1872年起,在立法局成立常设的财务委员会。但总的来讲,这些调整只是局部的,港督在两局的最高权力地位没有动摇,殖民地政制模式没有实质性变化。

第四,确立司法独立于立法和行政的原则。在港英政府成立后的很长一段时间里,司法是与立法和行政机构的设置混淆的。最早在1833年,英国在广州建立驻华司法院,以贸易总监为裁判官,受理一切英人的刑事和海事诉讼案件。在1844年该院迁至香港后的首次开庭审理中,时任总督璞鼎查和副总督德忌笠行使了按察司职权。1844年,戴维斯就任香港总督后,香港成立了高等法院,并专门委任了正按察司和总检察官,但二者仍然担任立法局和行政局议员。这种局面直

---

① G. B. Endacott, *Government and People in Hong Kong 1841—1962*, Hong Kong, Hong Kong University Press, 1964, pp. 43—46.

到1889年才得以彻底改变,当年1月,港府正式停止了司法官员兼任两局议员的做法,使司法独立于立法和行政。

(二)二战后香港的政治制度改革

二战后,随着香港公民意识的觉醒和华人经济实力的增强,他们开始要求有更多的政治权利,要求建立地方行政机构,并且从地方行政机构改革开始,发展到了对整个港英政制结构进行改革。

第一,地方行政机构改革。1980年和1981年,港英政府先后发布了《香港地方行政改革模式》绿皮书和《香港地方行政白皮书》,提出了多项地方政治改革措施:一是为了解决基层管理薄弱和混乱状态,设立了地区管理委员会,对地区内互不统属的政府部门进行协调和监管。二是分阶段设立区议会,"区议会主要担当咨询的角色,并在管理地区事务上肩负重大责任。"[1]三是开放选举权,实行区议会的直接选举,年满21岁,至少在港居住7年以上人士可以登记为选民并参加投票。

第二,代议制改革。随着中国收回香港的局势不可逆转,为了实现香港殖民统治结束后继续控制香港的目的,英国从80年代起,开始在香港推行代议制改革。1984年,港督尤德在香港立法局会议上发表了《代议政制绿皮书——代议政制在香港的进一步发展》,全面阐述了对香港政制进行代议制改造的设想。1988年,港府再度发表了《代议制今后的发展》白皮书,这份白皮书决定:审慎地推进代议制改革;巩固由立法局、市政局、区议会组成的三层代议制架构;将立法局部分议员直选推迟到1991年;调整立法局成员以及加强区议会的咨询功能等。在此基础上,香港于1991年实现了自港英建制以来的第一次立法局议员直选,这对香港今后的政制发展产生了重要影响。

---

[1] 香港政府新闻处:《香港便览》,香港政府印务局,1986年版。

继 1991 年的立法局直选之后,为了与中国争夺回归之后对香港政治局势的控制权,1993 年港督彭定康提出了一整套"政改方案",其内容包括实行行政立法两局分家、港督不再担任立法局主席之职、实行立法制约行政,以及对 1994 和 1995 年的选举进行重新安排等。"政改方案"遭到了中国政府的坚决反对,并且在与英方谈判无果的情况下,只得"另起炉灶",自行成立"九七"后新的香港特别行政区政府组织,最终化解了这场政治危机,实现了香港的平稳交接。

三、港英政制的结构和特点

(一)以港督为核心的港英政制结构

旧香港的政治制度是一种殖民主义性质的以行政为主导的集权体制和制度,整个政府体制是由港督和下设的五个核心系统组成。

1. 港督

香港总督的权力来自于《英皇制诰》、《皇室训令》等宪法性法律的授予,其位高权重,直接操纵着港英政府的运转,主要权力包括:

第一,组阁权,即组织行政局和立法局,并担任两局主席;

第二,立法权,总督有权参照立法局的意见及征得该局同意制定法律,立法局通过的法律,需要呈总督审阅,批准或者拒绝批准,或留待皇室批准;

第三,决策权,在咨询行政局之后,港督有权决定一切政府政策;

第四,人事权,港督有权委任两局官守和非官守议员,任命除布政司、按察司和三军司令以外的其他官员以及除最高法院以外的各级法院的法官、总薪级表 D4 级和以下官员,委任太平绅士等;

第五,司法权,总督有权通过委任首席按察司、上诉法庭按察司和高级法院按察司等途径介入司法权的运作;

第六,军事权,总督是驻港三军总司令,有权接受"香港所有海陆空

三军军官的服从、帮助和支持";

第七,外交权,香港国际经济贸易中心的地位,给予了港督某些外交方面的权力,如以地区首脑身份进行贸易谈判、制定经济协定等。

2.咨询系统

这里的咨询系统包括行政局和立法局两个最高咨询机构,以及500多个各类咨询委员会。

行政局。行政局是香港的最高行政咨询机构,由4位当然官守议员(布政司、英军总司令、财政司和律政司),以及由英国外交大臣批准总督委任的其他议员组成。根据《皇室训令》,总督须就一切政策上的重要事项咨询行政局,有权拒绝接纳该局意见,并有权拒绝讨论某些特定事项。但从实际运作来看,香港的一切政策都是由该局全体成员共同决定。除制定政策外,总督同行政局也对市民根据某些条例所赋予的法定权利而提出的上诉、请愿及反对,作出裁决。所有重要法例在呈交立法局之前,均先由该局审查。同时该局还负责制定若干条例的附属法例。因此,总督同行政局是香港行政权力最大的中央枢纽。

立法局。香港的立法局并不是真正意义上的立法机关,不享有独立的立法权,只是协助港督制定法律的机构。成员由官守议员和非官守议员组成,总督、布政司、财政司和律政司是当然的立法局议员。立法局的主要职责包括:(1)通过法律,法律草案由行政局草拟并预审通过以后,便交给立法局审议,立法局"三读"通过法案以后提交总督签署;(2)控制财政,立法局每年要审议通过政府制定的财政预算案、审议批准追加预算及额外拨款、审查财政预算案的执行情况等;(3)监督行政,立法局可以通过向政府提出质询,通过两局议员办事处接受和受理市民申诉等途径监督政府的行政行为。

3.行政系统

行政系统主要是指以布政司为首的庞大行政管理机构。布政司是港府行政机关的中枢,其主要职责是担任港督的首席政策顾问和港府的首要发言人,负责推行各项政策,担负港府公务员首长之责。布政司的执行机构为布政司署,主要官员包括布政司、财政司和律政司,其中,布政司是港督的首席政策顾问,财政司是港督的财政顾问,律政司是港督的首席法律顾问。布政司署下辖14个科,统辖50多个行政部门,负责制定政策和计划,协调和监督政府部门执行政策等职责。

4. 司法系统

在香港,负责案件检控的律政司属于行政机关,而司法系统则由正按察司、上诉法院和高等法院、地方法院和裁判司组成。司法机关独立行使审判权,不受其他机关的干涉,其主要职责包括审判各种诉讼案件,执行和解释法律,将法律适用于具体案件的审理和判决,但是港英政府时期,司法终审权掌握在英国枢密院司法委员会手中。关于司法系统的具体组织情况,我们将在本书第三章中予以阐述。

5. 监察系统

监察系统包括港督特派的廉政专员公署、行政事务申诉专员公署和核数署。其中,廉政公署成立于1974年,是港府为了打击贪污犯罪而设立的官方机构,其直接向港督负责,不受港府其他任何机构的命令和控制。行政事务申诉专员公署也是一独立机构,其职责是为一般市民提供申诉途径,凡对政府部门的决定、行为、建议或失职的投诉,均由1位非担任公职的独立人士进行调查并作出报告。核数署是根据1971年港府颁布的《核数条例》开展活动的,其直接对港督负责。职责主要包括对中央账务、一般账务、工程和土地、非政府机构的资助及津贴等进行审核。

6. 军事系统

军事系统主要是指直接受英国国防部指挥而由港督象征性统率的

驻港英军司令部,其主要职责是负责香港防务,维持境内安定,体现英国对香港所承担的所谓责任等。司令部由皇家海军、陆军、空军组成。驻港英军司令对英国国防参谋总长负责,并就有关香港防务向港督提供意见。

(二)港英政制的特点与评价

自1841年香港的殖民建制到1997年香港回归之前的一百多年里,香港的殖民政治制度始终没有获得广大华人的真正认同。港英当局的统治,一直依仗着《英皇制诰》、《皇室训令》和其他殖民地宪法性法律为基础,努力维护着源自维多利亚时代的传统殖民政制的特征,表现为港督独裁与咨询民主的结合。

1. 港英政制是建立在英皇意志基础上,以英国殖民利益为依归的政治体制。主要表现在:殖民地香港的最高统治权属于英国,英国握有对香港事务的一切最终权力及国防和外交大权等,英皇任命、委派港督代表英皇对香港实施统治和管理。港督的施政必须切实维护英国在港的殖民利益。除此之外,英皇还有对香港几位最重要官员,包括布政司、财政司、律政司、民政司及驻港英军司令等的任免权。即便是咨询性质的行政、立法两局的委任议员的任免也同样操在英皇的手中。香港的立法和司法都必须遵循和服从英国的法律,而且英国握有为香港立法的权力,香港的司法终审权也归英国掌控。这些决定了香港政制的殖民主义性质。

2. 港英政制是以港督的高度集权为核心的行政主导体制。港督作为英皇在香港的统治象征,是由英皇任命产生的,他只对英皇负责,而无须考虑香港社会的意向,也无须对香港社会负责。港督集行政和立法大权于一身,拥有领导港英政府的最高权力,他兼任行政和立法两局主席,有权任命法官,兼任驻港英军总司令,而且其任期无明确规定。可以说,港督的权限渗透到了政府的每一个功能,充分表明了殖民地政治的中央集权式政制设计,是"一种高度集权的港督独裁体制"①。

3. 行政吸纳政治模式。"行政吸纳政治"的特征是20世纪80年代时任香港中文大学教授金耀基提出来的。在他看来,行政吸纳政治是一个过程,在这个过程中,政府把社会精英或精英集团所代表的政治力量吸纳进巨大的行政机体中,建立一个以精英共识为骨干的政治体。此一过程,赋予统治权力以合法性,从而一个松弛但融合的政治社会便得以建立。② 香港的政制是典型的行政吸纳政治模式,因为港英政制架构缺乏自主性,只是英国为实现自己的远东战略而建立起来的殖民地政制,但同时,港英政府在管制过程中又不能完全不顾及香港社会的需求,需要从社会中获取一定的合法性支持。这种模式,有利于消除社会中可能冒升的政治反对力量,也有利于达到合法化统治的目的。

4. 咨询式民主。虽然港英政制"不是民主政体"③,没有真正的政治民主可言,但在港英政府政策形成过程中,也建立了一套有效地通过社会精英来征询民意的机制,形成了所谓的"咨询式民主"。这是一种制度化的政制安排。为了使政府能够定期获得民意信息并将其作为决策的基础,港英政府中几乎所有的部门都设立了咨询组织,80年代以前,这样的组织有320个之多。这种制度化的政府决策机制,不仅提高了港英政府决策的合理化水平,提升了管制效能,而且也从一个特定的角度为港英政府构建了一定的民意基础,获得了香港市民

---

① 杨奇主编:《香港概论》(下卷),三联书店(香港)有限公司,1993年版,第17页。
② 金耀基:《行政吸纳政治:香港政制模式》,参见邢慕寰、金耀基主编:《香港之发展经验》,香港中文大学出版社,1986年版,第86页。
③ [英]诺曼·J.迈因纳斯:《香港的政府与政治》,伍秀珊等译,上海翻译出版公司,1986年版,第303页。

的认可和支持。

除了以上特点以外,传统的港英政制形态,由于殖民统治本质所决定,有着很多无法克服的制度缺陷。一是港督过分集权,权力太大,除了英国政府以外,在香港无人可以制约。二是缺乏民主选举。长期以来,官员一律由委任产生,高级行政长官由伦敦委任,议员绝大部分由行政局官员委任。三是权力分配上,重点照顾英资财团、商人、上层人士或世家代表,特别是优待以英资为主的财团,而平民阶层的利益没有得到应有的重视。这些弊端的存在决定了港英的殖民政治统治不可能长期持续,传统的港英政制形态不可能一直存在,因为作为一个殖民地政府,"它即使能够提供有效的行政和最佳的发展机会,也较难引起人民的支持。"[1]这也决定了中国政府收回香港,并重建香港政制是符合香港主流民意,符合香港长期繁荣发展的需要。

第二节 香港特别行政区的政制结构

一、香港特别行政区政制的基本结构

1984年12月29日,中英两国政府签署了《中英联合声明》,第一次对回归后香港的政治制度进行了明确规定:香港特别行政区实行"高度自治"、"港人治港";除了与《基本法》抵触的法律或特别行政区立法机关作出修改的法律以外,香港的原有法律保留不变;香港保留原有的司法体系,实行司法独立,并享有终审权;香港原有的公务员继续留用等。1990年4月4日,中华人民共和国第七届全国人民代表大会第三

---

[1] 香港大学学生会社会科学学会编:《政治参与在香港》,广角镜出版社,1984年版,第30页。

次会议通过了香港《基本法》,对香港特别行政区的政制进行了具体的规定。《基本法》的颁布,奠定了香港在回归后的政治体制基础,被香港人称为"小宪法",它"体现了中国既要收回主权,又致力维持香港繁荣稳定的决心,也是港人实践'一国两制'的宪制文件。"[1]

与港英政制相比,两种政制存在着本质区别。首先,两种政制的政权归属不同。港英时期的政制是英国进行殖民统治的政制,其最高决定权在英国政府;而香港特别行政区的主权在中华人民共和国,中国政府对香港政制拥有最终政治决定权。其次,二者的政治授权关系不同。港英时期,香港的政治权力来自于英国政府的授予,总督作为英国最高统治者在香港的代表,统辖香港的整个政治运作;香港特别行政区的政治权力来自于中国全国人大的授予,在高度自治权下实行港人治港的政治模式。再次,二者的政治责任模式不同。港英时期,香港政府整个政治运行的责任对象是英国政府,而非香港社会,行政局、立法局和公务员都向港督负责,港督则向英国女皇负责;而在特别行政区政制下,在高度自治的政权机制基础上,其责任对象是中国政府和香港特别行政区自身,从行政长官到普通公务员,都必须向香港特别行政区和中央政府负责。虽然如此,但在"高度自治"和"港人治港"原则基础上,特别行政区政制与港英政制有着很大的历史连续性。

(一)行政长官

根据《基本法》规定,香港特别行政区的行政长官具有双重法律地位,他既是香港特别行政区的首长,代表香港特别行政区,又是香港特别行政区的行政长官。他在香港通过选举或协商产生,由中央人民政府任命,任期五年,可以连任一次。由于香港特别行政区的特殊地位,以及行政长官的双重法律身份,使得香港行政长官与中国其他地区行

---

[1] 史深良:《香港政制纵横谈》,广东人民出版社,1991年版,第223页。

政负责人相比,具有很大的区别,主要体现在行政长官所享有的权力远远高于内地的地方行政负责人,而与港英时期的总督权力有很大的相似之处。根据《基本法》第48条规定,行政长官享有13项权力,概括归纳为以下几方面。

(1)法律方面的权力。包括法律执行权,即执行基本法和依照基本法适用于香港特别行政区的其他法律的职权;签署和公布法律权,即对立法会通过的法律需要通过作为特别行政区代表的行政首长的签署和公布,才能成为法律;以及决定是否对行政长官的产生办法和立法会产生办法进行修改的权力。

(2)政治领导权。作为特别行政区首脑,行政长官不仅有权领导特别行政区政府,而且有权决定政府政策和发布行政命令,有权对香港地区的经济、财政、文化、卫生、交通、公安、民政等方面的事务进行管理,以维护香港秩序。

(3)人事任免权。如提名并报请中央人民政府任命有关官员,包括各局局长、副局长、各司司长、廉政专员、审计署署长、警务处处长、入境事务处处长、海关关长,或建议中央人民政府免除上述官员职务;依照法定程序任免各级法院法官;依照法定程序任免公职人员等。

(4)执行中央指令或授权事项的权力。行政长官要执行中央指示和命令,同时还要代表特别行政区政府处理中央授权处理的对外事务和其他事务,包括以"中国香港"名义单独地同世界各国、各地区及有关国际组织保持和发展关系,签订和履行有关协议等。

(5)其他职权。包括处理请愿、申诉事项的职权;根据安全和重大公共利益的考虑,决定政府官员或其他负责政府公务的人员是否向立法会作证和提供证据,以及赦免或减轻刑事罪犯的刑罚等。

由于香港行政长官所享有的权力非常大,以至于"九七"香港回归前,有学者将其与港督的权力相比较,认为特别行政区行政长官"其地位相当于现在的香港总督"①。事实上,这种评价忽略了二者所存在的根本性差别,即港督的权力来自于英国皇室的授权,特别行政区行政长官的权力来自于中国政府的授权,是由香港《基本法》赋予的,因此,行政长官要向中国中央政府和香港特别行政区负责。除了这种本质差别以外,港督的权力在香港几乎是不受限制的,而特别行政区行政长官的权力则受到了更多限制和制约。按照《基本法》规定,行政长官在作出重要决策、向立法会提交法案、制定附属法规和解散立法会前,须征询行政会议的意见,立法会依法定程序可对行政长官提出弹劾,在某些特定情况下行政长官必须辞职。

(二)行政机关

香港特别行政区的行政机关,是行政长官领导下的香港特别行政区政府,由政务司、财政司和律政司,政府总部内的决策局,以及执行部门和机构组成,自上而下形成三个层次。第一层是决策层,负责政府的最高决策,由政务司、财政司和律政司组成,各司的职责与港英政府时期相比没有太大的变化;第二层是政策层,由公务员事务局、工商及科技局、民政事务局、保安局等11个局组成②;第三层是执行层,由67个部门和机构组成,他们与第二层的各局相对应,直接负责执行政策和法律所赋予的各项行政权力。除此之外,特别行政区政府还组成和运行着一个庞大的咨询体系。这些咨询组织从港英政府时期保留下来,并成为特别行政区行政体系的组成部分,各咨询组织主要是由社会及政府人员组成。

根据《基本法》第62条规定,特别行政区政府的职权包括六个方

---

① 张鑫:《香港特别行政区基本法实施中的问题》(上),载《亚洲研究》(香港),1994年第10期。

② 特别行政区政府成立时有16个局,2002年政府实施问责制改革时,调整为11个局。

面;一是制定并执行政策;二是管理各项行政事务;三是办理《基本法》规定的中央人民政府授权的对外事务;四是编制并提出财政预算、决算;五是拟订并提出法案、议案、附属法规;六是委派官员列席立法会并代表政府发言等。同时,特别行政区政府职权行使是受到一定限制的。根据《基本法》规定,特别行政区行政机关要对立法会负责,"执行立法会通过并已生效的法律;定期向立法会作施政报告;答复立法会议员的质询;征税和公共开支须经立法会批准。"当然,这里的"负责"只是一种一般责任,并不存在英国责任内阁制体制中的倒阁问题,由于特别行政区行政机关是向行政长官负责的,因此,即使有责任也是由行政长官最终承担。①

（三）立法机关

《基本法》第 66 条规定:"香港特别行政区立法会是香港特别行政区的立法机关。"根据香港的政制设计原则,全国人民代表大会授权香港特别行政区实行高度自治,享有立法权。特别行政区立法会由 60 名议员组成,由选举产生,产生办法根据香港特别行政区的实际情况和循序渐进的原则而定,最终实现全部议员由普选产生。与港英时期的立法局相比,特别行政区立法会的性质有着重要变化,即特别行政区立法会在香港的政制构架中享有实在的立法权,是一个权力机构,而港英立法局则只是一个协助总督立法的咨询性机构,立法局通过的法律,港督有绝对的否决权。立法机关的这种变化,有利于香港特别行政区各阶层人士的民主参与和政治制度的民主化发展。

根据《基本法》的相关规定,立法会的职权可归纳为以下几方面:

（1）立法权。特别行政区立法会有权根据《基本法》规定并依照法

---

① 汪永成:《双重转型:"九七"以来香港的行政改革与发展》,社会科学文献出版社,2002 年版,第 79 页。

定程序制定、修改和废除法律,其立法范围涉及香港特别行政区自治范围内的所有事项,以及各种类型和性质的法律。立法会议员可以单独或联名提出法律草案,但提案内容不得涉及公共开支、政治体制和政府运作的内容,对于涉及政府政策的法案,必须得到行政长官的书面同意。根据《基本法》规定,立法会通过的法案,须经行政长官签署、公布才能生效。同时,所通过法律还须报全国人大常委会备案,备案不影响该法律生效;如人大常委会认为所备案法律不符合《基本法》时,可以将其发回,法律一经发回,即告失效。

(2)批准权。特别行政区立法会有权对政府提出的财政预算案、税收和公共开支的计划进行审议,作出通过或不通过、批准或不批准的决定。其中,财政预算案要以拨款法案的形式提交立法会。而立法会处理拨款法案的程序与审议法案的程序差不多。

(3)监督权。特别行政区立法会有权听取行政长官的施政报告并辩论,对政府工作提出质询,并可就任何有关公共利益的问题进行辩论;这种权力的设置,乃是为了对行政权力的实施进行必要的监督,避免政府政策上不妥当,以及政策的正确执行。

(4)任免权。根据《基本法》规定,立法会对特别行政区终审法院法官和高等法院首席法官的任免有同意权。上述法院法官的直接任免权根据《基本法》的规定由行政长官享有,但立法会享有间接任免权,即同意权。

(5)弹劾权。《基本法》第73条中规定,行政长官如有严重违法或渎职行为而不辞职,立法会可根据法定程序对行政长官提出弹劾案,具体程序为:由全体议员四分之一联合动议,立法会通过调查,委托终审法院首席法官组成独立调查委员会进行调查,并向立法会提出报告。该调查委员会如认为指控证据充分,立法会可以全体议员的三分之二多数通过提出弹劾案,报请中央人民政府决定。在行使上述各项职权时,如有必要,可传召有关人士出席作证和提供证据。立法会的弹劾权仅对行政长官而言,并不包括其他主要官员,后者的违法或渎职行为应由廉政公署进行监督,并按一般法律程序处理。

香港特别行政区立法会在行使职权过程中,形成了完整的委员会制度,目前香港特别行政区立法会除了主持立法会日常工作的内务委员会以外,还有财务委员会、政府账目委员会、议员个人利益监察委员会。此外,根据工作需要,还下辖18个事务委员会,定期听取政府官员的简报,并监察政府执行政策的情况。

除以上的行政长官、行政机关和立法机关以外,香港特别行政区的政治制度中还包括司法机关、区域组织,以及公务员队伍等,甚至可以包括80年代以来兴起的各类政党组织,它们共同构成了香港特别行政区这一独具特色的政治制度模式,都为香港的稳定与繁荣发挥了重要作用,限于篇幅,其他部分政治制度在此不作论述,有关特别行政区司法机关的内容将在其他章节中予以阐述。

二、香港特别行政区政制的特点

根据《基本法》所建构的特别行政区政治体制,彻底摒弃了港英政制中殖民主义成分,保留其与港式资本主义经济相适应的基本内容,并有创新。总结香港特别行政区政治制度的基本特点,可以概括为以下几个方面:

1. 维护国家主权与行使治权的统一

香港特别行政区政制的建构与运作,贯彻了高度自治的原则,享有自主的行政管理权、立法权和独立的司法权和终审权,中央对特别行政区自治范围内的事务不干预。特别行政区政制充分体现了"港人治港"的精神。与此同时,特别行政区治权是由主权国家授予的,维护国家主权贯穿于特别行政区政制的建构与运作之中。如特别行政区首长虽由选举产生,港人有自主选择的权利,但必须经由中央人民政府任命;政府主要官员由行政长官提名,但须报请中央人民政府任免,终审法院首席法官和法官的任免须报全国人大常委会备案;特别行政区终审法院享有终审权,但凡涉及外交和国防等主权方面的案件的终审权在中央。

2. 在权力结构上,三权既相互制衡又协调配合

香港特别行政区的政治权力配置,是依照《基本法》设立特别行政区行政长官及特别行政区政府、立法会、司法机关。这种权力配置既不同于西方式"分权制衡"模式,也有别于中国式"议行合一"模式,而是三权相互制衡与相互配合的统一。首先,三权之间相互制衡。立法会通过的法案,须经行政长官签署公布;在法定条件和程序下,行政长官有权解散立法会;特别行政区政府要接受立法会的质询;行政长官任命各级法官,但不干涉法院审判;立法会有权弹劾行政长官。其次,在三权之间还有一种协调配合机制。在行政与立法机关之间通过行政会议这一管道相互沟通。在行政与司法之间、立法与司法之间也有相应的配合机制。

3. 政治权力的行政主导制

香港特别行政区的政制运作机制,延续了港英政府时期行政主导模式,在行政与立法的相互关系中行政处主导地位,行政长官对政府实行强有力的领导。行政长官既是香港特别行政区政府的首长,又是香港特别行政区的首长;行政长官不但对立法机关通过的法律有相对否决权,而且《基本法》还明确规定政府提出的议案应优先列入议程。这种行政主导模式既有回归平稳过渡的考虑,更着眼于特别行政区的现实与未来的发展。首先,香港原政制中行政主导制的运作获得了国际社会的认同,并对香港经济发展和社会稳定发挥过重要的积极作用。如1983年在香港举行的英联邦法律会议上,港府律政司祈理士在演

讲中就表示:香港政制一向是繁荣和成功的要素,是肥沃的土壤,信心的花朵。继承这一政治遗产,有助于政权平稳过渡。其次,这是由香港特殊的国际经济地位所决定的。香港是国际金融、商贸、经济、航空、旅游中心,国际经济的变化会迅速在这里反应,需要及时应对、高效决策,因此客观上要求政局稳定,有一个高效率的政府维持有效的商业运作环境,如果过分强调行政与立法的制约,就有可能影响社会稳定,抑制决策效率。

4.咨询性民主和渐进式的政治参与

首先,香港特别行政区政制继承和发展了原港英时期多层次的咨询机构与多渠道的决策咨询。香港原政制架构中,有比较完备的咨询体系,被称作"港式咨询性民主"。特别行政区在政制架构及其运作中保留了这种咨询制度。行政会议是最高的决策咨询机关,而行政部门都有自己的咨询机构,在社会上还有各种专业性咨询机构。这个庞大的咨询网络,使得政府机构和民间的或半官方的咨询组织配合起来,政府的集权与民间的咨询结合起来,从而有利于民意的表达,有利于提高政府决策的科学性和合理性。

其次,香港特别行政区实行渐进式的政治参与。政治参与是指"一个国家内的普通公民,依法通过一定的程序参加社会政治生活,表达个人或集体的意愿,从而影响政府体系的构成、运作方式、规则和政策过程的政治行为。"[1]政治参与的程度是民主政治成熟程度的一种表现,但政治参与的推进,不能急于求成。香港从本地区的实际情况出发,循序渐进地推进政治参与。行政长官和立法会的产生方式都依此原则逐步推进。行政长官通过选举委员会,根据民主、开放的原则选举产生,亦即采取间接选举的方式。立法会则开始实行直接选举与间接选举相

---

[1] 王仲田:《政治学导论》,中共中央党校出版社,1997年版,第206页。

结合,逐步增强直接选举的比例,最终实现全部议员由普选产生。这符合香港民主制度的发展实际。

第三节 香港特别行政区的政制改革

一、高官问责制改革

2002年7月1日香港特别行政区正式实施由立法会以36票赞成、21票反对通过的"特别行政区政策主要官员问责制",这是香港回归以来的一次重大政制改革。

(一)改革的背景

回归以前,香港是处于英国的殖民统治之下,完全没有独立的政府权力。港英政府只向英国政府负责,而不向香港市民负责。反过来说,香港市民既无权也不能要求政府向市民负责,对殖民管治性质的港英政府不能期望太多。但是,这种状况在香港回归后彻底地得到改变。香港回归以后,市民获得了政治自主性这一事唤起了市民对政府更高的期待。在一系列政治事件和相应的政治变迁的刺激下,香港市民在极短的时间便完成了主人翁意识从觉醒到旺盛的转变过程。在这样的形势下,市民对政府提出了更高的要求,政府的运作和政策制订都受到了公众广泛的监察和更大的舆论压力,人们开始要求政府的主要官员对自己制订和执行的政策负责,并最终为施政失误和政策失败而辞职。

与此同时,首届特别行政区政府施政过程中面临和出现的一些问题,进一步激发了市民对政府问责的呼声。例如,1997年爆发的禽流感的处置不够及时的问题、一些公营房屋建筑中出现的短桩问题、赤鱲角新机场启用时出现混乱的问题、由于政府不理会现有的招标制度而使数码港的发展权处置不当的问题、行政长官与公务人员之间关系的协调问题,等等,这些问题和事件被媒体曝光以后都引起了市民极大的关注,在 2002 年 5 月对 2,465 名市民的电话访问中,有 64.5％的受访者支持政府推行高官问责制,反对者仅为 14.5％。[①] 这样的形势引起了特别行政区政府对自身的审视。审视所涉及的内容是多方面的,包括政策的制订、政策的执行、政府运作的程序与机制、政府与立法机关的关系等,但同样十分清楚的是,现行政府制度中人事体制的不适应问题被作为一个重大的问题来加以对待,受到了特别的关注,也促使了时任特首董建华提出了在即将开始第二届任期之际,提出了高官问责制的改革方案。

(二)改革的主要内容

香港的问责制改革是针对主要官员的问责制。其主要内容如下:

第一,将政府最高层的官员,包括政务司司长、财政司司长和律政司司长,以及所有政策局局长,全部列入"问责制"的范围。这些官员将不再是公务员,而是以合约方式聘用的问责制主要官员,最长任期为 5 年,但不得超逾提名他们的行政长官的任期。在任期之内,他们各自负责由行政长官指定的政策范畴,统领所辖部门的工作,制定政策、解释政策、推介政策,争取立法会和市民大众的支持,并且为其政策的成败直接向行政长官负责,并通过行政长官的领导,履行对市民的责任。在必要时,行政长官可以终止他们的合约。

第二,实行"问责制"的主要官员全部进入行政会议,以强化行政会议的工作。他们直接参与制定政府的整个政策,决定政策推行的优先次序,协调跨部门的工作事项,使得施政能够更快捷、更全面地响应社会的诉求和切合市民的需要。根据《基本法》的规定,行政会

[①] 宋立功:《初评问责制的开局》,香港《信报:财经月刊》,2002 年 9 月刊。

议也包括其他社会人士和立法会议员。行政会议实行集体负责制。这样,职业政客成为行政会议主要的和基本的成员,从而有效地将行政会议转变成为一个类似内阁的机关。这在香港的历史上还是第一次。

第三,对原有的政策局进行调整,使得资源分配更加合理,政策内容更加协调。在政策局调整的过程中,在理顺内部关系的同时还将原来的16个政策局合并为11个政策局。这样,涉及实行"问责制"的主要官员就有14人,即政务司、财政司和律政司等3个司的司长,以及公务员事务局、工商及科技局、政制事务局等11个政策局的局长。

第四,公务员体制中,由局长担任的公务员职级和薪酬福利待遇保持不变,职称改为常任秘书长,扮演问责制局长与公务员系统之间的重要枢纽角色。他们在问责制局长统领下,向问责制局长负责,协助制定和执行政策,听取公众和立法会的意见,向他们解释有关政策,回答质询,争取各界对政策的支持。

高官问责制是香港政制治理模式的一次重要改革,但是,自2002年7月1日正式实施以后,就因为各种政治和社会事件的发生,使其面临了重大挑战。这其中包括2002年的"仙股"事件,2003年的"偷步买车"事件和"非典"事件等,最终酿成了2003年的"七月政潮"[1],并导致财政司长梁锦松和保安局长叶刘淑仪的辞职,这也是高官问责制实施以来首次官员下台。尽管高官问责制在实践中出现了许多问题,有待于进一步完善,但是,推行高官问责制的路向却是正确的。它在从根本上改变了香港的管治模式的同时,也在香港政治发展的历史上首次彰明,政府及其主要官员要以民意为依归,要向民意负责,它标志着香港

---

[1] 即2003年7月1日及此后发生的数次群众大游行,其直接导火索是特别行政区政府在一个不适当的时机提出了《国安条例》立法,但其背后反映了香港市民对政府执政的不满。

的政府体制已经发生了根本性的变化,并构成香港政治发展史上的一个里程碑。

二、香港的民主化进程

由于20世纪80年代后期英国在香港开始推行的代议制改革激发了香港的民主意识,再加上香港政党政治的兴起,使得香港在回归后的民主化诉求一浪高过一浪,而有关香港行政长官和立法会议员的直选问题,则成为很长一段时间以来香港政治运动的关键性问题。根据《基本法》第45条和第68条规定:香港特别行政区行政长官和立法会的产生办法将根据香港的实际情况和循序渐进的原则进行改革,最终达至由普选产生的目标。同时,《基本法》附件一第7条和附件二第3条分别规定:2007年以后各任行政长官和立法会的产生办法如需修改,须经立法会全体议员三分之二多数通过,行政长官同意,并报全国人民代表大会常务委员会批准。因此,为了达到尽早实现直选的目标,香港的民主派人士先后发起了数次大规模游行,向香港政府和中央政府施加压力,使得香港的政局一度发展到十分严峻的地步。

为了澄清《基本法》中所存在的一些表述不明朗和容易引起歧义的问题,全国人大常委会于2004年4月6日通过了关于《基本法》附件一第7条和附件二第3条的解释,强调指出香港的政制发展由始至终,中央均拥有主导权,不能避开中央由特别行政区自己决定,必须在中央的领导下进行。同时还表明,特别行政区行政长官对香港的政改享有启动权。这次"人大释法"对民主派造成了沉重打击,也激起了他们的游行示威,要求全国人大撤回人大常委会的释法决定,要求中央承诺不再释法,并要求在2007年和2008年实行行政长官和立法会普选。有鉴于此,为了尽快结束香港政制发展的迷雾,全国人大常委会迅速于2004年4月26日作出了《关于香港特别行政区2007年行政长官和

2008年立法会产生办法有关问题的决定》，明确指出2007年和2008年不进行直选。这一决定平息了香港的政治动荡，促使了2004年9月的第三届立法会选举得以顺利进行。

为了促进香港的民主进程，香港特别行政区政府经过18个月的咨询，于2005年10月19日发表了《2007年行政长官及2008年立法会产生办法建议方案》。根据建议方案，在选举委员会1,600名委员中，超过440名委员(包括选举产生的区议员和立法会议员)，将会由全港300多万名选民选出。在立法会方面，所有10个新增议席，包括5个新增的地区直选议席，及由区议员互选产生的5个新增功能界别议席，基本上是经300多万名选民通过直接或间接选举产生。12月21日，立法会在有关行政长官选举办法的修订案表决中，支持的有34票，反对有24票，弃权有1票，因议案得不到全体三分之二议员支持，议案被否决。而2008年立法会产生办法的决议案也在当日以同样票数被否决。12月22日，曾荫权表示对立法会表决结果表示失望和遗憾。同日，国务院港澳事务办公室发言人表示说：根据香港特别行政区基本法和全国人大常委会的有关解释，由于特别行政区政府的议案未能在立法会通过，2007年行政长官和2008年立法会的产生办法将不作修改，继续沿用现行的办法。

在经过了一段时间的平静后，2007年12月28日，第十届全国人大常委会第三十一次会议，审议了香港特别行政区行政长官曾荫权2007年12月12日提交的《关于香港特别行政区政制发展咨询情况及2012年行政长官和立法会产生办法是否需要修改的报告》，会议在29日以全票通过了《有关香港特别行政区"2012年行政长官和立法会产生办法及有关普选问题的决定"》(以下称《决定》)。《决定》否决了2012年实行双普选，同时规定，2012年立法会"功能团体和分区直选产生的议员各占半数的比例维持不变"。最为重要的是，这次会议定出了普选行政长官的时间表,表明只要合乎《基本法》附件一规定的"行政长官产生办法修改程序",2017年"可以"普选行政长官,并可能会在2020年实现立法会的全面直选。

第二章　香港的法制变迁

香港法律制度形成的特殊历史背景与政治制度基础,决定了香港法律制度具有不同于中国内地和英国的特殊品格,也可以说,香港法是"自成法域"①。法域是指在一个相对独立的司法管辖区内,具有特殊法律制度的区域或地区。法域可以在国与国之间存在,也可以在一个统一的主权国家内存在。作为一个先后经历了中国封建法制、英国判例法制,以及中国当代法制等多种法制统治和影响的区域,香港形成了自己独具特色的法律治理模式。

在港英政府时期,由于香港是一个受英国主权管辖的殖民地,其法律效力来源于英国,因此,在一定限度内适用传统清朝封建法制的基础上,香港更多的是以英国法律渊源为正统,并呈现出二元法制的特色。香港回归以后,在"一国两制"和保持香港"原有法律基本不变"的原则约束下,香港法域的特色不但得以保存,而且在融合了中国当代法制的基础上还有所创新,尤其表现在《基本法》中对中国现行的相关法律在香港地区的法律效力有了明确规定。以中华人民共和国对香港的主权管辖为基础,中国最高立法机关所制定的适用于香港的全国性法律,以及专为香港制定和颁布的命令和决定等,具有了高于香港地区制定法和判例法的地位,但同时保留香港的立法权的相对独立性。

---

① 董茂云:《香港特别行政区的法制特色》,载《复旦学报》,1997年第5期。

第一节 香港法制的形成与特点

一、香港二元化法制的形成与流变

香港的殖民地特征对香港法律制度的形成产生了重要影响,即造就了很长一段时间里香港的二元法律体制(a dual system of law)。所谓二元,即:一元是引入的英国法律,另一元是中国的法律,包括中国的传统法律和英国在香港制定的法律。其中关键是涉及到中国传统法律和习惯在英属香港的适用问题。

1841年2月1日,在英国宣布占领香港后不到一周,英国驻华全权钦使兼贸易总监查理·义律(Charles Elliot)和英国远东舰队司令伯麦(Gordon Bremer)在香港发布"安民告示"(Proclamation to Chinese Inhabitants)。该告示主要包括两部分:一部分是宣布英国对香港实行殖民统治,另一部分则宣布了英属香港适用法律的原则。[①] 次日,义律又发布第二个公告,规定英国人适用英国法律。[②] 这两个公告史称"义律公告",作为一个法律文件,它奠定了香港在很长时间以内的二元法制特色的基础,尤其是肯定了中国传统法律和习惯在香港的效力问题。

在港英政府时期香港制定的一系列法律文件中,中国清朝的法律规定及其习俗被赋予了明确的法律地位。如1856年《华人遗嘱效能条例》第2条规定:"凡华人缮立遗书或遗嘱字据(不论其人在本港或中国地方出生或住居于本港或住居于中国地方)如经证明确依中国法律习俗

---

① 中国第一历史档案馆编:《香港历史档案图录》,三联书店(香港)有限公司,1996年版,第58页。

② 《香港与中国:历史文献资料汇编》,香港广角镜出版社,1981年版,第167页。

处分其财产者,得承认为合法的遗嘱,与遵照本港现行法律规定书立之遗嘱具有同等效能。"[①]在 1857 年的《适用英国法律条例》中,其附表列出了英国相关法律不适用于香港的两种情况:一是影响到了中国人的习惯,涉及到对无遗嘱死亡者财产的分配;二是涉及登录不动产保有权和根据习惯保有财产的相关事务。[②] 除了以上法律条例以外,其它如 1905 年的《已婚妇人被遗弃赡养条例》、1908 年的《孤寡恤养金条例》、1910 年的《新界条例》等都有承认中国法律习惯的有关规定。而且在《香港法律报告》(Hong Kong Law Report)中也载有按照中国的法律习惯来处理中国居民民事诉讼的不少案例,从这些案例中我们可以看到,这些仍然起作用的中国法规和习惯主要体现在婚姻法和继承法方面,其中包括了《大清律例》的一些法律规定。

不过,随着英国在香港势力的日渐强大和稳定,中国法律和习惯的存在空间也在一步步萎缩,由于现代法律制度的演变和英国的作用使然,香港的法制从二元走向一元似乎成为了无可挽回的大趋势[③],而《大清律例》的相关规定则在 1970 年代前期完全失去了效用。

二、判例法主导下的港英法制体系

(一)在香港适用的英国判例法

英国判例法是由普通法和衡平法两部分构成,它是香港法律制度的重要组成部分。1966 年的《英国法律适用条例》第 3 条明确:"(英国)普通法和衡平法的准则应在香港发生效力,只要它可适用于香港或

[①] 马沅编译:《香港法例汇编(第 1 卷)》(甲),香港华侨日报社,1953 年版,第 19 页。

[②] *Ordinances of Hong Kong*, vol. Ⅰ (1844—1900), Hong Kong: Noronha and Co., 1938—1940, p. 25.

[③] 苏亦工:《中法西用——中国传统法律及习惯在香港》,社会科学文献出版社,2007 年版,第 102 页。

其居民的情况或依据情况的需要作了必要的修改。"1971年修改后的该法又重申"普通法和衡平法的准则"应按1966年立法的实质性规定在香港有效,并且"不因枢密院或法例,无论何时,对其限在英国而非香港适用的所作的任何修改,而受其影响。"1976年的《最高法院条例》也规定:"在一切民事案件中,普通法和衡平法应由最高法院执行。"英国枢密院司法委员会的决定对所有香港法院均有判例约束力。

(二)在香港适用的英国成文法

与以普通法、衡平法为代表的判例法相比,英国的成文法也是香港法的重要渊源。在香港适用的英国制定法包括宪法性法律、枢密院令、英国议会法例等。确定港英政制和政府结构的宪法性法律主要有《英皇制诰》、《皇室训令》、《义律公告》、《殖民地规则》等。枢密院令主要是关于英皇及枢密院对香港总督如何处理香港事务所作的具体指示。英国议会法例是英国议会给香港的立法。

(三)香港本地的成文法

香港本地的成文法包括条例(ordinance)和附属立法(subordinate legislation)。条例由行政长官会同立法局制定,附属立法则是立法局通过条例授权其他机关或个人在指定的范围内制定的法律。香港的立法机构由总督和立法局组成,立法局的权力是经英皇特许状授予的。成立于1843年的香港立法局早期制定的条例不多,随着华人在香港社会作用的加强和英国法的改革,立法局制定的条例越来越多,范围也逐渐超越行政管理。目前这类法例已有1000多章,全部收录在《香港法例》中。相比于条例是由立法局制定,香港的附属立法是由立法局授权行政局、市政局等其他机构或政府官员为实施条例而制定的,与条例相适应的具体规定或实施细则,其表现形式为规则、规例和附例。

(四)香港本地的判例法

香港本地的判例法是在适用英国普通法、衡平法的基础上,在长期的审判实践中形成、发展起来的。香港法院适用本地判例法的基本原则主要有:第一,香港所有的法院必须受香港最高法院和上诉法院判例的约束。第二,香港地方法院不受本院第一审或上诉审以前判决的约束,但必须遵循上级法院的判例。如果审理上诉案件,地方法院必须遵循作为上诉的终审法院所作出的判决。第三,裁判司署受最高法院和上诉法院判例的约束,但不受地方法院或裁判司署其他判决的影响。

由于判例法在香港的法律体系中居于主导地位,因此,港英政府历来重视对判例的编纂和整理,目前香港比较具有代表性的案例汇编包括官方认可的《香港案例汇编》(Hong Kong Law Reports)、《香港刑法案例汇编》(Hong Kong Criminal Law Reports)和《地方法院案例汇编》(District Court Law Reports)。自1997年起,这三套汇编为《香港案例汇编及摘要》(Hong Kong Law Reports and Digest)所取代。同时,香港还有民间出版社出版的《香港判例》(Hong Kong Cases)及《香港公法案例汇编》(Hong Kong Public Law Reports),以及个别审裁处的判词,如《香港税务案例汇编》(Hong Kong Tax Cases)等。而《香港判例》所收录的判词则远至1843年。

(五)中国成文法与习惯法

中国成文法主要是指清朝的《大清律例》等中国传统法律,特别是有关家庭、婚姻、继承、抵押的法律对1971年以前的香港有重要影响。随着社会的发展,中国成文法的一部分通过香港政府的立法而成为香港制定法的组成部分,另一些则转化为习惯法残存下来,在社会生活中发挥一定作用。习惯法作为最古老的法的渊源,在香港受到比较多的重视,部分习惯法经过立法机关的确认,成为制定法,如有关伤害他人身体的习惯法转化为《伤害他人罪行法例》、有关盗窃的习惯法转变为《盗窃条例》、有关动产与不动产的习惯法规范被确认为《票据交换法例》和《物业转让法例》。同时,在制定法中明确规定华人习惯的法律效力,例如 1971 年的《修订婚姻制度条例》规定,按华人习惯结成的婚姻为有效婚姻,《新界条例》承认有关中国土地所有权的惯例。

在香港,习惯作为法的渊源,必须具备如下前提条件:第一,这种习惯是由来已久即"源远流长"的,从法律记忆时起,已经持续存在的。香港法院采用的习惯记忆除非有确实证据证明其不是外,一般推定为 1843 年。1969 年关于冯巧荷等人的无遗嘱死亡继承案和 1904 年默塞尔诉丹尼的土地使用纠纷案即采用这一原则。第二,这种习惯是实在的,即"真实无虚"的,其内容被普遍承认和接受,并被一定范围的人所遵守。《新界条例》就承认这种习惯而规定了公认的宗族或"堂"的土地所有权。1968 年的楚达英等诉楚单成玉一案就是在新界内如何适用中国习惯法的一个例子。① 第三,这种习惯应当不是暴力形成而且应当合乎情理,也不违背现行法律的基本原则。随着社会的发展,香港也形成了一些新的习惯法,如商业习惯法等。例如地产商在首次卖出新落成楼宇时,通常要置业者缴付全部的律师费,即置业者负担自己的半份,也负担地产商应付半份买卖合约律师费。在现代香港,由于成文法的完善,习惯法的影响局限在较小的地区和居民范围内,但其长期发挥作用将是无疑的。

(六)国际条约

作为一个自由港、国际经济贸易中心和国际金融中心,香港参加了许多国际条约。香港这一特殊地区是以两种身份参加国际条约的。一种是以英国属地成员身份履行国际条约。香港不是一个独立的主权国家,作为属地成员由英国外交与联邦事务部直接管辖,由该部大臣代理或授权参与国际事务,英国政府还有权决定将其参加的国际条约延伸

---

① [新西兰]瓦莱里·安·彭林顿:《香港的法律》,毛华等译,上海翻译出版公司,1985 年版,第 261—262 页。

到香港适用,因此英国参加签订的国际条约如《公民权利与政治权利国际公约》等大多数对香港具有法律约束力。英国缔结的许多双边条约如引渡协定,也通过立法适用于香港。另一种是以"行政实体"(自治领地)身份签订的国际条约。随着香港国际经济地位的不断提高,英国在1969年同意香港政府有权决定对外经济关系的政策,1973年又同意香港有权进行对外贸易谈判和签订协议,因此香港以"行政实体"(自治领地)身份参加和签订了一些国际条约,如《关税与贸易总协定》等。

三、港英时期的香港法制特点

香港的法律制度长期处于中西文化交融发展的背景之中,风格独特,尤其是受英国普通法原则影响甚重,程序中心主义和法官立法等特征深入法律制度核心价值体系,对香港法律制度构造和发展有重要影响。

(一)立法权来源于英国

港英时期,作为殖民地的香港,其立法权是来源于宗主国英国。英国统治下的香港,是通过委任港督来实现对香港的控制。《英皇制诰》和《皇室训令》为港督统治香港奠定了法律基础,前者规定设立港督,并授予其一系列权力;后者补充前者的不足,规定两局的组织、权力,以及决定政策、制定条例的程序等。从香港的立法程序来看,基本上是模仿英国下院的立法程序制定。每一法案须经三读及委员会审议,然后报总督批准才能成为法律。同时,香港的立法权是有限的,一方面,某些特定范围的条例,须英皇御准,港督无权批准;另一方面,香港立法局通过,港督批准的条例,英女皇有权驳回;而有些条例干脆就是英国制定或规定其适用于香港。在法律解释权方面,根据普通法原则,法律解释权属于法院,香港法院的终审权则归属于英国的枢密院司法委员会,换句话说,香港的法律最终解释权也在英国。

除立法程序和终审权的设置以外,英国对香港的法律主权的控制还表现在对法律语言的使用上。无论是在立法层面,还是在司法层面,英语在香港司法体系运行中一直是居于主导地位。英语的这种语言优势直接来源于英国对香港的殖民统治权,并直到 1974 年才得以改变。1974 年,香港立法局通过《法定语文条例》,并于 1987 年、1995 年作了修订。该条例第一次确定了中文和英文具有同等的法定语文地位,规定今后所有立法均以两种法定语文制定及颁布,法官及裁判官或其他司法人员在司法程序中,可兼用两种法定语文或采用其认为适当的一种。

(二)法律渊源多样

由于香港法律形成的这种中西融合背景,使得香港法的渊源多种多样,既有制定法,也有判例法;既有成文法,也有习惯法等不成文法;既有国内法,也有国际条约;既有英国普通法等主要渊源,也有权威性著作等次要渊源;既有英国的普通法、衡平法等判例法,也有香港本地的判例法;既有英国、中国的制定法,也有香港本地的条例和附属立法等制定法。香港法的渊源中既以英国法为基本,又以中国法为补充,并以香港本地法为发展,因此,香港法的渊源十分丰富,法律形式多种多样,非常齐全。

同时,虽然香港法的渊源多元化,但这些不同法律制度对香港法的影响并不是一样的,其地位并不同等,而是主次分明、主体明显的。在香港法律制度体系构成中,以英国的普通法、衡平法和制定法最为重要,占据主体地位。从总体上看,香港法是属于英美法系的。香港的法律制度主要来源于英国并在香港生根演变,在英国法制模式的基础上复制出适应香港的法律形态。中国成文法和习惯法则起着次要和补充的作用。

(三)奉行程序优先原则

普通法在传统上奉行"程序中心主义",英国则从中世纪开始,就一直特别强调诉讼的程序要件。英国的这一程序中心主义原则在香港的法律制度中得到了充分体现。首先,香港实行"对抗式诉讼",这是典型的普通法诉讼模式。对抗式诉讼又称"当事人主义诉讼"或"抗辩式诉讼",这是一种竞争性程序,庭审中,当事人的诉讼行为是核心,法官则充当消极的参与人,原被告双方各自从最有利的角度出发,提出主张和依据,并在相互询问和辩论中相互抗衡,以此澄清事实,体现正义。在香港的诉讼中,当事人或其代理人均可就案件的争议,各自阐述主张及根据,相互询问及辩论,法官不加干涉,仅根据当事人提供的事实和证据作出判决。如果一方当事人的证据占有优势,便可能使其胜诉。

其次,在刑事诉讼中,香港奉行无罪推定原则。无罪推定原则是指被控犯罪的人,在未经法院判决有罪之前,必须被推定为无罪。被告人无须证明自己无罪,证明被告有罪的责任在控方。在香港,刑事被告人在未经法庭判决确定为有罪之前,应当认定其为无罪。庭审中,当事人享有"沉默权",不负有证明自己无罪的责任,法官也不得随意讯问被告人,不得强迫被告人为自己作证,"任何使被告陷入有罪的讯问"均是违法的。同时,法官的主要职责是保证控辩双方严格遵守证据规则,最终在陪审团对有罪事实认定的基础上作出判决。

(四)遵循判例法传统,法官地位突出

香港是奉行判例法国家,而判例法的一个重要表现就是遵循先例原则,它的基本含义是:法官在对他审理的案件作出判决时,不仅要考虑到先例,即其他法官在已决案件中对与此相同或密切相关的问题作出的判决中所适用的原则,而且要受到已有判例的约束,接受并遵循先例确定的原则。遵循先例原则是指判决理由构成有约束力的先例的原则作为先例的判决理由并不是现成的,而是需要对有时是冗长的判词作仔细的揣摩。判决是否公正,辩护是否成功,与引用判例及对判例原则的领悟是有直接关系的。因此,在判例法国家和地区,其法律制度的发展中,法官的作用非常重要。法官"造法"的范围几乎不受限制,涉及到私法领域以及公法领域。因此,在包括英国和香港在内的普通法国家和地区,法官对判例发展,以及整个法律制度发展的贡献是显而易见的。

第二节　香港特别行政区的法制体系

一、基本法:香港特别行政区法制的基础

1990年4月4日,第七届中国人民代表大会第三次会议通过了《中华人民共和国香港特别行政区基本法》,并于1997年7月1日起开始实施。《基本法》是邓小平同志"一国两制"构想的成功实践,是香港特别行政区的宪法性法律,以此为基础,开启了香港特别行政区的新的法律架构,并重新确立了香港在国内和国际上的法律地位。

邓小平所提出的"一国两制"构想包含了三个基本点。第一,一个主权国家。一个主权国家的核心是坚持国家的主权统一和领土完整原则,是指包括香港、澳门、台湾等地在内的统一的中华人民共和国,这些地方都是国家不可分割的神圣领土。第二,两种社会制度。在一个主权国家的前提下,香港、澳门和台湾可以实行与大陆社会主义制度完全不同的资本主义制度,两种制度长期共存,和平共处。第三,香港、澳门、台湾实行地方高度自治。高度自治的实质是尊重现实,在可能的条件下尽量保障它们的既有权益。"高度"是一个相对的概念,与内地的地方行政区域相比,它们享有大得多的权力,如货币发行权等。

为了实行"一国两制",1982年修改宪法时增加了宪法第31条,专门规定国家在必要时可以设立特别行政区,使"一国两制"方针的实施有了宪法依据。1984年12月19日,中英两国政府签署了体现"一国两制"各项基本方针政策的《中英联合声明》,中英两国在声明中向全世界宣布,中华人民共和国政府将于1997年7月1日对香港恢复行使主

权。1990年4月4日,中国全国人大制定了香港《基本法》,该法是全国人民代表大会根据宪法的规定,为了在香港落实"一国两制"方针而制定的一部重要法律。

依据宪法制定的香港《基本法》由序言、总则、正文、附则等九章共160条构成,还包括特别行政区行政长官产生办法、特别行政区立法会产生办法和表决程序、在香港特别行政区实施的全国性法律等三个附件和香港特别行政区的区旗区徽图案。香港《基本法》是根据邓小平同志提出的"一国两制"的伟大构想,从香港的实际情况出发,在全国人民、特别是香港同胞的关心和参与下,经过《基本法》起草委员会历时4年零8个月努力的产物。《基本法》最根本的特点,就在于它把维护我国国家主权、统一和领土完整与授权香港特别行政区实行高度自治紧密地结合起来,是一部体现"一国两制"方针的全国性法律。邓小平同志高度评价了《基本法》的意义,指出它是一部具有历史意义和国际意义的法律文件,是一个具有创造性的杰作。《基本法》对于中国人民实现国家的统一大业,对于国家的现代化建设,对于保持和发展香港的长期繁荣稳定,都具有十分重大的意义。

香港《基本法》的颁布和正式实施,宣告了香港法律地位的根本变化,即由一个英国管治殖民地转变为中国的一个特别行政区。关于香港特别行政区的法律地位,香港《基本法》第12条确认:"香港特别行政区是中华人民共和国的一个享有高度自治权的地方行政区域,直辖于中央人民政府。"整体分析,香港特别行政区的法律地位包括两部分内容,一是在中华人民共和国内部,它与其他地方行政区域相比的法律地位;二是在国际社会的法律地位。两者共同构成香港的法律地位。

首先,香港的国内法律地位主要体现在与中国内地的其他地方行政区域的对比上。(1)香港是中国的一级地方行政区域。根据我国宪法和法律的有关规定,香港作为中国的一个特别行政区,具有地方一级政权的地位,同样存在中央对地方行政区域的行政管理关系。(2)香港直辖于中央人民政府。这是香港特别行政区法律地位的一个重要方面,它可以体现为:一是香港特别行政区是在中国地方行政单位里属于最高一级;二是香港特别行政区独立于各省、自治区、直辖市和中央各部委,任何地方行政单位和中央各部委都不得干预香港特别行政区依法自行管理各种事务;三是香港特别行政区可以直接以自己的名义参与全国性事务的管理。(3)香港享有的自治权高于其他地方行政区域。由于实行"一国两制",香港享有《基本法》规定的许多特殊权力,在自治程度和范围上远高于我国的一般行政区域和民族自治地方。

其次,香港的国际法律地位主要体现在香港在国际组织中法律地位的变化。全面考察香港《基本法》关于香港特别行政区对外交往自治权的架构,可以发现,《基本法》关于香港特别行政区在国际法律地位的规定包括两方面内容:(1)强调中国对香港特别行政区的主权地位,主要表现在香港的国际交往权是建立在中国政府对香港特别行政区的主权基础之上,高度自治权是基于中国对香港恢复行使主权这一历史背景,同时考虑到香港的历史和现实情况。因此,中国对香港恢复行使主权主要体现于外交权和国防权的行使。(2)对香港在国际交往中的自治权范围问题,根据《基本法》的规定,香港在经济、贸易、金融、航运、通讯、旅游、文化、体育这八个领域内,以"中国香港"的名义单独同世界各国、各地区及有关国际组织保持和发展关系,签订和履行有关协议,中央不得任意干预香港对外协议的内容。(3)香港可以"中国香港"名义参加国际组织。基本法第七章中对香港参加国际组织做了较为详尽的规定,包括香港特别行政区参加国际组织的身份问题、香港参加国际组织的范围问题、参加国际组织的方式问题,以及香港与中央人民政府参加国际组织发生冲突的处理问题,等等。

二、香港特别行政区法制的基本结构

根据《中英关于香港问题的联合声明》所确定的香港现行法律基本不变原则,香港原来适用的法律绝大多数可以继续在香港特别行政区适用,但这又不等于香港特别行政区与原来的香港实施同样的法律,在"一国两制"下,香港的法律制度与港英时期相比发生了很大变化,现在香港的法律制度主要由以下几部分构成。

(一)香港的宪法性法律

英国统治香港时,香港的宪法性法律是《英皇制诰》、《皇室训令》、《义律公告》和《殖民地条例》。这些宪法性法律是英国政府统治香港的根本性法律,它们规定了香港统治机构的组织、权力及统治原则,体现着浓厚的殖民色彩。中国恢复对香港行使主权后的宪法性法律是《中华人民共和国宪法》和香港《基本法》。其中,《宪法》是香港特别行政区制度存在的根本法依据;《基本法》则全面体现了"一国两制"、中国恢复对香港行使主权、港人治港的方针政策。

由于宪制性内容的要求,《基本法》的框架设想突破普通法律模式,采用了全新的体例设计。《基本法》框架分三大部分:序言、正文和附件。《基本法》序言宣称:确认中国政府对香港恢复行使主权;决定设立香港特别行政区;以《基本法》规定香港特别行政区实行的制度。正文包括总则和其他章节。其中总则阐明了11条原则性规定,分别是:中国对香港的领土主权;香港特别行政区实行高度自治;行政和立法机关的组成;居民的权利和自由;保持原有的社会制度和生活方式;保护私有财产权;土地和自然资源的所有权和管理权;香港原有法律基本予以保留;官方的法定语文;区旗和区徽;《基本法》在特别行政区的法律地位。正文的其他章节是对序言和上述原则的具体化,包括中央和香港特别行政区的关系,居民的基本权利和义务,政治体制,经济,教育、科学、文化、体育、宗教、劳工和社会服务,对外事务,《基本法》的解释和修改。附则共八个部分。附件是对正文规定的专门事项的补充,三个附件分别是:香港特别行政区行政长官的产生办法,香港特别行政区立法会的产生办法和表决程序,在香港特别行政区实施的全国性法律。

香港《基本法》是全国人民代表大会根据《宪法》制定的基本法律,其法律效力仅次于《宪法》,它不同于一般的基本法律,它是香港特别行政区各部门法律的"奠基法"和"统帅法",是香港地区其它法律发生效力的基本依据。这种奠基性作用,类似于某一地区宪法对该地区所起的作用,这种作用决定了《基本法》在香港特别行政区具有类似于宪法的宪制性地位。

《基本法》是香港特别行政区日常立法的法律基础。《基本法》第11条第1款规定:"根据中华人民共和国宪法第31条,香港特别行政区的制度和政策,包括社会、经济制度,有关保障居民的基本权利和自由的制度,行政管理、立法和司法方面的制度及有关政策,均以本法的规定为依据。"同时,香港特别行政区的法律不得同《基本法》相抵触,特别行政区立法会制定的法律,必须符合《基本法》的基本精神的内容。由此可见,《基本法》对香港特别行政区来说,具有宪法性法律的作用,是国家统一和香港繁荣的根本保障。

(二)在港实施的全国性法律

全国性法律理应在我国领土范围内普遍适用,但在实施"一国两制"的香港只适用涉及国家统一和主权的少数必要的全国性法律,全国性法律绝大部分不适用于香港。根据《基本法》确立的中央和特别行政区的关系,以及从《基本法》第18条和附件三的有关规定,在港实施的全国性法律的范围限于有关国家主权管理事务以及《基本法》规定的不属于香港特别行政区自治范围的事务,主要是有关国防、外交、国籍和驻军等法律。对于这类法律，《基本法》是以明示的方式作出规定。《基本法》第 18 条规定："全国性法律除列于本法附件三者外，不在香港特别行政区实施。凡列于本法附件三之法律，由香港特别行政区在当地公布或立法实施。"《基本法》未作明确规定的，原则上不在香港实施。其例外的情况是："全国人民代表大会常务委员会决定宣布战争状态或因香港特别行政区内发生香港特别行政区政府不能控制的危及国家统一或安全的动乱而决定香港特别行政区进入紧急状态，中央人民政府可发布命令将有关全国性法律在香港特别行政区实施。"

根据《基本法》规定，如果需要对在港实施的全国性法律作出增减，在程序上也有严格限定。《基本法》第 18 条规定："全国人民代表大会常务委员会在征询其所属的香港特别行政区基本法委员会和香港特别行政区政府的意见后，可对列于本法附件三的法律作出增减，任何列入附件三的法律，限于有关国防、外交和其他按本法规定不属于香港特别行政区自治范围的法律。"

根据 1990 年所颁布的香港《基本法》附件三的列举，共有六项全国性法律在港实施：《关于中华人民共和国国都、纪年、国歌、国旗的决议》,《关于中华人民共和国国庆日的决定》,《中央人民政府公布中华人民共和国国徽的命令》,《中华人民共和国政府关于领海的声明》,《中华人民共和国国籍法》,《中华人民共和国外交特权与豁免条例》。对这些法律香港特别行政区要遵照执行，不能另搞一套。另外法律还规定了一项程序：凡是要在香港特别行政区实施的全国性法律，都必须首先列入《基本法》的附件三，没有列入附件三的不在特别行政区实施，即使这六部法律，在香港的适用也要根据香港的特殊情况作出具体实施的解释，例如，为了妥善解决香港居民的中国公民身份，1996 年 5 月 15 日全国人大常委会通过了"关于《中华人民共和国国籍法》在香港特别行政区实施的几个问题的解释"，为香港特别行政区处理有关香港居民的国籍问题提供了法律依据。

《基本法》颁布之后,全国人大常委会又根据形势陆续制定了一些涉及国防、外交等事务的法律,其中部分法律需要在香港特别行政区实施。1997年7月1日,第八届全国人大常委会第二十六次会议通过了关于香港《基本法》附件三所列全国性法律增减的决定。依照该决定,在港实施的法律又增加的有:《中华人民共和国国旗法》、《中华人民共和国领事特权与豁免条例》、《中华人民共和国国徽法》、《中华人民共和国领海及毗连区法》、《中华人民共和国香港特别行政区驻军法》。删减的法律是《中央人民政府公布中华人民共和国国徽的命令》附:国徽图案、说明、使用办法。至此,包括《基本法》在内,在香港特别行政区实行的全国性法律共有十一项。

(三)予以保留的香港原有法律

香港《基本法》第8条规定:"香港原有法律,即普通法、衡平法、条例、附属立法和习惯法,除同本法相抵触或经香港特别行政区的立法机关作出修改者外,予以保留。"第160条规定:"香港特别行政区成立时,香港原有法律除由全国人民代表大会常务委员会宣布为同本法抵触者外,采用为香港特别行政区法律,如以后发现有的法律与本法抵触,可依照本法规定的程序修改或停止生效。"换句话说,香港原有法律,包括普通法、衡平法、条例、附属立法和习惯法,它们得以保留的条件是:第一,不得与《基本法》相抵触;第二,未经特别行政区立法机关作出修改。有基于此,在香港回归之前,中国全国人大常委会已经完成了对"香港原有法律"的审查工作,并宣布了予以采纳为香港特别行政区法律的法律内容。

1. 成文法的保留适用问题

从香港特别行政区的实际情况来看,在一国两制条件下,大部分香港原有成文法,即条例和附属立法都被保留了下来,而且这部分内容构成了香港特别行政区法律体系的主要部分,但由于回归后香港法律地位的根本变化,因此,需要解决香港原有成文法与大陆法律和立法原则之间的衔接问题,这就涉及到香港原有成文法的适应化问题。香港原有成文法的适应化,是指根据《基本法》和全国人大常委会1997年2月23日《关于根据〈中华人民共和国香港特别行政区基本法〉第160条处理香港原有法律问题的决定》(下称《决定》),对香港原有成文法中与香港特别行政区的宪法地位及与《基本法》的规定不相符合的部分进行相应的废止、修改及技术处理,以实现香港原有法律制度的顺利过渡。①

从内容上看,对香港原有成文法的适应化包括了四个方面的内容。首先,需要对《决定》不采用为香港特别行政区法律的原有成文法予以废除,如《英国法律适用条例》;其次,对原有成文法中与《基本法》冲突的部分进行修订,如《香港人权法案条例》;再次,是纯粹的概念和名称的适应化,如对"殖民地"、"总督"等作出相应的处理,代之以"香港"、"行政长官";最后,由特别行政区立法机关进行一些重新立法,主要是对已被全国人民代表大会废止的、原直接适用于香港的英国法律,香港回归后又有实际需要,由特别行政区立法机关重新立法。

对香港原有成文法的适应化工作,在特别行政区政府成立之前,特别行政区筹备委员会预备委员会以及特别行政区筹委会就开始进行,并为特别行政区成立以后的适应化工作打下了宪法和技术基础。回归后,对原有成文法的适应化,一直是特别行政区政府最优先处理的工作之一。特别行政区政府采取的策略为:先解决成文法适用中急需解决的问题,防止在香港回归后出现法律真空;在此基础上,先解决涉及中央人民政府与特别行政区关系的原则问题,再解决一般性的技术性问题;最后是对独特调整对象的法律规范进行集中处理。

---

① 陈友清:《香港原有法律的适应化及几个理论问题》,载《现代法学》,1999年第3期。

在上述适应化的策略指导下,特别行政区政府在回归以后做了大量的法律适应化工作:

其一,在香港回归之初,以临时立法会制定的《香港回归条例》,将全国人民代表大会《决定》以香港地方立法的形式,宣布为香港法律,并作为在法律适应化之前,处理和适用香港原有法律的基本原则和解释准则。这样,就在技术上保证了法律适用的连续性,防止出现所谓的"法律真空"。

其二,根据《基本法》、全国人民代表大会 1997 年 2 月 23 日《决定》的规定,对香港原有成文法中与《基本法》及《决定》冲突的法律进行修改。这主要是指全国人民代表大会 1997 年 2 月 23 日《决定》附件二所列明的有关条例。此后,特别行政区立法会先后通过了《香港人权法案(修订)条例》、《香港入境(修订)条例》等。

其三,以单独的法律适应化条例,解决涉及到中央人民政府与特别行政区政府关系,以及对整个法律体系有重要影响的成文法的适应化。1998 年 7 月,特别行政区临时立法会通过了《法律适应化(释义条文)条例》,对《释义及通则条例》(第 1 章),特别是对该条例中的第 66 条有关"官方"(Crown)的规定进行了适应化处理,以"国家"(State)取代原条例中的"官方",并对"国家"进行了法律定义。该适应化条例主要解决了香港成文法对国家及特别行政区政府的效力问题,使中央人民政府与特别行政区政府在法律约束力的关系方面得到了清晰的界定。对涉及英国法律在香港适用,以及关乎香港司法体制、土地、国籍等原条例,也是以单行适应化条例的形式来处理。在回归后的第一年,特别行政区政府就相继公布了 4 部这方面的适应化条例草案。[①]

---

① 它们是《法律适应化修改(法院及审裁处)条例草案》、《法律适应化(关于国籍的事宜)条例草案》、《法律适应化修改(对外国等的提述)条例草案》、《法律适应化修改(官地)条例草案》。

其四,对一些不需要对原法律规范做大的修改,而只需要对其中一些概念、名词、政府部门、政府职务名称等作出技术性替换的原有成文法进行集中处理。其方法是:以年度《法律适应化修改(第某号)条例草案》的形式,一部条例草案处理一批原有法律。如1998年,特别行政区政府向立法会提交并通过《政府宪报》公布的此类条例草案有18部。1999年1月又公布了4部,共涉及到香港原有法律500多部。这些条例草案都循正常的立法程序,经立法会"三读"后成为法律。

最后,对原有成文法中涉及国防、驻军、军事设施和军事禁区保护的特殊规范,以单行适应化条例的形式处理。

除了对香港原有成文法的保留和继续实施以外,《基本法》第160条第2款规定:"在香港原有法律下有效的文件、证件、契约和权利义务,在不抵触本法的前提下继续有效,受香港特别行政区的承认和保护。"这样,在香港特别行政区成立以前,依据香港原有法律签订的具有法律效力的证件及行为,以及由此产生的权利义务,只要不与《基本法》相抵触,均在香港特别行政区继续发生法律效力,这就加深了对香港原有法律秩序的维护,从而使香港法律秩序的过渡更加平稳。

2. 判例法的保留适用问题

香港司法界在长期实践中接受了英国法传统,也就是接受了判例法传统。法官和律师均受过英国式的法学教育,且长期使用英语,他们的法律思维与工作方式也都判例法式了。其实,作为香港社会中特殊阶层的法官和律师,已成为"判例法传统"的一个自然组成部分。这种"传统与人的统一"无疑是判例法在香港法中长期占居主导地位的文化基础。《基本法》第8条规定:"香港原有法律,即普通法、衡平法、条例、附属立法和习惯法,除同本法相抵触或经香港特别行政区的立法机关作出修改者外,予以保留。"这就为判例法的保留奠定了宪法性法律的基础。

普通法和衡平法表现为判例法。原来香港适用的判例法包括英国判例、英联邦成员国家或地区判例和香港本地判例。英国判例、英联邦成员国家或地区判例不是香港原有法律,不予保留,不能在香港特别行政区继续适用。所以在"一国两制"下,香港的判例法来源"将由原来的多元结构转变为香港本地判例的单一结构"①。现在香港特别行政区的判例法将由香港原有判例和香港特别行政区法院判例两个部分组成。香港原有的判例有100多册,根据《基本法》第8条和第84条的规定,香港特别行政区法院应当依照《基本法》所规定的适用于香港特别行政区的法律审判案件,其他普通法适用地区的司法判例可作参考。换句话说,除与《基本法》相抵触者或带有殖民色彩的外,可继续在香港适用。香港特别行政区法院在审理案件中确定的原则也将是判例法的来源之一。

3. 习惯法的保留适用问题

习惯法是指在英国19世纪占领香港前当地就已经通行的中国清代法律和具有法律效力的习惯。习惯法的适用范围很小,只在无遗嘱继承、"新界"土地产权的转移、家庭亲属关系等方面法院可以按照习惯法办案。随着习惯法的内容不断为新制定的法律加以吸收或改变,它的重要性和范围逐渐缩减。尽管如此,由于习惯法属于《基本法》规定保留的范围之一,所以,习惯法仍是今后香港的法律制度组成部分之一,并且随着香港政制与法制的发展,还会有新的习惯得以归入到习惯法的内容里面。

(四)香港特别行政区立法机关制定的法律

香港特别行政区成立以后,随着香港社会经济的发展,有些法律虽然与《基本法》不相抵触,但其内容已不再适合香港的实际情况,这就要

---

① 杨荣珍:《香港回归前后法律的变化》,载《法学杂志》,1997年第4期。

求对法律的结构、功能及调整范围作出改变。因此,需要由回归后的特别行政区立法机关对法律作出修改、调整和制定新的法律。根据《基本法》第 2 条规定,全国人大授权香港特别行政区享有立法权。从这一根本授权出发,《基本法》对香港特别行政区的立法依据、立法机关、立法权限和范围,以及立法机关的职责与议事规则等都进行了规定。

1. 立法依据和立法机关

《基本法》第 11 条规定:"根据中华人民共和国宪法第 31 条,香港特别行政区的制度和政策,包括社会、经济制度,有关保障居民的基本权利和自由的制度,行政管理、立法和司法方面的制度,以及有关政策,均以本法的规定为依据。""香港特别行政区立法机关制定的任何法律,均不得同本法相抵触。"因此,香港特别行政区立法机关应当以香港《基本法》为依据进行立法,《基本法》是评判香港法律是否合法的唯一标准。

关于立法机关,港英时期香港立法机关名为立法局,实为港督。回归以后,根据《基本法》第 66 条规定:"香港特别行政区立法会是香港特别行政区的立法机关。"同时《基本法》还规定了立法会的组成和议员的任职条件,《基本法》第 67 条规定:"香港特别行政区立法会由在外国无居留权的香港特别行政区永久性居民中的中国公民组成。但非中国籍的香港特别行政区永久性居民和在外国有居留权的香港特别行政区永久性居民也可以当选为香港特别行政区立法会议员,其所占比例不得超过立法会全体议员的 20%。"

2. 立法权限和范围

根据《基本法》规定,香港特别行政区所享有的高度自治权包括:行政管理权、立法权、独立的司法权和终审权。这一规定奠定了香港立法权的权限范围。根据香港特别行政区的自治权限,特别行政区立法会所拥有的立法范围相当广泛,除了涉及国家主权和不属于特别行政区自治范围的事务,香港特别行政区立法所涉及的领域涵盖在本辖区内的主要社会关系,包括刑事、民事、诉讼、基本经济制度、婚姻家庭关系等本应由全国性法律规定和调整的内容。因此,在保留原有判例法的基础上,香港有权自行制定、修改和废除有关刑事法、民事法、诉讼法、经济法等基本法律,香港自行立法也不受有关全国性法律和行政法规的制约。

考虑到《中华人民共和国刑法》将不在香港实施,为了维护国家主权和安全,《基本法》第23条规定:"香港特别行政区应自行立法禁止任何叛国、分裂国家、煽动叛乱、颠覆中央人民政府及窃取国家机密的行为,禁止外国的政治性组织或团体在香港特别行政区进行政治活动,禁止香港特别行政区的政治性组织或团体与外国的政治性组织或团体建立联系。"根据这一规定,以及《基本法》之于香港政制和法制的根本法地位,香港立法机关必须以立法形式规定上述内容,否则,特别行政区立法便是违背了《基本法》的规定。但这一条规定在2003年曾引起香港社会的剧烈反应。

除此之外,还有香港立法机关的职责与议事规则问题,在上一章第二节中对立法机关的立法权职责已经做了阐述。至于香港立法会的议事规则,则基本保留了港英时期香港原有的立法程序和规则,包括会期、休会、动议、辩论和表决等规则。虽然根据《基本法》的规定,一项特别行政区法律的生效,需要由立法会的三读程序通过后,再经行政长官签署,并公布于众,但与港英政府时期相比,香港特别行政区立法会的立法权力在体制上是独立而完整的,立法会可以称得上是真正意义上的立法机关。

(五)适用于香港特别行政区的国际协议

国际协议是指国家、国际组织或地区之间就彼此权利义务关系所达成的协议。在"一国两制"下,回归后适用于香港的国际协议来源由单一化向多样化方向发展①,且主要涉及到三方面内容:一是原来已经在香港适用的国际协议的效力问题;二是中国缔结的国际协议在香港的适用问题;三是香港特别行政区在回归后以"中国香港"名义单独签订的国际协议问题。其中,第三个问题在本节第一部分有关回归后香港的法律地位内容中已经阐述,在此,重点是对前两个问题进行分析。

1. 原适用于香港的国际协议的效力问题

回归前,香港已经参加了 200 多项国际协议,根据中英两国在《联合声明》中的约定,这些协议除与《基本法》相抵触的外,在香港回归后大部分仍将继续适用,但香港参加国际协议的形式将发生变化,不再是由英国代表团身份参加,而是以"中国香港"名义参加。对于原适用于香港的国际协议的效力问题,《基本法》第 53 条规定:"中华人民共和国缔结的国际协议,中央人民政府可根据香港特别行政区的情况和需要,在征询香港特别行政区政府的意见后,决定是否适用于香港特别行政区。""中华人民共和国尚未参加但已适用于香港的国际协议仍可继续适用。中央人民政府根据需要授权或协助香港特别行政区政府作出适当安排,使其他有关国际协议适用于香港特别行政区。"

根据上述原则,中英两国政府于 1997 年 6 月 17 日就这一问题达成一致意见,同年 6 月 20 日,中国常驻联合国代表秦华孙代表中国政府向联合国秘书长安南递交了外交照会,全面阐述了有关国际条约适用于香港特别行政区的原则和做法。照会的两个附件列明了自 1997 年 7 月 1 日起继续适用于香港特别行政区的 214 项国际条约,涉及领域包括经贸、海关、科技、民航、商船、知识产权、资源、环保、邮政、人权、劳动、国际犯罪、国际私法等问题。在这些国际条约中,当时中国尚未参加的有 80 多项。该照会还特别提出:《公民权利和政治权利国际公

---

① 王赫:《"一国两制"下香港的法律渊源》,载《甘肃理论学刊》,1998 年第 4 期。

约》和《经济、社会与文化权利国际公约》适用于香港的规定,自1997年7月1日将继续有效。未列入照会且中国是当事方的其他条约,如决定继续适用于香港特别行政区,中国政府将另行办理有关手续。对属于外交、国防类或根据条约的性质和规定必须适用于国家全部领土的条件,中国政府无需办理有关手续。

2. 中国缔结的国际协议在香港的适用问题

按照国际法惯例和1969年《维也纳条约法公约》的原则,主权国家缔结的条约,除有特殊规定外,应适用于该国的全部领土。因为国际条约是缔约各方平等协商基础上产生的,并在各方自愿承担义务的条件下进行的,缔约各方必须遵守该条约,受其束缚,承担相应的国际责任。因此,从原则上讲,中华人民共和国缔结的国际协议,在国家辖区范围内均应实施并受其约束。但是,在"一国两制"下,国际协议的实施在香港特别行政区有其特殊情况。首先,在适用范围上,并不是中国缔结的全部国际协议均在香港实施,"中央人民政府可根据香港特别行政区的情况和需要",决定哪一部分协议在香港实施。其次,在决定适用的程序上,并不是由中央人民政府直接决定,也不是由香港特别行政区政府选择决定,而是由中央人民政府在征询香港特别行政区政府的意见后决定。也就是说,中国缔结的国际协议在香港特别行政区适用是有条件的,决定适用权在中央人民政府,但在适用范围和决定适用的程序上有所限制。

三、香港特别行政区判例法的发展

香港特别行政区承袭了判例法传统,同时,又发展了香港的判例法。香港法院大约在三类场合中进行"法官造法":第一类是普通法和衡平法在香港适用形成的判决;第二类是在个案判决中对《基本法》、在香港适用的全国性法律、香港的条例、附属规则所作的解释形成的判决;第三类是混合运用司法先例和制定法及制定法的解释所作出的判决。第一类场合中,由于受早先先例的约束,"法官造法"的空间已大大缩小。在第二类和第三类场合中,由于《基本法》的适用及大量新的本地立法的出台,为新时期的"法官造法"提供了很大空间。法院拥有权威性法律解释权本身,也为"法官造法"在香港的突出地位提供了保障。法院掌握制定法的解释权,实际上导致了制定法需要通过判例的审查才能发生作用。

根据香港回归前已经适用的普通法"遵循先例"原则,回归之后的香港法院依据下列原则来具体适用先例:

1.终审法院作为香港的最高审级的法院,不受其判决或任何其他法院所作出的判决的约束,但是终审法院实际上很可能会对有关法律论点采取前后一致的看法。

2.高等法院上诉法庭除受终审法院过去的所有判决约束外,通常也受本身过去的判决的约束。主要的例外情况包括:(1)其过去的判决与上级法院(如终审法院)的任何一项判决不一致;(2)该判决与上诉法庭过去的另一项判决不一致;(3)作出该判决时没有留意与该判决不一致的法定条文或某些对上诉法庭具有约束力的案例。

3.香港特区所有法院和审裁处须遵从终审法院和高等法院(原讼法庭和上诉法庭)过去的判决。原讼法庭须遵从终审法院和上诉法庭过去的判决。

4.关于英国判例的先例效力。(1)有关英国枢密院在1997年7月1日前作出的判决在该日期后对于香港特区所具有的约束力,上诉法庭在"Bahadur 诉保安局局长"[①]一案中指出:"枢密院在(中华人民共和国)恢复对香港行使主权之前宣判的判决,在回归后对香港所有法院

---

① [2000] 2 HKC 486。

(终审法院除外)继续具有约束力。这是因为枢密院的判决是香港普通法的一部分,因此属于《基本法》生效时在香港实施的法律,亦根据《基本法》第 8 条获得保留。"(2)1997 年 7 月 1 日之后,终审法院取代枢密院成为香港特区的最高法院,因此英国枢密院的判决对香港没有约束力。但是,依据《基本法》第 84 条的规定,香港特区法院可以参考包括英国枢密院和上议院判例在内的其他普通法适用地区的司法判例。①

2003 年 2 月,香港的保护海港协会提起诉讼,认为政府在维多利亚港的填海,违反了《海港保护条例》,要求法院对填海工程进行审查。《海港保护条例》中有一项原则:香港维多利亚港是香港人共有的自然遗产。这就形成了一个反对填海的推定。高等法院通过审理于当年 7 月判决保护海港协会胜诉,要求政府把填海工程草图发回城市规划委员会重新考虑。法院在该判决中确立了填海工程得以进行的三个标准:(1)有当前的迫切社会需要;(2)无其他可行的替代办法;(3)确保填海所涉面积已减到最低。这一判决,形成了填海合法性的准则,并在以后相似案件的判决中被遵循。目前,上述三标准有所改变,发展为"压倒性公众需要原则",即有确切证据证明有足够的公众需要才能进行填海。

在该案中,法院并非受制于制定法,也非局限于对制定法的一般解释。法官面对社会公众关心的问题,根据对一般社会伦理及法律理性的理解,综合考虑和平衡不同社会利益的冲突,针对法律的灰色地带,利用法律解释的权力又超越法律解释的权力,积极创制新的法律规则。

---

① 香港特别行政区律政司编:《基本法简讯》,2003 年 12 月第五期,第 11 页。

第三章 香港特别行政区的法院组织

香港特别行政区法院分为终审法院、高等法院(设上诉法庭和原讼法庭)、区域法院、裁判法院、死因裁判法庭及少年法庭。此外,还设有多个审裁处,包括土地审裁处、劳资审裁处、小额钱债审裁处和淫亵物品审裁处,可以就指定范围内的纠纷行使司法管辖权。终审法院首席法官作为司法机构首长对各级法院的行政事务进行统一管理。

第一节 终审法院

《基本法》第 19 条规定香港特别行政区享有独立的司法权和终审权。终审法院是香港司法系统中最高审级的法院。1997 年香港回归前,英国枢密院司法委员会享有对香港的终审权,这是殖民地司法架构的典型形式之一。1997 年回归后,中国政府收回香港特别行政区的终审权,依据《基本法》第 82 条的规定,将终审权授予香港特别行政区终审法院。

香港终审法院的设立、组成、司法管辖权等主要由《香港终审法院条例》和《香港终审法院规则》等法律规定。

一、终审法院的组成

终审法院以首席法官为首,成员包括 3 名常任法官,以及多名来自香港与其他普通法适用地区的非常任法官。① 除此之外,终审法院内还设立了相应的审判组织和机构。

(一)终审法院审判庭

终审法院对上诉案件的审理必须组成终审法院审判庭以进行聆讯和裁决。终审法院审判庭须由以下成员组成:首席法官;3 名由首席法官委派的常任法官;由首席法官挑选并由终审法院邀请的 1 名非常任香港法官或 1 名其他普通法适用地区法官。

首席法官必须出任终审法院审判庭庭长,但如他由于某一因由以致未能出庭聆讯上诉,则他须指定一名常任法官代替他参加审判并担任终审法院审判庭庭长。此时终审法院审判庭仍须由 5 名法官组成。由于某一因由以致出庭聆讯上诉的常任法官人数不足,则首席法官必须委派一名非常任香港法官代替一名常任法官参加审判。如某法官由于某一因由以致在一宗上诉聆讯开始后但未作出判决前在该聆讯中缺席,则在该上诉案中各方的同意下,可由余下的法官继续审判,但法官人数不得少于 4 名。

为保障司法公正,《香港终审法院条例》规定了法官回避制度。任何法官不得就以下上诉的聆讯,或就在以下上诉的附带或初步法律程序中有关申请的裁定,以终审法院审判庭的成员身份参加审判:就由他作出或由他以成员身份参加审判的法庭所作出的判决或命令而提出的上诉;针对在他席前所作判罪或针对由他所作判刑而提出的上诉。

过半数裁判是终审裁判。任何由过半数参加审判的法官所作的判决或命令,须当作为终审法院审判庭所作的判决或命令。如未能由参加审判的法官作出过半数的判决或命令,则须命令重新聆讯。

---

① 截止于 2008 年 9 月 10 日,香港终审法院共有 16 名非常任法官。资料来源:香港特别行政区司法机构网站,http://www.judiciary.gov.hk/tc/organization/judges.htm#CFA,2008 年 9 月 24 日访问。

(二)上诉委员会

终审法院设立上诉委员会。终审法院聆讯及决定是否接纳上诉许可申请的权力须由上诉委员会行使。

上诉委员会由以下成员组成:首席法官及2名由首席法官委派的常任法官;或3名由首席法官委派的常任法官。凡因任何因由以致没有足够的常任法官参加上诉委员会审判以聆讯和裁定申请,首席法官须委派一名非常任香港法官代替常任法官参加审判。

任何法官不得在以下上诉的附带或初步法律程序中的申请的聆讯及裁定中,以上诉委员会委员的身份参加审判:就由他作出或由他以成员身份参加审判的法庭所作出的判决或命令而提出的上诉;针对在他席前所作判罪或针对由他所作判刑而提出的上诉;或一项上诉,而他或他以成员身份参加审判的法庭已就该上诉拒绝上诉许可申请,或要求高等法院上诉法庭或原讼法庭证明有关案件涉及具有重大而广泛的重要性的法律论点,或显示曾有实质及严重的不公平情况的申请。

(三)规则委员会

终审法院设立规则委员会。终审法院规则委员会可以订立终审法院规则,规定及订明须在终审法院遵行的程序及常规,以处理终审法院有司法管辖权的讼案及事项,以及规定及订明有关程序或常规所附带引起或涉及的事宜。该委员会亦可订立终审法院规则,对更有效地施行《终审法院条例》,作出概括性的规定。

终审法院规则委员会由以下成员组成:首席法官;2名常任法官;司法常务官;2名由香港大律师公会提名的大律师;2名由香港律师会提名的律师;律政司司长或一名由律政司司长委派的律政司的律政人员。

终审法院规则委员会成员会议的法定人数须由一名大律师、一名律师、律政司司长或一名由他委任的律政司的律政人员,以及不少于2

名的其他成员所构成。

(四)司法常务官

终审法院设立司法常务官,由行政长官委任。司法常务官协助法官处理大量的"内庭"工作。"内庭"工作是指在全面公开法庭程序之前、之后或取代该等程序所进行的工作。

二、终审法院的司法管辖权

(一)一般管辖权

《香港终审法院条例》第4条规定,终审法院具有根据本条例及其他法律赋予的司法管辖权。但是终审法院对国防、外交等国家行为无司法管辖权。终审法院在审理案件中遇有涉及国家行为的事实问题,须取得香港特别行政区行政长官就该等问题发出的证明文件,而上述证明文件对终审法院具有约束力。而在发出该证明文件前,行政长官须自中央人民政府取得证明书。

(二)上诉管辖权

终审法院对受理案件行使上诉管辖权,而不进行一审审理。终审法院可以确认、推翻或更改上诉所针对的法院决定,或将有关事项发还该法院处理并附上终审法院的指引意见,或对有关事项作出它认为适当的其他命令。为处理上诉,终审法院可以行使上诉所针对的法院所具有的任何权力(包括命令重审的权力),或可将案件发还该法院处理。

(三)民事司法管辖权

依据《香港终审法院条例》第2条的规定,终审法院所管辖的"民事讼案或事项"是指非刑事性的讼案或事项。因此涉及到对行政行为的复核也采用民事诉讼程序。终审法院对民事上诉案件的受理分为两种情况。

(1)当然权利上诉。《香港终审法院条例》规定,如上诉是就高等法院上诉法庭就任何民事讼案或事项所作的最终判决而提出的,而上诉争议的事项所涉及的款额或价值达一百万港币或以上,或上诉是直接或间接涉及对财产的申索或有关财产的问题,或直接或间接涉及民事权利,而所涉及的款额或价值达一百万港币或以上,则终审法院须视提出该上诉为一项当然权利而受理该上诉。

(2)酌情上诉。如果上诉是就上诉法庭就任何民事讼案或事项所作的其他判决而提出的,不论是最终判决或非正审判决,而上诉法庭或终审法院(视属何种情况而定)认为上诉所涉及的问题具有重大广泛的或关乎公众的重要性,或者因其他理由,以致应交由终审法院裁决,则上诉法庭或终审法院须酌情决定终审法院是否受理该上诉。在该种情况下,当事人应当向上诉法庭或终审法院以动议形式提出上诉许可申请,经法院审查给予上诉许可后,终审法院方才受理该上诉。

另外,对于源自高等法院原讼法庭的上诉,如有关行政长官选举,或者该上诉是就原讼法庭就任何民事讼案或事项所作的其他判决而提出的,而且涉及具有重大广泛的或关乎公众的重要性的法律问题,则可以采取特别的越级上诉程序,无须经上诉法庭而直接送交终审法院处理。终审法院审查并给予上诉许可之后,方得受理该上诉。

(四)刑事司法管辖权

终审法院的刑事司法管辖权涉及对高等法院上诉法庭和原讼法庭最终决定的上诉。《香港终审法院条例》规定,对于在任何刑事讼案或事项中由法律程序的任何一方所提出的上诉,终审法院须酌情决定是否受理。该上诉包括:第一,上诉法庭的最终决定;第二,原讼法庭的最终决定(由陪审团所作的裁决或裁定除外),而就此项决定是不能向上诉法庭提出上诉的。对于上述上诉,终审法院必须给予上诉许可后,方能受理该上诉。而终审法院给予上诉许可又必须以上诉法庭或原讼法庭的证明为前提,该证明应当证明有关案件的决定是涉及具有重大而广泛的重要性的法律论点,或显示曾有实质及严重的不公平情况。但是,如果上诉法庭或原讼法庭拒绝给予符合上述情况的相关证明,则终审法院可以给予证明,并给予上诉许可。

（五）上诉许可

上诉许可是终审法院受理刑事上诉案件和部分民事上诉案件所必经的程序。当事人的上诉许可申请由上诉委员会处理和决定,上诉委员会的决定是最终决定,任何人均不得就上诉委员会的决定提出上诉。

第二节 高等法院

香港高等法院是审级仅次于香港终审法院的审判机关。高等法院由两个不同级别的法庭组成,即上诉法庭和原讼法庭。就司法管辖权而言,这两个法庭都不受限制。一般而言,原讼法庭主要审理较为严重的民事和刑事案件,在某些情况下也审理民事和刑事上诉案件。而上诉法庭只审理上诉案件,没有任何的原讼即一审的司法管辖权。香港高等法院的设立、组成、司法管辖权等主要由香港《高等法院条例》等法律规定。

一、高等法院的组成

（一）原讼法庭的组成

原讼法庭由高等法院首席法官、原讼法庭法官、特委法官、终审法院首席法官委任的暂委法官组成。[1] 另外,如有需要,高等法院上诉法庭法官也可在原讼法庭开庭,并以原讼法庭法官的身份行使司法管辖

---

[1] 截止于2008年9月10日,香港高等法院原讼法庭共有1名首席法官、25名原讼法庭法官。资料来源:香港特别行政区司法机构网站,http://www.judiciary.gov.hk/tc/organization/judges.htm#CFA,2008年9月24日访问。

权及其权力和特权。

(二)上诉法庭的组成

上诉法庭由高等法院首席法官、上诉法庭法官组成。① 高等法院首席法官同时担任上诉法庭庭长。另外,原讼法庭法官应终审法院首席法官之请,可以上诉法庭额外法官身份进行聆讯,而在该情况下他具有上诉法庭法官的所有司法管辖权、权力及特权。

(三)司法常务官

高等法院设一名司法常务官,以及若干名高级副司法常务官、副司法常务官和助理司法常务官,后者统称为聆案官。司法常务官和聆案官行使部分由原讼法庭法官在内庭行使的民事司法管辖权,例如处理审讯前的非正式申请、没有抗辩的破产申请、清盘以及执行法庭判决等事宜。除了行使评定讼费聆案、海事聆案以及民事与刑事上诉聆案的司法管辖权,其还具备其他类似司法的职能,诸如以委托方式录取证据,管理在原讼法庭进行的刑事法律程序,聆讯以及裁决对法律援助处的决定而提出的上诉,以及监督外地司法文书的送达,及负责遗产承办和有关陪审员安排等事宜。司法常务官亦备存大律师、律师和公证人的专业名册。

(四)裁判委员

在任何民事法律程序中,原讼法庭可邀请一名或几名具有特别资格的裁判委员,并可在裁判委员的协助下,处置全部或部分的法律程序。但是原讼法庭的决定必须是法官所做的决定。

(五)规则委员会

高等法院设立规则委员会,由规则委员会制定高等法院规则。该

---

① 截止于 2008 年 9 月 10 日,香港高等法院上诉法庭共有 1 名首席法官、10 名上诉法庭法官。资料来源:香港特别行政区司法机构网站,http://www.judiciary.gov.hk/tc/organization/judges.htm#CFA,2008 年 9 月 24 日访问。

委员会由以下 9 位人员组成：(1)高等法院首席法官，并由他担任主席一职；(2)高等法院首席法官所委任的高等法院法官 2 名；(3)司法常务官或一名由高等法院首席法官委任以代表司法常务官的聆案官；(4)香港大律师公会提名的大律师 2 名；(5)香港律师会提名的律师 2 名；(6)律政司司长或一名由律政司司长委任的律政人员。如同时有一名大律师及一名律师出席，5 名规则委员会的成员即可构成会议的法定有效人数。

二、高等法院的司法管辖权

(一)原讼法庭的司法管辖权

高等法院原讼法庭具有不受限制的民事和刑事的一审司法管辖权。民事案件涉及的范畴包括离婚、海事诉讼、破产、公司清盘、领养、遗嘱认证和精神错乱。大部分的民事案件通常由一名法官审理，但是在某些特殊案件中，例如针对诽谤、恶意检控、非法禁锢或诱奸提出的诉讼，诉讼当事人可以要求陪审团参与案件审理。对于刑事案件，除法律和法院规则另有规定外，由一位原讼法庭法官单独开庭聆讯和裁定。但是对较为严重的刑事案件，例如谋杀、误杀、强奸、持械行劫、贩运大量危险药物和复杂的商业欺诈，则由一位原讼法庭法官和由 7 人组成的陪审团共同审理，如有需要亦可将陪审团扩大到 9 人。陪审团负责裁定罪名是否成立，而量刑判罚由法官独立决定。

原讼法庭同时还具有有限的上诉管辖权，可以受理针对裁判法院的刑事裁决和劳资审裁处、小额钱债审裁处、淫亵物品审裁处的裁决的上诉。另外也可处理对聆案官就民事案件所作决定的上诉。

此外，对在海外取得的裁判、由认可的仲裁机构在中国内地作出的仲裁裁决，以及在其他司法管辖区所作的裁决，可以由原讼法庭登记和执行。

（二）上诉法庭的司法管辖权

高等法院上诉法庭不受理任何的一审民事或刑事案件，只受理针对原讼法庭、区域法院、土地审裁处以及其他审裁处和法定机构的裁决的民事和刑事上诉。其中，向上诉法庭提出对原讼法庭在任何民事案件或事宜中所作的判决或命令的上诉，属于当然的上诉权力，但是由法律和法院规则规定为最终的判决、命令或非正审命令或判决除外。

上诉法庭对于民事上诉案件通常会针对事实问题和法律问题进行审理。例如，《区域法院条例》第64条规定，就区域法院法官在民事诉讼案或事宜中作出的判决、命令或决定，向上诉法庭提出上诉，上诉法庭可在对谋求完全或部分支持区域法院判决或命令的一方有利的情况下，推翻或更改区域法院就事实问题所作的任何裁定，即使上诉仅针对法律论点；或推翻或更改任何如此就法律问题所作的裁定，即使上诉仅针对事实问题。

上诉法庭对于刑事上诉案件一般仅针对法律问题进行审理。例如《区域法院条例》第84条规定，如果律政司司长针对区域法院某项裁定无罪的裁决或命令而向上诉法庭提出上诉，则该上诉只可关于法律事宜。

上诉法庭审理上诉案件应当由奇数的不少于3名（通常是3名）的上诉法庭法官审理。在部分案件中，例如只针对判刑的刑事上诉案件，亦可由2名法官组成法庭。大多数的上诉案件在上诉法庭即得到最终解决，当事人如果不服上诉法庭的裁决，可以向终审法院上诉。

第三节 区域法院

香港区域法院是香港受理一审民事和刑事案件较多的法院，具有较广泛的司法管辖权，同时还有权处理部分的上诉案件。区域法院的设立、组成、司法管辖权等主要由《区域法院条例》加以规范。

一、区域法院的组成

（一）法官

区域法院由2名或多于2名的法官组成。① 区域法院法官由行政长官依据司法人员推荐委员会的推荐委任。当任何区域法院法官的职位因任何原因而悬空，或为执行司法工作起见而需要时，或只为某指明的案件或指明类别的案件，终审法院首席法官可委任任何具有区域法院法官专业资格的人士为区域法院暂委法官。区域法院暂委法官具有并可行使区域法院法官的所有司法管辖权、权力及特权，以及具有并须执行区域法院法官的所有职责。

除《区域法院条例》及法院规则另有规定外，区域法院审理案件由一名法官单独开庭，聆讯和处置在区域法院的法律程序以及因该法律程序而产生的事务。在区域法院的审理中不设陪审团。

（二）司法常务官

行政长官可委任一名区域法院司法常务官以及其认为适合数目的副司法常务官、助理司法常务官、总司法书记及执达主任；区域法院可派驻区域法院书记、书记、传译人员及其他人员，人数视行政长官认为有需要而定。当相应职位因任何理由悬空，或为执行司法工作起见，终审法院首席法官可以委任暂委司法常务官、暂委副司法常务官和暂委助理司法常务官。

副司法常务官及助理司法常务官又可称为聆案官。与高等法院的聆案官相似，区域法院的聆案官具有相同的司法职务，例如可以聆讯开

---

① 截止于2008年9月10日，香港区域法院共有1名首席区域法院法官、30名区域法院法官。资料来源：香港特别行政区司法机构网站，http://www.judiciary.gov.hk/tc/organization/judges.htm#CFA，2008年9月24日访问。

审前的非正审申请,或者向没有法律代理人的当事人解释法律程序,让当事人尽早参与法律程序。

(三)裁判委员

在任何民事法律程序中,区域法院可邀请不超过2名具有特别资格的裁判委员协助,并可在裁判委员的协助下,处置该法律程序的全部或部分,但区域法院的决定必须由法官作出。

(四)规则委员会

区域法院设规则委员会,由规则委员会制定区域法院规则。区域法院规则委员会由高等法院首席法官、高等法院首席法官委任的3名区域法院法官、香港大律师公会提名的1名大律师、香港律师会提名的1名律师以及司法常务官组成。规则委员会任何会议的法定人数为成员3名,其中一名须为上述的大律师或律师。规则委员会由高等法院首席法官召开或指示召开。高等法院首席法官为主席,如高等法院首席法官缺席则由出席会议的区域法院法官中的资深者出任主席。

二、区域法院的司法管辖权

区域法院的民事及刑事司法管辖权与高等法院不同,而是由《区域法院条例》规定了有限的司法管辖权。

(一)民事司法管辖权

1. 一般规定。除法律另有规定外,凡在任何基于合约、准合约或侵权行为而提出的诉讼中,原告人诉讼请求的金额为5万元以上且不超过100万元的,区域法院具有聆讯和裁定该诉讼的司法管辖权。通常包括合约纠纷、物业或租务追讨等案件,同时对税务追讨和租务追讨案件区域法院具有专属管辖权。

为了使区域法院具有司法管辖权,原告可以放弃部分诉讼请求。如果诉讼请求金额超过了区域法院司法管辖权的金额限制,而若非如此区域法院对该诉讼本可具有司法管辖权,则该诉讼中的原告放弃其诉讼请求中超出的金额,区域法院即具有聆讯和裁定该诉讼的司法管辖权。在此诉讼中,区域法院不能将超过区域法院司法管辖权的金额限制的款额,判给原告人。区域法院在该诉讼中所作的判决,即完全了结有关的诉讼案由中的一切诉讼请求。

2. 特别规定。依照《区域法院条例》的规定,区域法院对以下案件也具有司法管辖权:①涉及收回土地或土地权益,土地的年租或应课差饷租值或年值不超过 24 万元的案件;②根据《性别歧视条例》,与性别歧视有关的案件;③根据《残疾歧视条例》,与残疾歧视有关的案件;④根据《家庭岗位歧视条例》,与家庭岗位歧视有关的案件;⑤涉及雇员补偿的案件,而且此类案件对诉讼请求金额没有限制。凡是涉及雇员补偿和歧视的案件,都必须先由区域法院进行审理。

3. 家事法庭的管辖权。区域法院设家事法庭,处理离婚与附属救济等婚姻事务,同时也处理其他与家庭有关的事项,例如子女领养、家庭暴力案件的强制令等。家事法庭处理婚姻事项法律程序时,不受任何司法上的金额限制。

为提高审判的效率和方便当事人、减少诉讼费用的目的,家事法庭引入了家事调解和财务纠纷解决程序。家事法庭设立从事家事调解的调解统筹主任办公室。涉及纠纷的双方在提出法律程序后,应当表示是否愿意尝试调解。如果双方愿意,调解统筹主任会为双方安排家事调解服务讲座,并安排其与调解员见面。双方就纠纷达成协议后,协议内容将纳入法庭命令。

在财务纠纷解决程序中,如果要请求附属救济,应当从一开始就制定时间表。程序主要包括双方都要提交财务声明,每次聆讯前都要透露各自的法律费用。而法官的基本角色主要是协助双方解决财务争端,以及在必要时解决子女的抚养权和探视权的问题。如果无法达成协议,案件则会转交另一位法官审理。

4. 移送管辖。《区域法院条例》规定在某些情况下,高等法院和区域法院之间可以相互移送案件的管辖权。具体包括以下情况:

第一,在区域法院展开的法律程序超越区域法院司法管辖权时所用的程序。凡在区域法院展开的不属于反诉的诉讼或法律程序在区域法院司法管辖权以外,但在原讼法庭司法管辖权范围以内,区域法院须主动或应任何一方的申请,命令将该诉讼或法律程序移交原讼法庭。

凡区域法院应被告的申请而认为原告或其中一名原告已知道或应已知道区域法院对其所提出的诉讼或法律程序没有司法管辖权,如区域法院认为适合,可命令将该诉讼或法律程序剔除,而并非命令将其移交。

如被告在属于区域法院司法管辖权范围以内的诉讼或法律程序中提出一项反诉,而该项反诉是在区域法院司法管辖权范围以外,但在原讼法庭司法管辖权范围以内的,则区域法院可主动或应任何一方的申请,做出如下命令:①将整项法律程序移交原讼法庭;或②将该项反诉的法律程序移交原讼法庭,而关乎原告的诉讼请求(对反诉的整个标的事项或其部分提出抵销的抗辩除外)的法律程序,则由区域法院聆讯和裁定;或③(如区域法院认为整项法律程序应在区域法院聆讯和裁定)向原讼法庭或原讼法庭法官报告该事宜。

针对该报告,原讼法庭或原讼法庭法官如认为适合,可命令:①将整项法律程序移交原讼法庭;或②整项法律程序在区域法院聆讯和裁定;或③将该项反诉的法律程序移交原讼法庭,而关乎原告的诉讼请求(对反诉的整个标的事项或其部分提出抵销的抗辩除外)的法律程序,则由区域法院聆讯和裁定。凡有上述原讼法庭的命令做出,而原告就其诉讼请求胜诉,则除非原讼法庭或原讼法庭法官另有命令外,该判决须搁置执行,直至移交原讼法庭的法律程序完结为止。如果没有上述原讼法庭的命令作出，或就上述报告有命令作出，规定整项法律程序在区域法院聆讯和裁定，则即使任何成文法则有相反规定，区域法院仍具有司法管辖权以聆讯和裁定整项法律程序。

第二，将属于区域法院司法管辖权范围以内的法律程序移交原讼法庭。区域法院可主动或应任何一方当事人的申请，命令将属区域法院司法管辖权范围以内的整项诉讼或法律程序或其部分，移交原讼法庭。

第三，将属于区域法院司法管辖权范围以内的法律程序自原讼法庭移交区域法院。原讼法庭可主动或应任何一方的申请，命令将原讼法庭认为相当可能属于区域法院司法管辖权范围以内的整项诉讼或法律程序（反诉除外）或其部分，移交区域法院。在法律程序的任何阶段中，原讼法庭均可主动或应任何一方的申请而根据前述规定作出命令。除非原讼法庭认为由于在上述诉讼或法律程序中出现任何重要或复杂的争论点，或由于任何其他原因，该诉讼或法律程序应继续由原讼法庭处理，否则原讼法庭须根据上述规定作出命令。

第四，在各方同意下将法律程序由原讼法庭移交区域法院。如各方同意，原讼法庭可命令将超越区域法院司法管辖权范围，但如果不是有关金额限制本应属于区域法院司法管辖权范围内的整项诉讼或法律程序（包括反申索）或其部分，移交区域法院。在法律程序的任何阶段中，原讼法庭均可作出该命令。在诉讼或法律程序移交区域法院后，区域法院具有聆讯和裁定整项诉讼或法律程序（包括反诉）或其部分的司法管辖权，即使任何成文法则有相反规定亦然。

第五，涉及对超越区域法院司法管辖权范围的证人的讯问。为在区域法院进行的法律程序的目的，原讼法庭具有发出委任书、请求书或命令以对超越区域法院司法管辖权范围的证人进行讯问的权力，该权力与其为在原讼法庭进行的诉讼或事宜的目的所具有的权力相同。凡有申请提出,要求对超越区域法院司法管辖权范围的证人进行讯问,原讼法庭可命令将有关法律程序移交原讼法庭。

(二)刑事司法管辖权

区域法院具有较为广泛的刑事司法管辖权,审理由裁判法院移送的可公诉罪刑案件以及由《劳资审裁处条例》规定的干扰证人和伪证犯罪案件。除了谋杀、误杀、强奸等最严重的案件外,区域法院审理所有严重的刑事案件,其可以判处的监禁刑期最高为7年。区域法院审理刑事案件不设陪审团,由法官单独审理。

(三)上诉司法管辖权

根据《差饷条例》、《印花税条例》和《肺尘埃沉着病(补偿)条例》等相关规定,区域法院可以就不服各审裁处和法定机构的决定而提出的上诉,具有有限的上诉管辖权。

第四节 裁判法院

香港裁判法院是香港特别行政区具有最广泛刑事司法管辖权的法院,有权审理可公诉的罪刑和适用简易程序的罪刑。其法院组成、司法管辖权和法律程序主要由《裁判官条例》加以规定。目前香港共有7所裁判法院。[1]

一、裁判法院的组成

裁判法院的法官称为裁判官。裁判法院的领导是总裁判官,领导各

---

[1] 1997年香港回归后共设有10所裁判法院,分别是:香港岛地区的东区、西区裁判法院;九龙地区的观塘、南九龙、北九龙、新蒲岗裁判法院;新界东地区的粉岭、沙田裁判法院;新界西地区的荃湾、屯门裁判法院。2004年西区裁判法院与东区裁判法院合并;2000年和2005年南九龙和北九龙裁判法院分别停止运作;新蒲岗裁判法院于2001年停止运作并被九龙城裁判法院取代。故而目前香港共有7所裁判法院。

区裁判法院的主任裁判官、常任裁判官、特委裁判官和暂委裁判官。①

二、裁判法院的司法管辖权

（一）一般规定

裁判法院管辖范围广泛的刑事案件。所有刑事案件的法律程序都必须在裁判法院展开。但是律政司司长可以根据罪行的严重性，申请将案件交由区域法院或高等法院原讼法庭审理。如果裁判官在初级侦讯中听取证据后，认为有足够证据，会将被告交由陪审团会审的原讼法庭审理。如果被告选择自动移交审判，则无需经过初级侦讯便可将案件移交原讼法庭。此外，裁判官也可根据《复杂商业罪行条例》将案件移交原讼法庭审理。

（二）可公诉罪行与简易程序罪行

裁判法院有权审理各类可公诉罪行案件和简易程序罪行案件。所谓可公诉罪行是指裁判官获得授权或有权力或必须将被控人押交监狱以待法院或法庭审讯的刑事罪或罪行。而裁判官可以依据简易程序处理案件并将被控人定罪，以代替将其交付法院审讯的称为简易程序罪行。裁判官有权将可公诉罪行（法律另有规定的除外）按照简易程序审讯，但是必须事先获得检控官的同意。

常任裁判官和特委裁判官在审理案件范围、判处监禁及罚款的权力等方面有所不同。一般情况下，常任裁判官可以审理大多数的刑事案件，判处的最高刑罚为监禁2年和罚款10万元，法律另有规定的除外。依据一些法律的规定，常任裁判官可以判处最高3年的监禁刑期和高达500万元的罚款。而特委裁判官一般审理惯常性质的案件，例

---

① 截止于2008年9月10日，香港各裁判法院共有1名总裁判官、6名主任裁判官、62名裁判官和11名特委裁判官。资料来源：香港特别行政区司法机构网站，http://www.judiciary.gov.hk/tc/organization/judges.htm#CFA，2008年9月24日访问。

如违例小贩、交通违例事项和抛弃垃圾等轻微罪行。其可以判处的最高刑罚为监禁 6 个月和罚款 5 万元。但是对于被控偷窃，或被控某些侵害人身的罪行，则特委裁判官可循简易程序聆讯该案，将被控人定罪，并将被控人判处监禁 1 年，或将其交付法院审讯。

(三)少年法庭

裁判法院内设立少年法庭，负责审理对 14 岁以下儿童和 16 岁以下少年的检控，但是杀人罪除外。10 岁以下儿童视为无刑事责任年龄，因此所有法庭，包括少年法庭在内，都无权审理涉及该类儿童的案件。少年法庭同时也有权就不满 18 岁的少年人发出照顾或保护令。

第五节 土地审裁处

目前香港设有四个审裁处，负责处理特定类型的案件审理。香港土地审裁处负责审理与土地利益、租业和物业管理等有关的案件。其组成、管辖权、程序等主要由《土地审裁处条例》加以规定。

一、土地审裁处的组成

(一)庭长

土地审裁处设一名庭长，由一名高等法院法官出任，并须由行政长官委任。如庭长暂时不能行使其作为审裁处庭长的职能，或者如庭长因患病、不在香港或任何其他因由而不能行使其职能，终审法院首席法官可委任审裁处任何法官以代理庭长或署理庭长身份行事，任期由终审法院首席法官确定。代理庭长或署理庭长在任期内可行使庭长的任何权力并执行庭长的任何职责。

(二)法官

各区域法院法官及区域法院暂委法官，均可凭借其所任职位出任土地审裁处法官。

(三)其他成员

行政长官可以委任的土地审裁处的其他成员,而该成员应当具备与区域法院法官相同的专业资格。另外,香港测量师学会的产业测量组的学会正式会员,或具有同等专业资格并在从事土地估价方面具备最少5年经验的人士,亦可以被委任为审裁处成员。

(四)暂委成员

终审法院首席法官可委任任何具有审裁处成员资格的人士为审裁处暂委成员,任期及委任条款由终审法院首席法官确定。在有关的委任条款的规限下,暂委成员在其任期内行使审裁处所具有的一切司法管辖权及权力,并须执行成员的一切职责。终审法院首席法官亦可随时终止该委任。

二、土地审裁处的司法管辖权

(一)一般规定

土地审裁处的司法管辖权主要包括以下案件或争议:(1)在政府或其他机构强制收地时,或某些土地因工务或私人土地发展以致价值减损时,厘定政府或有关机构应给予受影响人士的赔偿额,其金额没有上限;(2)裁定有关大厦管理的争议事件;(3)裁定不服差饷物业估价署署长的决定而提出的上诉,并裁定针对房屋署署长就物业的现行市值所作评估而提出的上诉;(4)裁定所有涉及《业主与租客(综合)条例》的事宜。在行使其司法管辖权时,审裁处在授予衡平法或普通法的补救及济助方面所具有的司法管辖权,与原讼法庭相同。

(二)移送管辖

在土地审裁处提起的任何法律程序,如属原讼法庭或区域法院的司法管辖权范围内而又不属于土地审裁处的司法管辖权范围内,或审裁处认为为公正起见,应将其移交原讼法庭或区域法院的,可将其移交原讼法庭或区域法院。法律程序移交后应当适用原讼法庭或区域法院的常规及程序。

(三)管辖权的行使

除条例另有规定外,审裁处的司法管辖权须由一名或多于一名审裁处成员行使。在多名成员组成的审裁处席前进行的法律程序中,审裁处须由出席的成员中资历较高的成员主持聆讯,但庭长或(在庭长没有出席的情况下)法官明确指定另一名成员主持聆讯的除外。

为使审裁处在法律施行方面前后一致,如庭长认为任何案件相当可能会涉及任何新的或困难的法律论点,或在顾及诉讼请求的性质或金额或任何其他因素后是具有特别重要性的,庭长须在切实可行范围内,尽力就该案件行使审裁处的司法管辖权。

在庭长的指示下,任何成员可委任对某一科目有专门知识或经验的人,出席在审裁处席前进行的法律程序或部分法律程序,并在该等程序中向该成员提供协助;但该成员的决定为审裁处的决定。审裁处获取受委任者的意见后,须将该项意见的性质告知法律程序的各方,并须在审裁处就有关法律程序作出裁定前,容许法律程序的各方有机会评论该项意见。

行使审裁处司法管辖权的成员之间意见有分歧时,须以过半数票取决;如票数均等,则主持聆讯的成员有权投第二票或决定票。如在审裁处席前进行任何法律程序时,法律程序的任何一方对法律论点有所争议,及聆讯该等法律程序的审裁处成员并不包括任何具有法律专业资格的成员,该法律论点可由庭长或任何法官裁定,而庭长或该名法官可为此目的而以其认为合适的方式参与该等法律程序。

审裁处的法律程序应当在符合秉行公正的原则下,尽量不拘形式进行,而为此目的,庭长可就法律程序的进行方式及形式作出指示。而终审法院首席法官在咨询庭长后,也可订立若干规则。

(四)审裁处的决定

除另有规定外,审裁处就以下事项作出的决定为最终裁定:(1)厘定政府在呈交审裁处的诉讼请求中所须支付的补偿额;(2)对向审裁处呈交的任何上诉所作的裁定。

(五)决定的复核

审裁处可在其作出任何决定的日期起1个月内,应法律程序的任何一方的申请或主动地决定复核该项决定,并可按其认为足够的理由,将该项决定作废,或推翻、更改或维持该项决定。在任何复核中,为裁定各方之间的争论点,审裁处可聆听并收取任何其认为合适的证据。

除另有规定外,审裁处某项决定是另一宗复核的标的,或该项决定是废除、推翻、更改或确认审裁处另一项决定的,审裁处不得就该项决定行使其复核决定的权力。此外,任何一方已以上诉或其他方式展开法律程序以质疑某项决定,则除非该等法律程序已遭放弃,否则审裁处也不得就该项决定行使其复核决定的权力。

(六)上诉

除法律另有规定外,在审裁处席前进行的法律程序的任何一方,均可以审裁处的裁定或命令在法律论点上有错误为理由,而针对该项裁定或命令向高等法院上诉法庭提出上诉。

第六节　劳资审裁处

香港劳资审裁处具有有限的民事司法管辖权,专责处理雇主与雇员之间的劳资纠纷。其设立、组成、管辖权、程序等主要由《劳资审裁处条例》加以规定。

一、劳资审裁处的组成

劳资审裁处由审裁官和暂委审裁官组成。行政长官可委任一名或多名审裁官。终审法院首席法官可委任暂委审裁官,任期及委任条款由终审法院首席法官确定。在有关的委任条款的规定下,暂委审裁官在其任期内具有审裁官的一切司法管辖权、权力及特权,并须执行审裁官的一切职责。终审法院首席法官亦可随时终止该委任。行政长官可按他认为适当的数目,委任调查主任和司法常务主任等审裁处人员,负责有关的工作。

二、劳资审裁处的司法管辖权

(一)一般规定

劳资审裁处有权管辖涉及雇用合同或学徒训练合同的案件,以及在香港签署而在外地执行的雇用合同案件。一般的索偿包括终止合同时须支付的代通知金、终止雇用金、欠薪、遣散费、长期服务金、法定假日薪酬、疾病津贴和产假薪酬。劳资审裁处审理案件的索偿下限为8000元,上限没有限制。

除条例另有规定外,凡属劳资审裁处司法管辖权范围内的申索,不得在香港的任何法庭进行诉讼。即劳资审裁处具有专属管辖权。

(二)移送管辖

对于根据《小额薪酬索偿仲裁条例》或《小额钱债审裁处条例》移交劳资审裁处的申索,劳资审裁处也有聆讯和裁定的司法管辖权。另外,在法律程序的任何阶段中,审裁处如认为由于某种理由而不应聆讯及裁定某宗申索,可拒绝行使司法管辖权,并可依照规定的方式将该宗申索移交原讼法庭、区域法院或小额钱债审裁处。

(三)司法管辖权的行使

凡在审裁处进行的法律程序,均由一名审裁官或暂委审裁官单独开庭聆讯及裁定。终审法院首席法官可以为相关程序和事项制定规则。在审裁处展开法律程序,必须以向司法常务主任提交申索书的方式展开。在法律程序中,当事人不得由大律师或律师代表。

(四)审裁处的决定

审裁官必须于申索聆讯结束后,尽早宣告其对申索的裁定,并尽早就申索作出其认为适当的裁断或命令,并可以按其认为适当的情况而以口头或书面说明作出某项裁断或命令的理由。

审裁处的最后裁断或最后命令,可按规定的方式在区域法院登记,一经登记,则就各方面而言,均属区域法院的判决,可作为区域法院的判决而予以强制执行,即使审裁处所裁断或命令缴付的款额超越区域法院的司法管辖权范围,亦无例外。

(五)决定的复核

除任何一方已提交上诉许可申请书并且不同意撤回该申请外,审裁官可以主动行使或者应任何一方的申请,复核该裁断或命令。复核时审裁官可将整宗申索或其部分重新处理及重新聆讯,亦可传唤或聆听新的证据,并可维持、更改或推翻原来的裁断或命令。复核权力的行使,并不阻止任何一方针对该裁断或命令或对复核所得的裁定提出上诉。

(六)上诉

如任何一方不满劳资审裁处的裁断、命令或裁定,而理由是该裁断、命令或裁定在法律论点上有错,或超越审裁处的司法管辖权范围,则可向高等法院原讼法庭申请上诉许可。原讼法庭可予批准或拒绝给予上诉许可,而该决定是最终的决定。

原讼法庭对于其许可的上诉,可以判决上诉胜诉,或驳回上诉,或将个案连同其认为适当的指示发回审裁处,其中可包括须由审裁处予以重新聆讯的指示。但是原讼法庭对于其许可的上诉不可推翻或更改审裁处就事实问题作出的裁定，或采纳其他证据。

原讼法庭聆讯经许可的上诉及作出决定后，如任何一方不满该决定，可向高等法院上诉法庭申请上诉许可。上诉法庭如认为所拟提出的上诉涉及对公众有普遍重要性的法律问题，可批准或拒绝给予上诉许可，该决定是最终的决定。上诉法庭对于其许可的上诉，可以判决上诉胜诉，或驳回上诉，或将个案连同其认为适当的指示发回审裁处，其中可包括须由审裁处予以重新聆讯的指示。

第七节　小额钱债审裁处

香港小额钱债审裁处具有有限的民事司法管辖权，主要处理小额的钱债申索。其设立、组成、管辖权、程序等主要由《小额钱债审裁处条例》加以规定。

一、小额钱债审裁处的组成

小额钱债审裁处由审裁官和暂委审裁官组成。小额钱债审裁处审裁官和暂委审裁官的委任方式与劳资审裁处审裁官和暂委审裁官的相同。

二、小额钱债审裁处的司法管辖权

(一)一般规定

除法律另有规定外，小额钱债审裁处对下列案件具有专属司法管辖权：(1)任何就合约、准合约或侵权行为而提出的金额不超过5万元的金钱申索；(2)为追讨凭借成文法则而可予追讨的罚金、开支、分担款项或其他款项而提出的申索，以及为追讨成文法则宣布可作为民事债项追讨的款项而提出的申索,但必须是该成文法则或其他成文法则并无规定所索求的款项只可在其他法庭追讨以及所申索的款项不超过5万元。通常的申索类别包括了追收欠债、追收服务费、财产受损索偿、货物销售、消费者索偿等。

任何申索,不得单为使每笔申索款额不超越审裁处的司法管辖权范围而被分拆或分割为多宗申索,在审裁处分开追讨。如果只因申索人的申索超逾上述限额,以致该申索超越审裁处的司法管辖权范围,申索人可放弃追讨超额的款项,而在此情况下,审裁处有聆讯及裁定该宗申索的司法管辖权,但申索人不得在申索中讨回超额的款项。审裁处据此就该宗申索而裁断的款项,即为对在该宗申索中所索求的全部款项的全数清偿。

对于属于审裁处的司法管辖权范围内的申索,如包括申索讼费以外的其他救济、纠正或补救,也可在其他法庭提出。

(二)移送管辖

在法律程序的任何阶段中,审裁处可主动或应任何一方的申请而将法律程序移交仲裁处、劳资审裁处、土地审裁处、区域法院或原讼法庭;在此情况下,应当适用仲裁处、劳资审裁处、土地审裁处、区域法院或原讼法庭的常规及程序。

如果在审裁处法律程序中提出的反诉或债务抵销兼反诉是审裁处的司法管辖权范围以外的金钱申索,审裁处须命令将该等反诉或债务抵销兼反诉的法律程序移交仲裁处、劳资审裁处、土地审裁处、区域法院或原讼法庭。当然被告人可在反诉中放弃追讨超额的款项,在此情况下,审裁处有聆讯及裁定该反诉或债务抵销兼反诉的司法管辖权。

(三)司法管辖权的行使

凡在审裁处进行的法律程序,均由一名审裁官或暂委审裁官单独开庭聆讯及裁定。审裁处的法律程序聆讯,须采取简单、所需费用不多以及不拘形式的程序进行。终审法院首席法官可以为相关程序和事项制定规则。在审裁处展开法律程序，必须以向区域法院司法常务官提交申索书的方式展开。在法律程序中，当事人不得由大律师或律师代表。

(四)审裁处的决定

审裁官必须于申索聆讯结束后，尽早宣告其对申索的裁定，并尽早就申索作出其认为适当的裁断或命令，并可以按其认为适当的情况而以口头或书面说明作出某项裁断或命令的理由。审裁处的裁断，可由区域法院强制执行，方式与强制执行区域法院判决的方式相同。

(五)决定的复核

对于审裁官所作的裁断或命令的复核程序与劳资审裁处审裁官决定的复核程序相同。另外，如果审裁处已将申索移交仲裁处、劳资审裁处、土地审裁处、区域法院或原讼法庭，则原讼法庭可自行或应任何一方提出的申请复核审裁处的决定，并可维持审裁处的决定或将申索发回审裁处，以及就诉讼费及开支作出其认为适当的命令。

(六)上诉

如任何一方不满审裁处的裁断、命令或裁定，可以向高等法院原讼法庭和上诉法庭上诉。其理由、程序等规定与对于劳资审裁处的裁断、命令或裁定的上诉规定相同。

第八节　淫亵物品审裁处

香港淫亵物品审裁处具有司法管辖权，主要负责裁定物品是否淫亵或不雅，或裁定公开展示的事物是否不雅，以及将物品评定分类。其设立、组成、管辖权、程序等主要由《淫亵及不雅物品管制条例》加以规定。

一、淫亵物品审裁处的组成

(一)审裁委员小组

审裁委员小组由终审法院首席法官委任的人士组成。审裁委员小组成员的资格为:通常居于香港,居住期不少于7年;以及通晓书面英文或书面中文。成员的指明任期不超过3年,并有资格再获委任。审裁委员如有以下情形,终审法院首席法官可将其姓名从审裁委员小组名单中删除:(1)不再通常居于香港;(2)被定罪;(3)被宣布为破产人;(4)终审法院首席法官认为其疏忽职守或不能执行职责。

(二)审裁处

高等法院司法常务官可以为施行《淫亵及不雅物品管制条例》而不时委任所需数目的审裁处。

(三)审裁处成员

除条例另有规定外,审裁处由高等法院司法常务官委任的以下人士组成:主审裁判官1名;从审裁委员小组中选出的不少于2名的审裁委员。

二、淫亵物品审裁处的司法管辖权

(一)一般规定

淫亵物品审裁处对以下事项具有专属管辖权:对于任何物品或公开展示事物,裁定该物品是否淫亵或不雅;或裁定该事物是否不雅;或裁定就物品的发布或任何事物的公开展示的免责辩护理由是否已证明成立。此外,审裁处还有权为物品评定类别,即如认为既非淫亵亦非不雅,评定为第一类,如认为属不雅,评定为第二类,如认为属淫亵,评定为第三类,以及在评定物品为第二类时,为该物品的发布确定条件。

（二）移送管辖

在任何法院或裁判官席前进行的民事或刑事法律程序中，如有属于淫亵物品审裁处专属管辖的事项，有关法院或裁判官须将该问题转交审裁处；而该项民事或刑事法律程序的各方或其代表可在有关该问题的审裁处聆讯中出席并作陈述。

在任何法院或裁判官席前进行的民事或刑事法律程序中，如有人承认物品属淫亵或不雅，或承认公开展示的事物属不雅，则有关法院或裁判官可予以接受而对该人作出裁决。

（三）司法管辖权的行使

任何物品的作者、印刷人、制造商、出版人、进口商、发行人或版权拥有人，或委托设计、生产或发布任何物品的人，可用规定的表格提出申请，将该物品呈交高等法院司法常务官，以便由审裁处评定类别。

审裁处行使审判权的方式包括暂定类别和全面聆讯。审裁处可以非公开形式及在申请人或其他人不在场的情况下暂定物品的类别。审裁处将物品暂定类别后，呈交该物品的人，可要求审裁处在全面聆讯中复核该项暂定类别。

举行全面聆讯的审裁处，须由司法常务官所委任的主审裁判官1名，以及从审裁委员小组选出的4名或4名以上审裁委员组成。任何审裁委员如果曾是作出暂定类别的审裁处成员，则无资格在该全面聆讯中以审裁处成员的身份出席。

全面聆讯应当公开举行。如果审裁处认为为了公众道德而需要在举行全面聆讯时禁止任何人或某些人在场，则主审裁判官可发出指示，禁止该等人士在场。

如果无人要求举行全面聆讯，则该暂定类别须当作由作出该暂定类别的审裁处所作的评定类别。

在审判中，审裁处成员之间如有任何分歧，则以多数成员的决定为审裁处的决定。如分歧的成员人数相等,则须以主审裁判官的决定为审裁处的决定。在审裁处进行的法律程序中出现的法律论点,须由主审裁判官裁定并以书面方式述明裁定理由。另外,在法律程序中,审裁处还可以就有关事项接受专家的意见。

(四)上诉

在审裁处席前进行的法律程序的任何一方,可在审裁处就法律论点作出决定后,向高等法院司法常务官发出上诉通知书,列明上诉理由,就该项决定向高等法院原讼法庭上诉。原讼法庭可维持审裁处的决定,亦可命令审裁处重新聆讯或重新进行有关法律程序,以按照该法院所决定的法律论点作出裁定。

第九节 死因裁判法庭

香港死因裁判法庭负责查明某些死亡个案的原因和情况。其设立、组成、管辖权、程序等主要由《死因裁判官条例》加以规定。

一、死因裁判法庭的组成

(一)死因裁判官和暂委死因裁判官

死因裁判官和暂委死因裁判官的委任与劳资审裁处审裁官和暂委审裁官的委任相同。

(二)陪审团

如果高等法院司法常务官或死因裁判官通知某项调查必须在有陪审团参与的情况下进行,则司法常务官须以抽签或任何其他随机抽选办法,从陪审员名单中选出他经与死因裁判官商议后认为数目合适的陪审员的姓名,以组成一小组,并将组成该小组的陪审员的姓名送交死因裁判官。死因裁判官须从小组的陪审员的名单中,以抽签方式选出

5 名陪审员组成陪审团。

二、死因裁判法庭的司法管辖权

（一）一般规定

根据《死因裁判官条例》的规定，总共有 20 类死亡案件必须向死因裁判官报告，由死因裁判官调查死亡原因和情况。

（二）调查

除非死因裁判官指示在整项调查或调查的某部分中，须禁止公众人士在场，否则此调查须在公开法庭进行。有适当利害关系的人在调查中可由大律师或律师代表参加。

（三）裁断

凡调查在有陪审团参与的情况下进行，而有陪审员经合理磋商后仍与其他陪审员持不同意见的，则多数陪审员的裁断视为陪审团的裁断。如果基于任何原因由陪审团看来理应进一步考虑他们的裁断，则死因裁判官可指示陪审团进一步考虑他们的裁断。

当有适当利害关系的人或律政司司长在公开法庭上提出申请，而原讼法庭认为死因裁判官没有进行应当进行的调查，或虽已进行调查，但是仍有需要或适宜进行另一次调查，原讼法庭可命令就有关的死亡个案进行调查。倘若已进行调查，则原讼法庭可推翻死因裁判官或陪审团在该调查所作出的裁断，并要求死因裁判官进行新的调查。

第十节　司法管理的行政化

香港秉承普通法传统及其政制制度的行政主导特点，与之相似的是香港的司法体系和法院制度中也表现出一定程度上的司法管理行政化特点，即突出和强调了各级法院领导，尤其是终审法院首席法官对法院特别是下级法院的领导、管理职责。

一、终审法院首席法官的管理权

终审法院首席法官是香港司法机构之首脑,在司法机构全面管理中具有核心作用。终审法院首席法官不仅出任司法人员推荐委员的当然主席,而且有权就管理法律专业人士制定法规(例如法官行为指引)。另外,他有权委任高等法院、区域法院、裁判法院、各审裁处的暂委法官、暂委裁判官或相关司法常务官等司法人员,并依法为下级法院制定有关法律程序规则,在一定程度上与行政长官拥有并行的司法人员委任权。

终审法院首席法官还领导着司法机构的行政事务。香港司法机构中设立了司法机构政务处,负责管理司法机构的资源,处理公共关系事务,委托独立机构进行专项调查和研究,并代表司法机构与行政机关、立法机关和社会公众的联系与沟通。司法机构政务处由司法机构政务长领导,他也必须向终审法院首席法官负责。

二、其他各级法院领导的管理权

其他各级法院的领导,诸如高等法院首席法官、区域法院首席法官和总裁判官,不但负责各自级别法院的管理,也有权参与下级法院的管理工作,比如高等法院首席法官是区域法院规则委员会主席,参与并领导制定区域法院的有关规则。上述各级法院的领导都最终向终审法院首席法官负责。

第四章　香港特别行政区的法官与陪审团

  与立法和行政行为相比较,司法活动具有更为明显的高度专业化性质,因此司法活动必须由法律专业人士来掌控,以确保法律规范被严格遵守、法律目的能有效实现;法官既需要自律,也需要制度化的职业操守约束。香港法官在制度化过程中实现了专业化和职业化。陪审制度可以说是司法进入到了相当专业化之后对于制度的某些缺陷的纠正和某种弥补,也就是说,过分的专业化可能会导致司法视野的狭隘,被某种专业主义所遮蔽,而看不到社会中某些真正的需要和真正的需求,因此需要某种因素去加以缓和,陪审制度在一定程度上改变了过分专业的倾向。[1] 陪审团制度是香港法律体制中最重要的特点之一,与法院的司法审判活动密切相关,不少民事和刑事案件的审理都需要有陪审团的参与,以期实现司法的公正和社会正义。香港陪审团制度承袭于英国,然而当陪审团制度在英国逐渐走向衰弱的时候,香港的陪审团制度仍然在持续而稳定地发挥其应有的作用。

---

  [1]　贺卫方:《人民陪审制研究的三个困难——关于陪审制答〈北大法律评论问〉之一二三》,载《北大法律信息网》,http://article.chinalawinfo.com/article/user/article_display.asp?ArticleID=40797,2008 年 9 月 30 日访问。

第一节 香港特别行政区的法官

一、司法人员推荐委员会

依据《基本法》、香港《司法人员推荐委员会条例》以及相关法院条例的规定,香港的司法人员应当由司法人员推荐委员会推荐,由行政长官或终审法院首席法官委任,所以该委员会的推荐决定了司法人员的人选,是司法人员产生的第一个重要步骤。

司法人员推荐委员会的组成人员包括:(1)终审法院首席法官,并担任委员会主席;(2)律政司司长;(3)行政长官委任的7名委员,包括法官2名、大律师1名、律师1名以及与法律执业完全无关的人士3名。由此可见,该委员会的组成既是以法律专业人士和官员为主导,同时又注重社会人士的参与性和代表性。

该委员会的主要职能是就以下事项向行政长官提供意见或作出推荐:司法职位空缺的填补;终审法院首席法官的任期延期;司法人员就服务条件提出的申述;对司法人员的纪律处分;其他影响到司法人员的事项。该委员会的任何职能、权力和职责必须由委员会主席与不少于6名其他委员一同行使和执行。当然,委员会也可授权主席在一般情况或某一个案中,行使和执行委员会指明的职能、权力和职责。

二、法官资格

(一)终审法院首席法官的资格

终审法院首席法官须由在外国无居留权的香港特别行政区永久性居民中的中国公民担任。有资格获委任为首席法官的人士包括:终审法院常任法官;高等法院首席法官、上诉法庭法官或原讼法庭法官;在香港以大律师或律师身份执业最少10年的大律师。任何终审法院常任法官、上诉法庭法官或原讼法庭法官，一经获委任为终审法院首席法官，即终止担任常任法官、上诉法庭法官或原讼法庭法官的职位。已获委任为首席法官的人士，无权在他担任首席法官职位的期间内或在他由于任何原因终止担任首席法官职位之后的任何时间，在香港以大律师或律师身份执业，而且须当作自获委任为首席法官之日起，并由于该项委任之故，没有资格以大律师或律师身份执业。

(二)终审法院其他法官的资格

终审法院的法官除首席法官外，还包括常任法官和非常任法官。

1. 常任法官。有资格获委任为常任法官的人士包括：高等法院首席法官、上诉法庭法官或原讼法庭法官；或在香港以大律师或律师身份执业最少10年的大律师。任何上诉法庭法官或原讼法庭法官，一经获委任为常任法官，即终止担任上诉法庭法官或原讼法庭法官的职位。已获委任为常任法官的人士，无权在他担任常任法官职位的期间内或在他由于任何原因终止担任常任法官职位之后的任何时间，在香港以大律师或律师身份执业，而且须当作自获委任为常任法官之日起，并由于该项委任之故，没有资格以大律师或律师身份执业。

2. 非常任法官。这是指非常任香港法官和获委任为其他普通法适用地区法官的非常任法官。前者通常由香港本地已退休的法官或者香港本地的大律师担任，后者则通常由英国、澳大利亚、新西兰等普通法适用地区的法官担任。

有资格获委任为非常任香港法官的人士包括：已退休的高等法院首席法官；已退休的终审法院首席法官；已退休的终审法院常任法官；现职或已退休的上诉法庭法官；或在香港以大律师或律师身份执业最少10年的大律师。上述人士是否通常居住在香港并不影响其获得委任的资格。

有资格获委任为其他普通法适用地区法官的非常任法官的人士需要具备以下条件:属于其他普通法适用地区的民事或刑事司法管辖权不设限的法院的现职或已退休法官;而他通常居住于香港以外地方;以及他从未在香港担任过高等法院法官、区域法院法官或常任裁判官。

已获委任为非常任法官的人士,无权在他担任非常任法官职位的期间内或在他由于任何原因终止担任非常任法官职位之后的任何时间,在香港以大律师或律师身份执业,而且须自获委任为非常任法官之日起,并由于该项委任之故,没有资格以大律师或律师身份执业。

(三)高等法院法官的资格

高等法院首席法官须由在外国无居留权的香港特别行政区永久性居民中的中国公民担任。高等法院法官的一般资格规定包括了:(1)在香港或任何其他普通法适用地区的任何在民事或刑事方面具有无限司法管辖权的法院有资格执业,并执业的大律师、律师或讼辩人;(2)担任过其他各级法院的法官、裁判官、审裁官、各类司法常务官;(3)《律政人员条例》第2条所界定的律政人员;(4)按照《法律援助条例》、《破产条例》、《知识产权署署长(设立)条例》分别委任的法律援助署署长、破产管理署署长、知识产权署署长以及各署的高级官员和高级律师或律师。

(四)区域法院法官的资格

具有区域法院法官专业资格的人士包括:(1)在香港或任何其他普通法适用地区的任何在民事或刑事方面具有无限司法管辖权的法院有资格执业,并执业的大律师、律师或讼辩人;(2)按照《高等法院条例》第37条委任的高等法院司法常务官、高等法院高级副司法常务官、高等法院副司法常务官或高等法院助理司法常务官;(3)按照《区域法院条例》第14条委任的司法常务官、副司法常务官或助理司法常务官;(4)按照《裁判官条例》委任的常任裁判官,按照《死因裁判官条例》委任的死因裁判官,按照《小额钱债审裁处条例》委任的审裁官,以及按照《劳资审裁处条例》委任的审裁官;(5)《律政人员条例》第 2 条所界定的律政人员;(6)按照《法律援助条例》、《破产条例》、《知识产权署署长(设立)条例》分别委任的法律援助署署长、破产管理署署长、知识产权署署长以及各署的高级官员和高级律师或律师。

(五)裁判法院裁判官的资格

常任裁判官。具有常任裁判官专业资格的人士包括:在香港或任何其他普通法适用地区的任何在民事或刑事方面具有无限司法管辖权的法院有资格执业的大律师、律师或讼辩人,并且在具有上述资格后,在不少于 5 年的期间内是:(1)在任何上述法院执业为大律师、律师或讼辩人;(2)律政人员;(3)按照《法律援助条例》、《破产条例》、《知识产权署署长(设立)条例》分别委任的法律援助署署长、破产管理署署长、知识产权署署长以及各署的高级官员和高级律师或律师;(4)特委裁判官。

特委裁判官的专业资格范围与常任裁判官基本相同,另外还增加了担任政府的法庭检控主任、法庭传译主任或司法书记职系的人士。

暂委裁判官。终审法院首席法官可委任任何具有常任裁判官或特委裁判官专业资格的人士为暂委裁判官。

(六)审裁官的资格

各区域法院法官及区域法院暂委法官,均凭借其所任职位出任土地审裁处法官。行政长官可以委任的土地审裁处的其他成员,而该成员应当具备与区域法院法官相同的专业资格。另外,香港测量师学会的产业测量组的学会正式会员,或具有同等专业资格并在从事土地估价方面具备最少 5 年经验的人士,亦可以被委任为审裁处成员。

劳资审裁处、小额钱债审裁处、死因裁判法院的审裁官和暂委审裁官的专业资格与裁判法院常任裁判官资格相同。

淫亵物品审裁处审裁委员小组成员的资格为:通常居于香港,居住期不少于7年;以及通晓书面英文或书面中文。

三、法官任免

(一)终审法院首席法官的任免

终审法院首席法官由行政长官根据司法人员推荐委员会的推荐委任。同时该等委任或免职应当征得立法会同意,并按香港特别行政区《基本法》第90条报全国人大常委会备案。

首席法官只可因他无力履行其职责(不论是否因其体力或智力衰弱或其他因由所致)或因其行为不检而被免职,并只可由行政长官根据其所委任的法官审议庭的建议予以免职。审议庭由不少于5名常任法官或非常任香港法官的成员所组成。如审议庭正就某法官的免职问题进行调查,行政长官可着令该法官暂停执行其职能。行政长官可随时将上述暂停执行职能事项撤销,而如审议庭建议某法官不应被免职,则无论如何,该项暂停执行职能事项须即停止生效。首席法官亦可随时以书面通知行政长官而辞职。

终审法院首席法官不仅是香港司法机构之首,还负责司法机构的行政管理及执行其他合法地不时委予他的职能。凡首席法官患病或因任何因由缺勤,行政长官须委任一名有资格获委任为首席法官且在首席法官之下资历最高的常任法官担任署理首席法官,并在署理期间拥有首席法官的所有权力及职能。如首席法官因患病或因任何因由缺勤而无常任法官有获委任为首席法官的资格,则即使在首席法官之下资历最高的常任法官没有获委任为首席法官的资格,行政长官亦须委任该法官担任署理首席法官,并在署理期间拥有首席法官的所有权力及职能。

(二)终审法院其他法官的任免

1.常任法官的任免。常任法官由行政长官根据司法人员推荐委员会的推荐委任。同时该等委任或免职应当征得立法会同意,并按香港特别行政区《基本法》第90条报全国人大常委会备案。

常任法官的人数不得少于3名。如任何常任法官的职位因该常任法官去世或其他原因而出缺,以致常任法官的人数减至不足3名,则行政长官须根据司法人员推荐委员会的推荐,在该职位出缺后,在合理可能的范围内尽快委任另一名常任法官填补该空缺。

常任法官免职事由和程序与首席法官相似。对免职进行审议的法官审议庭应由不少于3名常任法官或非常任香港法官的成员所组成。如审议庭正就某法官的免职问题进行调查,行政长官可着令该法官暂停执行其职能。常任法官亦可随时以书面通知行政长官而辞职。

常任法官作为终审法院的组成人员,有权参加案件的审理,并且在特定情况下按照《香港终审法院条例》的规定,担任署理首席法官,并在署理期间拥有首席法官的所有权力及职能。

2. 非常任法官的任免。终审法院非常任法官由行政长官根据司法人员推荐委员会的推荐委任。同时该等委任或免职应当征得立法会同意,并按香港特别行政区《基本法》第90条报全国人大常委会备案。在任何时候担任非常任法官职位的人士的总人数均不得超过30名。非常任法官有权作为终审法院的组成人员,参加案件的审理。

非常任法官的免职事由及程序与常任法官相同。非常任法官亦可随时以书面通知行政长官而辞职。

(三)高等法院法官的任免

高等法院首席法官由行政长官根据司法人员推荐委员会的推荐委任。同时该委任应当征得立法会同意,并按香港特别行政区《基本法》第90条报全国人大常委会备案。如果高等法院首席法官的职位因该法官死亡或其他原因而悬空,或者该法官暂时患病或缺席,行政长官可委任另一名有资格获委任为高等法院法官的人署理该职位,直至空缺获得填补或者该法官恢复执行职责为止。

原讼法庭法官、特委法官由行政长官根据司法人员推荐委员会的推荐委任。原讼法庭暂委法官由终审法院首席法官委任。当出现任何原讼法庭法官的职位因任何理由而悬空，或终审法院首席法官认为为了执行司法工作的利益有需要时，或只为某指明的案件或指明类别的案件，可以暂时委任一名暂委法官。

原讼法庭的法官只有在无力履行职责或行为不检的情况下，行政长官才可根据终审法院首席法官任命的不少于3名当地法官组成的审议庭的建议，予以免职。对于高等法院首席法官的免职还应当征得立法会同意，并按香港特别行政区《基本法》第90条报全国人大常委会备案。

上诉法庭法官的任免方式与程序与原讼法庭法官基本相同。如果上诉法庭法官的职位因该法官死亡或其他原因而悬空，或者该法官暂时患病或缺席，则行政长官可委任另一名有资格获委任为高等法院法官的人署理该职位，直至空缺获得填补或者该法官恢复执行职责为止。

（四）区域法院法官的任免

区域法院法官的任免方式、程序与高等法院法官基本相同。

（五）裁判法院裁判官的任免

行政长官可以令状不时委任他认为足够数目的常任裁判官或特委裁判官，以便有效率地在香港执行司法工作，此等委任连同对获委任的人可行使的司法管辖权及权力加以限制的委任状，须在香港宪报上公告。裁判官须行使在香港施行的成文法则所赋予裁判官的一切司法管辖权及权力。但是特委裁判官判处监禁及罚款的权力，须受《裁判官条例》就特委裁判官依法可判处的最长监禁期及最高罚款额所作出的限制所限，除非成文法另有规定。

暂委裁判官其任期及委任条款由终审法院首席法官确定。在有关的委任条款的规限下，暂委裁判官在其任期内具有常任裁判官的一切司法管辖权、权力及特权，并须执行常任裁判官的一切职责。终审法院首席法官亦可随时终止该委任。

（六）审裁官的任免

劳资审裁处、小额钱债审裁处、淫亵物品审裁处和死因裁判法院的审裁官和暂委审裁官通常分别由行政长官和终审法院首席法官任免。

四、法官任期

常任法官（包括各级法院的首席法官）必须于到达退休年龄（65岁）时离任。但其任期可由行政长官根据司法人员推荐委员会或终审法院首席法官的建议延期，在此续期情况下，当续期届满时，法官须被视为已达退休年龄。

对于非常任法官，并无指定退休年龄。而特委法官、暂委法官和署理法官的任期由其各自的委任文件确定。

五、法官行为指引

由于法官承担着行使独立司法权力的重任，法官在审理中所作的决定对社会将会产生深远的影响，因此为保持公众对司法机构与司法工作的信心，法官应当时刻严守至高的行为标准。而无论是全职还是非全职法官，作为香港市民都享有一系列的权利和自由，但是为了维持司法独立和司法公正，并使司法的独立性和公正性有目共睹，对法官的这些权利和自由施加某些限制也是必要的。所以，到目前为止，香港终审法院首席法官已发布了《法官行为指引》和《关于非全职法官及参与政治活动的指引》。法官行为指引吸收了其他有类似指引的海外司法管辖权的先进经验，分别就执行司法职务、取消法官聆讯资格事项、法庭外专业活动、非司法活动(包括参加政治活动)等制定了行为指引原则,向法官提供处事的实用指引和对策。

(一)指导原则

香港法官行为以司法独立、大公无私、正直及言行得当为三项基本指导原则。司法独立是社会赋予法官的重任,也是法官赖以履行其职能的关键因素。司法独立要求法官独立于政府的行政和立法机构,独立于所有外界的影响,独立于其他法官。大公无私是法官职业的基本条件。法官必须公正,并且是有目共睹的,避免让公众感到法官存有偏私。正直及言行得当是法官的基本要求,法官行事必须维护司法人员的尊严和地位。因此,法官一方面会因其司法职位而受到权利和自由上的适当限制,另一方面也必须尊重和严格遵守法律。

(二)履行司法职责

法官应当勤于司法事务,力求守时、高效。法官应当在法庭内以礼待人,避免歧视他人。同时禁止法官与案件当事人及其代表、证人和陪审员私下沟通。另外,为保障司法的公正,法官不应私下和上诉法庭或上诉法庭的法官交流尚未判决的上诉案件。对于投诉信件和媒体批评,法官不应与投诉人争辩或就媒体批评作出回应,因为法官公开为自己的判决辩护是不恰当的,而是可以向法院领导报告,以便采取适当行动。

(三)取消法官聆讯资格的事宜

为坚持公正无私的原则,在某些情况下法官对某一案件的聆讯资格可能会被取消。取消法官聆讯资格的事宜种类包括:

1. 实际偏颇。如果法官实际上存有偏颇,不能做到不偏不倚,则会被取消聆讯案件的资格。通常这种情况十分罕见。

2. 推定偏颇。即在某些情况下,法官会被推定为存有偏颇,则必须自动取消其聆讯资格。例如,如果案件的诉讼结果对法官有金钱或产权上的利益,则可以推定存有偏颇,法官的聆讯资格将会自动取消。又如,法官与诉讼的一方当事人共同参与推广某项活动,因而具有了某一类非经济权益,而法官在案件中的决定会促进该项活动的发展,其聆讯资格也必须自动取消。

3. 表面偏颇。即在某些情况下令人觉得法官表面上存有偏颇。其认定标准通常是以一个明理、不存偏见、熟知情况的旁观者的眼光来审视,如果该旁观者认为法官有偏颇的实在可能,则该法官的聆讯资格将被取消。属于表面偏颇的事宜乃是最为常见的情况,为此《法官行为指引》中作了详细的规定。

(1)表面偏颇规则的适用尺度。除非有实在的可能会导致偏颇,否则法官不应采纳一些无聊或无足轻重的理由来取消聆讯资格。因为这样会给其他法官造成负担,并可能使诉讼当事人认为可以以此随意替换法官。当然,确有必要,法官也可征询其他法官和法院领导的意见,但该法官有最终的责任来决定是否取消自己的聆讯资格。

(2)表面偏颇规则的适用程序。如果在聆讯开展之前,法官在引用表面偏颇规则后,认为无需取消自己的聆讯资格,或认为有取消的必要而且立即采取步骤、通知法院领导、替换法官后,则不必向诉讼各方披露表面偏颇事宜。但是如果法官认为需要听取诉讼各方的陈词以资参考,则应当向诉讼各方披露,在听取陈词后决定是否聆讯。当表面偏颇问题在聆讯开始后才首次出现,法官的处理方式基本相同,但是法官要考虑诉讼人有无放弃反对的权利,以避免使人认为法官在借此向诉讼各方施加压力,强迫他们同意由该法官聆讯案件。

(3)表面偏颇规则的适用情况。可能适用表面偏颇规则的一系列情况包括:①各种关系。如果法官与诉讼人或证人或案中的大律师、律师有配偶或至亲关系,则应当取消聆讯资格;但如果律师在诉讼中的角色是短暂或不重要的,则可不用取消聆讯资格。如果法官与案件中的大律师或律师是朋友关系或过去有专业上的联系,例如同事,则通常无需取消聆讯资格。②经济利益。有些情况下,即使自动取消聆讯资格的规则并不适用,但旁人可能会觉得判决对主审法官有财务上影响,则法官必须运用表面偏颇规则进行自我审查以决定是否取消聆讯资格。例如,诉讼一方是银行,而法官正在向其申请贷款,或其子女刚申请在该银行工作。③其他情况。如果法官在获得委任之前,曾受聘为大律师或律师代表某人或控告某人,或者法官对证人或诉讼人曾在过去的某宗案件中作出对其不利的裁定,虽然通常不需取消法官聆讯资格,但是仍需视特定情况决定。

(四)法庭以外的专业活动

法官参与法律专业教育活动和学术活动被认为是对社会有所裨益的,因而也是受到鼓励。但是法官参加此类活动不应当影响他们履行司法职责。而法官对于一些可能会由法庭处理、具有争议性的法律问题,则其发表意见时的表达方式和内容要避免可能影响到其日后的聆讯资格。

(五)非司法活动

在参与非司法活动时,法官也需考虑社会公众的反应,避免影响司法独立或公众无私或有损司法职位的尊严和地位。对于以下事宜法官应谨慎处理:(1)政治组织或活动。法官应避免加入任何政治组织或与之有联系或参与政治活动(比如与政治有关的集会或示威活动)。(2)运用司法职位。法官不应以其司法职位,为个人或家人和朋友谋取利益;不应企图或可能使人相信他会利用司法职位,解决与法律或政府部门有关的问题。(3)使用信笺信封和推荐信。法官使用司法机构的信笺信封,以个人身份发信,或为他人撰写推荐信,需要格外小心,避免引起非议。(4)提供品格证据。法官不应主动提出到法庭为他人提供品格证据;如有必要,应先征询法院领导。(5)提供法律意见。法官不应提供法律意见。在基于友谊、非正式和无报酬的情况下,法官可以给予个人意见,但必须提示对方不能视为法律意见。(6)参与组织。法官可以自由加入各种非牟利团体。但如果有关组织以政治为宗旨,或其活动可能令法官成为公众争议对象,或该组织可能定期或经常涉及诉讼问题,则法官不宜参与。另外,法官须确保参与社会组织不会费时过多。法官还不应担任法律顾问,但可纯粹以会员身份发表意见。法官不应以个人身份参与慈善团体等的筹款活动,也不可以借自己的名义协助任何的筹款活动。(7)商业活动。法官不应担任公营或私营的商业公司的董事职位;获委任为法官后应当辞去所有的董事职位。对于法官的家族公司,法官可以担任董事,但公司的活动不得涉及商业贸易,不得让法官成为公众争议的对象。(8)业主立案法团。法官可以担任楼宇的管理委员会的委员,可以纯粹的团体成员身份发表意见,但不得被视为法律意见。(9)管理个人投资。法官有权管理自己的和直系家属的投资项目,但应适用与参与商业活动相同的规则。(10)遗嘱执行人。法官在无报酬的情况下,可以为家人或挚友担任遗嘱执行人或遗产受托人。(11)个人诉讼。法官有权保障个人权利和利益,包括进行诉讼,但是应审慎处理,避免被公众误解为利用法官职权占取诉讼优势。(12)接受法律服务。法官不应接受免费的法律服务。(13)与法律专业人士的交往。法官须小心避免与正在处理或即将处理的案件中的法律专业人士有直接的社交接触。如有接触,也当避免谈及有关案件。法官并不宜过于频繁地到访过去工作的场所。(14)使用政府设施。法官如果使用某些政府部门的俱乐部或社交设施,应小心处理,避免可能的不公或社会不信任。(15)光顾娱乐场所。对于酒吧、卡拉OK等场所,法官可以光顾,但是要酌情处理。(16)拥有组织会籍。法官参加提供消遣活动的组织,也应注意是否会导致表面偏颇。(17)赌博。法官偶尔以赌博消遣,不会受到禁止,当过分投入或大额下注或出入声誉有问题的赌博场所时,则值得商榷。

六、对法官的投诉、诉讼及处分

(一)投诉

社会公众可以对法官的行为进行投诉。有关投诉将由相关法院领导或终审法院首席法官按照一定的机制和程序公正而恰当地处理。有关法官将在调查后回复投诉人。

(二)针对法官的诉讼

尽管香港法院法官在司法活动中享有免责和豁免的权利,但是依据相关条例的规定,诉讼参加人仍然可以针对法官的某些违法的行为提起诉讼。例如,《裁判官条例》第126条规定,凡裁判官在任何事项上作出他在法律上并无司法管辖权或超越其司法管辖权的作为,则任何人若因此而受损害,或因任何根据裁判官在该事项上作出的定罪或命令或发出的手令而作出的行为而受损害,均可对裁判官提出诉讼。

(三)处分

香港法院的法官在无力履行职责或行为不检的情况下,可以由行政长官按《基本法》和有关条例的规定予以免职。对于除终审法院、上诉法庭、原讼法庭和区域法院法官之外的法官和司法人员,《司法人员(职位任期)条例》规定了相应的纪律处分。

当有人向终审法院首席法官指控某司法人员无能力执行其职责或行为不当、终审法院首席法官委派一个审议庭进行调查时,或者有人对该司法人员提起刑事诉讼或终审法院首席法官认为相当可能提起刑事诉讼时,或者该司法人员的行为正受调查,而终审法院首席法官认为继续让该人员行使职权有违公众利益时,终审法院首席法官可以将该司法人员暂时停职。

审议庭在完成调查后,须向司法人员推荐委员会提交调查报告。司法人员推荐委员会在考虑审议庭报告后,向行政长官提出处理建议。如果确认该司法人员无能力执行其职责或行为不当,则行政长官可以采取相应的处分行为。处分的方式包括:(1)免职。一旦被免职,该司法人员将不得享有其原本可享有的退休金、酬金或其他利益或益处。(2)迫令该人员在享有或不能享有、或只享有经扣减的退休金、酬金或其他津贴的情况下退休。(3)降级。(4)停止或延迟该人员以后的增薪。(5)谴责或严厉谴责该人员。

第二节 香港特别行政区的陪审团

一、陪审团的职责

陪审团由香港居民作为陪审员组成,在宣誓后参与刑事案件和某些民事案件的聆讯,并就案件的事实作出裁决。在刑事案件中,由首席陪审员在所有其他陪审员及被告人面前,告知主审法官陪审团裁定被告人有罪或无罪。而在死因研讯中,陪审团会裁定死者致死的原因以及确定与事件有关的情况。

二、陪审团的组成

陪审团由陪审员组成。在例如谋杀、误杀、强奸、持械行劫、某些涉及毒品和商业诈骗等最为严重的刑事案件中,由1名原讼法庭法官和7名陪审员审理。但是,法官也可以将陪审员人数增加至9人。在某些民事案件中,例如涉及诽谤或恶意检控等诉讼,案件的任何一方均可以选择由陪审团来认定争议事实。在死因裁判法庭进行的某些死因研讯也需选任由5名陪审员组成的陪审团出席审理。

三、陪审员的资格与产生

香港陪审员的资格包括:(1)香港居民;(2)年满 21 周岁但未满 65 周岁;(3)精神健全,并无任何令其不能出任陪审员的伤残情况,例如听觉或视觉损伤等;(4)品格良好;(5)熟悉案件聆讯时所采用的语言,即中文或英文。

高等法院司法常务官会给具备陪审员资格的居民发出通知,表明将该居民列入陪审员名单,并在宪报和报章刊登公告说明该名单已可供查阅。高等法院司法常务官每周以随机抽选方式,确定若干数目的陪审员,并提前通知选出的陪审员参加案件审理。凡接受通知而出席案件审理的陪审员,一般在两年内不会再被传召。高等法院有陪审团参与的审讯中,陪审团的组成人员应当以抽签方式,从被传召的陪审员中选出。在刑事案件中,由于控辩双方的代表律师可以反对某些人士出任陪审员,且法庭可能会豁免某些人士出任陪审员,所以被传召的陪审员人数往往要超出实际所需。未被选中的人士,可能会参与其他案件陪审团的抽选。出任陪审员被香港社会视为香港居民应尽的责任,所以除了法律明确规定可以豁免担任陪审员的人士,一般的豁免申请是不会被司法常务官或法官轻易批准的。

四、陪审团的裁决规则

在法庭审理阶段法官完成总结后,陪审团会在法庭传达员的带领下,退席商议,考虑裁决。陪审团退席后必须与外界隔离,直至达成裁决或由法庭下令解除责任。期间任何人士都不得接触陪审团,陪审团亦不得与外界讲话,只可以各成员之间互相交谈。凡是经过宣誓的由 7 人组成的陪审团,必须由不少于 5 人的多数作出裁决,作为陪审团的裁决。但是,当陪审团人数因陪审员的解除职责或豁免而减少为 6 人时,则不少于 5 人的多数裁决为陪审团的裁决;如果陪审团人数减少为

5人时,陪审员的裁决必须一致。

凡是经过宣誓的由9人组成的陪审团,必须由不少于7人的多数作出裁决,作为陪审团的裁决。如果陪审团人数减少为8人时,则不少于6人的多数裁决为陪审团的裁决;如果陪审团人数减少为6人或7人时,则不少于5人的多数裁决为陪审团的裁决;如果陪审团人数减少为5人时,陪审员的裁决必须一致。

五、陪审员的职责和待遇

作为陪审员的义务,陪审员必须按时出庭参加审判。如果没有按照陪审员传票的规定出席法庭,即属违法。① 陪审员在审判中应当独立判断。虽然陪审员不是专业法律人士,主审法官会决定陪审团可以聆听何种证供并就法律论点给予陪审团以清晰的指引,但是在考虑裁决时,仍需由陪审员自行、独立地决定有关证供的重要性以及对事实的认定。为确保审讯公开、公正及公平,陪审员在任何时候都不可与任何人士,包括记者、电视台采访人员等传媒工作人员,谈论审讯内容或陪审团商议的情况。②

---

① 最近香港出现其历史上首例陪审员被判刑的案例。某何姓陪审员2007年11月被选中当陪审员。开庭过程中,何以发烧为由请假。之后,他每次都是一大早向法庭告假,说自己在内地打篮球时扭伤无法参加庭审。法官也曾准假过,但假期已过,何姓陪审员仍不到庭。最后只能由其他陪审员继续合议审理案件。后法官查明,该陪审员根本就没有住过院,而且还行动自如。法官对其的判词认为,因为被告的收入不低,所以罚款不能对被告造成影响,最终判他入狱三周。参见《扩大陪审员来源应提供足够支援》,香港《文汇报》2008年1月29日社评,http://paper.wenweipo.com/2008/01/29/WW0801290002.htm,2008年10月1日访问。另参见吴木銮:《从香港陪审员被判刑看社会的共同治理》,载《中国保险报》,2008年1月7日,http://news.163.com/08/0107/14/41K3UADB00012GG9.html,2008年10月1日访问。

② 陪审员不能使用公共电梯,而应使用连接法庭及陪审员餐厅的电梯,以避免与被告人或其亲友碰面;在电梯内不能谈论案件内容。当法庭休息时,为避免在公共地方饮食,陪审员应尽量在高等法院一楼的陪审员休息室休息和饮食,以减少遇到案中被告人、其亲人、证人或其他与案件有关人士的机会。

作为陪审员,其合法利益也受到法律的保护。任何雇主因雇员出任陪审员而终止雇用或威胁终止雇用,或在任何方面歧视其雇员,即构成违法,一经定罪,最高可被判罚款和入狱。另外,陪审员还可以获得一定的按天计算的津贴。

六、陪审团制度改革的最新探索

针对陪审团制度在法律规范和实施过程中存在的缺陷和不足,香港法律改革委员会陪审团小组委员会于 2008 年 1 月 28 日发表了《出任陪审员的准则》的咨询文件(以下简称《咨询文件》),分析了目前香港陪审团制度和陪审员委任中的缺陷,并提出了相应的建议。[①] 有关建议主要包括以下几个方面:

1.陪审员年龄上限。现行的《陪审团条例》规定,陪审员的年龄必须介乎 21 岁与 65 岁之间。《咨询文件》建议将其年龄上限由 65 岁提高至 70 岁。当然,年满 65 岁的人只要提出豁免申请,便有当然权利获豁免出任陪审员。

2.陪审员居民身份。现行法例规定,陪审员必须是香港居民,但没有界定"居民身份"的具体含义。为确保陪审员与香港有合理的联系,并对香港本地的规范、价值观和文化有所认识,《咨询文件》建议准陪审员必须在紧接收到出任陪审员通知书之前已居于香港三年或以上。如果一名陪审员在收到该通知书之前已获发香港身份证三年或以上,则应被推定为香港居民(除非相反证明成立)。

3.陪审员品格要求。现行法例没有界定就出任陪审员而言何谓

[①] 参见《出任陪审员的准则》,香港法律改革委员会陪审团小组委员会咨询文件,2008 年 1 月 28 日,http://sc.info.gov.hk/doc?srcurl=www.hkreform.gov.hk%2Ftc%2Fdocs%2Fjuries_c.doc&srcfmt=2&dstfmt=2&srclng=1&dstlng=2&hkscs=1,2008 年 10 月 1 日访问。

"良好品格"。《咨询文件》建议任何人如过往曾有刑事定罪纪录(已失时效的定罪除外),或被控以可公诉罪行而尚未受审,又或因被控以任何罪行而被还押以待审讯,均不应有资格出任陪审员。另外,《咨询文件》还认为,将未获解除破产的人自动定性为不具"良好品格"是错误的做法。

4. 陪审员教育水平要求。在教育水平方面,《咨询文件》建议现时规定陪审员须至少达到中七或同等学历的教育程度的行政措施,应予维持,但这项规定应在法例中订明,以确保陪审员有能力理解及明了证据和妥当地履行作为陪审员的职责。《咨询文件》还建议在2012年修订陪审员所须达到的教育水平,改为要求陪审员须修完高中三年级,并在公开考试的中国语文和英国语文两科的成绩均达到三级,或具有同等学历。这将有助于提升陪审员的整体素质。

5. 豁免出任陪审员的指导原则。《咨询文件》建议应在《陪审团条例》中列明批准豁免、排除或暂缓某人出任陪审员的指导原则,而有关理据应包括以下事实:(1)该人出任陪审员可能会对公众造成重大不便;(2)该人出任陪审员可能会对他造成过度困难或极度不便;(3)该人从事涉及司法的工作,因此可能会有偏见或令人觉得他可能会有偏见;(4)出任陪审员与该人的原则或信念不符。

6. 不应再获得豁免出任陪审员的人士。相对香港700万人口来说,目前有资格担任陪审员的人士只有26万,其中不少人已担任过一次。面对日益复杂的法庭个案,陪审员数目明显不足。目前的《陪审团条例》列明豁免医生、神职人员、传媒工作者等出任陪审员。但应看到的是,他们多数是拥有高学历的专业人士,正符合担任陪审员所需的分析力、逻辑思维等要求,而且也没有足够的证据显示,他们的专业会影响其作出公正判决或造成任何利益冲突。因此,《咨询文件》建议某几类现时获豁免出任陪审员的人不应再获得豁免,但他们应可以改为在个别情况下申请免任陪审员。

　　不应再获得豁免出任陪审员的人包括:太平绅士、学徒或见习人员、医生、牙医及兽医、报章编辑、化验师及药剂师、牧师及在任何宗教团体中担任类似职位的人或任何修道院的全时间修行成员等、飞行员、领航员及无线电操作员及其他人员,以及司法机构某些成员的配偶。《咨询文件》还建议,若司法常务官或主审法官相信任何属上述类别的人士申请免任的理由和依据,可暂缓或排除该等人士出任陪审员,或让他们免任陪审员。放宽有关职业规定,让更多专业人士参与陪审员工作,将有助于扩大司法民主的基础和维护香港司法制度的公平公正。

第五章　香港特别行政区法院的民事司法改革

长期以来香港法院一直追求通过维护法治、保障司法公正的基础上为香港社会大众服务,实现其应有的司法职能和社会职能。香港法院近年来加强了相关司法制度和其社会职能的改革与发展,以不断适应香港社会的发展特点和诉求。这是因为虽然香港司法制度以其高度的专业性和法治化而受到香港本地和国际社会的尊重和信任,但是在全球经济一体化的环境中,与其他普通法适用地区一样,香港司法机构也日益感受到司法效益方面的压力,开始重新审视其普通法传统下的司法制度,并从 2000 年开始对香港司法制度、特别是民事司法制度逐步进行重大的改革。

第一节　香港法院民事司法改革背景与思路

一、香港法院民事司法改革背景

(一)普通法法域内的民事司法改革影响

从 20 世纪 90 年代以来,普通法国家和地区在司法领域、特别是民事诉讼制度方面掀起了广泛的改革呼声,并进而促成了一系列的改革措施。例如,前美国副总统丹·奎尔在美国律师协会提出了"奎尔五十点改革建议",英国伍尔夫爵士提出的"伍尔夫报告"并引导了英国民事司法改革,澳大利亚法律改革委员会对联邦民事诉讼制度进行大规模的考察并旨在通过改革提升诉讼效率,以及加拿大进行了一系列的民事诉讼程序改革。这些改革具有相同或相似点,即改革的重点是抗辩式诉讼程序。抗辩式诉讼程序是普通法的传统,但是在现代社会中也产生了很多负面影响,如导致金钱的浪费,律师的作用过于突出而且为达目的导致诚信的缺失,法院诉讼效率下降而导致判决实质公正性降低等等。上述普通法法域内民事司法改革的主要目的就是要消除传统司法制度中的不合理因素,进一步实现民事司法领域内的司法公正和司法效益。

(二)香港民事司法改革的现实需求

作为普通法适用地区,香港法院同样面临着传统普通法司法制度所产生的诸多问题和各种挑战。

1. 民事诉讼案件数量猛增

该项改革的所面临的直接情形是近年来香港各级法院所受理的民事案件数量呈现出较快增长的趋势。2004 年终审法院共审结上诉案件 67 件,其中刑事案件 46 件,民事案件 21 件。高等法院上诉法庭共审结案件 1,147 件,其中刑事案件 933 件,民事案件 208 件,刑事复核案件 6 件。原讼法庭共审结 17,417 件,其中上诉案件 1,855 件,原讼案件 17,104 件。各裁判法院共审结案件 214,002 件。而 2005 年终审法院、上诉法庭和区域法院所受理的各类民事案件数量分别为 178 件、3,538 件和 255,804 件,到 2006 年相应的案件数量则分别上升至 212 件、3,670 件和 271,756 件。① 由此导致了诉讼社会成本上升,诉讼效

---

① 数据来源:香港特别行政区司法机构网站,
http://www.judiciary.gov.hk/en/other_info/stat/05_06/01_cfa.pdf 、
http://www.judiciary.gov.hk/en/other_info/stat/05_06/02_court_of_appeal.pdf 、
http://www.judiciary.gov.hk/en/other_info/stat/05_06/04_district_court.pdf,2008 年 9 月 13 日访问。

率受到影响,而且案件的轮候时间也在增加。仍以终审法院、上诉法庭和区域法院为例,三级法院民事案件的平均轮候时间在 2005 年分别为 118 天、93 天和 120 天,而 2006 年的相应数据分别为 91 天、100 天和 125 天。区域法院适用特别程序的离婚案件平均轮候时间更是从 2005 年的 29 天上升到 2006 年的 45 天。① 因此民事司法改革势在必行,以提高诉讼效率。

2. 法院对案件法律程序监管不足

在传统抗辩式诉讼模式下,民事诉讼程序的进度往往由诉讼各方主导。因此法院对于民事案件法律程序的监管权力不足,往往导致非正审申请和上诉次数过多、文件披露过程难于控制、审前法律程序缺乏焦点,以及上述原因导致的程序延误和诉讼费用增加。此外,当事人和解制度不完善、诉讼费承担不合理等也容易产生当事人滥诉、案件久拖不决等缺乏效率的现象。

3. 无律师代表诉讼增多

近年来香港法院中无律师代表的诉讼人现象日趋增多,主要是很多非低收入者(低收入者可以获得法律援助)和小企业无力承担高昂的诉讼费用。根据香港司法机构政务处 2002 年的一项调查表明:(1)有 54% 的诉讼当事人属于无律师代表的诉讼人;(2)在无律师代表的案件中,在高等法院、区域法院、裁判法院和家事法庭进行诉讼的分别占到 61%、24%、3%、11%;(3)而关于自行诉讼的原因,无律师代表诉讼人中的 63% 表示是因为"负担不起聘请律师的费用",30% 表示是他们认

---

① 数据来源:香港特别行政区司法机构网站,
http://www.judiciary.gov.hk/en/other_info/stat/05_06/01_cfa.pdf、
http://www.judiciary.gov.hk/en/other_info/stat/05_06/02_court_of_appeal.pdf、
http://www.judiciary.gov.hk/en/other_info/stat/05_06/04_district_court.pdf,2008 年 9 月 13 日访问。

为没有必要聘请律师,7%表示是因为其他原因,例如"不信任律师"和"律师费用方面的疑虑";(4)无律师代表诉讼人中,有83%认为他们非常需要关于民事诉讼程序的意见,67%表示非常需要一般意见。① 因此,如何在无律师代表诉讼中更好地实现司法公正也成为香港法院必须解决的重点挑战。

二、香港法院民事司法改革思路

(一)民事司法改革基本目标

面对不断加剧的民事司法改革呼声和压力,香港司法机构于2000年启动了民事司法改革进程。其司法改革的出发点是要在坚持程序公正和实质公正的原则下,使得香港法院能够顺应社会发展的趋势,在保持司法质量的前提下提升司法成本效益、简化诉讼程序、减少案件拖延、节约社会资源,以更好地实现其司法职能和社会职能。

香港民事司法制度改革的基本目标是:(1)提高在法院进行的民事法律程序所依循的常规和程序的成本效益;(2)确保案件在合理、切实可行的范围内尽快有效处理;(3)提高在进行法律程序中举措与案情相称及程序精简的意识;(4)确保在诉讼各方达致公平;(5)便利解决争议;(6)确保法庭资源分配公平。改革的焦点则是简化和改善高等法院、区域法院、土地审裁处和家事法庭的民事法律程序。

(二)民事司法改革基本实施路径

对于香港民事司法改革的路径和方式,香港民事司法改革机构充分借鉴了英格兰和威尔士的《1998年民事诉讼程序规则》(根据英国伍

---

① 参见香港特别行政区司法机构政务处:《无律师代表诉讼人资源中心拟提供的服务及设施调查报告书》,载《无律师代表诉讼人资源中心督导委员会报告书》附录2,香港司法机构网站,http://rcul.judiciary.gov.hk/rc/simp/screport/RC%20Report%20Chin.pdf,2008年9月30日访问。

尔夫爵士的提议和报告而制定,简称"CPR")①,但是并没有直接以 CPR 为蓝本引入一套全新的民事诉讼规则,而是认真衡量了 CPR 在英格兰和威尔士推行后的影响和效果,发现 CPR 虽在某些范畴成效甚高,但在其他范畴则不尽理想,尤其在减低法律讼费方面;改革方案在汲取了其他普通法司法管辖区施行 CPR 的经验后,探讨了香港司法制度的特殊情况和切实需要,确定了香港民事司法改革采取"选择性修订"现有规则的基本实施路径。选择该路径的主要理由是:在香港本地环境下,通过修订现有规则来推行联串改革的方法,相比于订立一套全新的法规来说,改动较小,付出亦较少,是较佳做法;某些对香港很有利的改革措施可以随时予以采纳;即使某些改革并不成功,也可轻易恢复旧有措施。② 由此可见,香港的民事司法改革没有盲目照搬他人经验,而是立足香港本地环境和已有司法制度,在传统与改革之间、稳定与变化兼求中逐步、有序地推进。

(三)民事司法改革实施特点

香港民事司法改革是当代香港法律制度的重大变革,涉及法律制度、社会认同、公民利益等诸多领域,因此该改革的启动与实施必须在香港现有政制与法制框架内展开。结合香港的政制与法制,纵观香港民事司法改革的进程,可以发现其具有遵守法治原则、依循民主传统、社会广泛参与等特点。

1. 遵守法治原则

由于某些民事司法程序的改革措施可能会涉及《基本法》和《香港

---

① 关于英国民事诉讼程序的改革背景、内容和伍尔夫报告可参见李昌道、董茂云:《比较司法制度》,上海人民出版社,2004 年版,第 146—152 页。另参见齐树洁主编:《英国民事司法改革》,北京大学出版社,2004 年版,第 1—70 页。

② 参见香港民事司法制度改革工作小组:《民事司法制度改革最后报告书》(摘要),2004 年 3 月 3 日,第 2 节第 6—10 段。

人权法案》对人权和自由的保障,因此在改革中着重讨论并重申改革建议、措施不得抵触上述保障人权的法例。《基本法》第 35 条、《香港人权法案》第 10 条是民事司法改革主要的相关条文,其内容着重保护人人有权将纷争诉诸法院和获得公正公开的聆讯。由此民事司法改革应当遵循以下原则:

第一,起诉权和聆讯权并非绝对的权利,而是于适当时可予约束的。

第二,该种约束必须符合三项条件始为有效,即,约束是为了达致一项合法的目标,手段与目标应合理地相称,约束并没有损害上述权利的本质。

第三,起诉权和聆讯权只适用于对权利及义务有决定性影响的规则和法律程序,而不适用于纯粹处理非正审事宜或案件管理事宜的法律程序。

第四,所谓起诉权和聆讯权,是指人人有权要求公开聆讯和出席这些聆讯,并有权要求法官公开宣告判决和判决理由等。然而,即使对上述要求在程序上加以限制,只要限制是合乎法理和并不过分,一般已被视为可以接受。

第五,上诉程序是否合宪,须视整套司法程序如何进行。若下级法庭已经充分照顾到上述的起诉权和聆讯权,上诉法庭则无须为了保障诉讼人这些权利而在程序上多做功夫。[①]

2. 依循民主传统

虽然香港民事司法改革由司法机构推动,法院在改革中发挥着不可替代的主导作用,但是司法制度与诉讼规则的诸多修改必须通过政

---

① 参见香港民事司法制度改革工作小组:《民事司法制度改革最后报告书》(摘要),2004 年 3 月 3 日,第 3 节第 17—19 段。

府机构(如律政司、法律援助署等)和立法会的协助和职权行使方能完成。因此,该改革还必须在香港现有政制和法制原则下,通过民主、法治的途径加以实施和实现。

正如香港特区终审法院首席法官李国能(已退休)所言,民事司法改革的成功须倚赖各方面的共同努力。终审法院首席法官表示,"除了需要修改部分主体法例外,还要对《高等法院规则》作出大规模的修订,因此,我们需要得到律政司的协助,以处理有关法案起草工作的事宜","并对律政司司长的正面回应感到十分感激";"在适当的时候,我们亦需要政府当局引进相关的法例修订,以便修订程序得以顺利进行";而且"司法机构将会透过司法机构政务处知会立法会司法及法律事务委员会有关改革的进展,并在适当时候征询该事务委员会的意见。"[①]截至于2009年4月2日民事司法制度改革全面实施之前,已经有《2008年民事司法制度(杂项修订)条例》等多项条例,以及《高等法院规则(修订)》、《香港终审法院费用规则(修订)》等多项附属法例得以修订。

3. 社会广泛参与

民事司法改革不仅需要立法、行政、司法机关的相互配合,广大香港民众和社会团体的广泛参与以及改革过程的高度透明也体现了该项改革的民主特点。为给民事司法改革提供全面的咨询意见,终审法院首席法官委任了一个组成广泛的工作小组起草建议和咨询报告。该工作小组成员不仅有香港各级法院的法官、律政司和法律援助署官员,还包括了香港大律师公会、律师公会的资深律师,以及消费者委员会总干事、香港大学学者等社会团体代表和个人。该工作小组广泛征求了各界和公众关于改革的建议,同时举办公开讲座及简介会征求意见,并通过网络和大量派发有关报告、光碟向公众提供报告内容,取得了令人瞩

[①] 香港司法机构新闻公报:《民事司法制度改革的实施》,2004年3月19日。

目的成果。随着"民事司法制度改革"专题网站的开通,社会各界和民众能够更加全面、及时地了解该项改革内容、进程和实施步骤。

(四)民事司法改革实施步骤

香港民事司法改革于 2000 年启动,到 2009 年 4 月正式实施,在香港司法机构的主持和主导下,其间的各项准备工作有序而卓有成效地展开,大致可以分为以下几个阶段和步骤。

1. 改革方案建议与咨询阶段

2000 年 2 月,香港终审法院首席法官李国能委任了"民事司法制度改革"工作小组(以下称"工作小组"),由香港司法机构法官、律政司和法律援助署官员、香港大律师公会和香港律师会代表,以及学者和社会团体代表组成,并由香港终审法院常任法官陈兆恺、李义分别担任工作小组主席和副主席。该工作小组的主要任务是负责检讨高等法院的民事诉讼规则和程序,以及研究改革措施,尽量使市民能以恰当的诉讼费用,和在合理期限内把争端诉诸法院,寻求公道。①

2001 年 11 月 21 日,工作小组发表了《民事司法制度改革中期报告及咨询文件》。该《中期报告》提出了 80 项建议,同时设定民事司法制度改革咨询期至 2002 年 4 月 30 日(后因应香港大律师公会执行委员会的要求而延长,至 6 月 30 日),邀请公众就香港民事司法制度在规则和程序方面可能的改革提出意见。在充分考虑公众对《中期报告》的反馈意见后,工作小组又于 2004 年 3 月 3 日发布了有关改革提议的《最后报告书》,并提交终审法院首席法官审阅。在《最后报告书》中,工作小组提出了关于民事司法改革的基本目标和要求、实施路径、主要原则等基本思路,以及改革的具体措施建议,共计 150 项。

---

① 香港司法机构新闻公报:《民事司法制度改革展开咨询》,2001 年 11 月 29 日。

2. 改革提议推行阶段

2004年3月19日，香港终审法院首席法官李国能宣布，他已接纳民事司法制度改革工作小组在《最后报告书》中提出的改革提议，民事司法改革进入到提议推行阶段。终审法院首席法官还表示，要推行改革必须得到政府当局的支持和协助，需要政府当局引进相关的法例修订，以便修订程序得以顺利进行；此外，司法机构将会知会立法会司法及法律事务委员会有关改革的进展，并在适当时候征询该事务委员会的意见。与此同时，终审法院首席法官还委任了以高等法院首席法官马道立为主席的民事司法制度改革督导委员会，负责处理在推行改革提议中所有涉及司法机构责任范围内的有关事宜，包括向高等法院规则委员会提出具体的建议以修订《高等法院规则》。[1] 由此，与民事司法改革相关的一系列法例、附属法例、司法机构实务指示等法律规范进行了重大修订。

3. 改革方案实施阶段

2009年3月17日，香港司法机构宣布，按照《〈2008年民事司法制度(杂项修订)条例〉(生效日期)公告》，民事司法制度改革将于2009年4月2日开始实施。对于民事司法改革所必须的法律修订，在改革方案开始实施之前已基本完成重要修订。例如，《2008年民事司法制度(杂项修订)条例》及相关附属法例下，有关民事司法制度改革的主要法例修订已于2008年7月或之前由立法会制订；而民事司法制度改革督导委员会也已于2009年2月12日或之前公布了一系列共24份实务指示，详细列明了法庭规则及程序，以落实有关修订；有关民事司法制度改革的实务指示(除关于调解的实务指示31外)，将于2009年4月2日起生效；而实务指示31则将于2010年1月1日起生效。对此，香

---

[1] 香港司法机构新闻公报：《民事司法制度改革的实施》，2004年3月19日。

港终审法院首席法官李国能认为,"民事司法制度改革标志着香港民事司法制度发展的一个重要里程碑。"①

第二节 香港法院民事司法改革主要内容与保障措施

一、民事司法改革主要内容

香港民事司法制度改革由香港法院为主导,以诉讼程序为核心,其具体改革内容和措施将适用于在高等法院和区域法院进行的民事法律程序,其中部分新增的规则和程序,经变通后,亦适用于在土地审裁处和家事法庭审理的案件。改革的主要内容包括下列几个方面。②

(一)加强法院对案件的管理

适当的案件管理是民事司法制度改革之中一个关键和不能或缺的部分。民事司法制度改革的目标之一,是将法律程序从主要由诉讼各方主导转为明确由法庭监管。根据经验,以往的诉讼由诉讼各方主导,会产生一些令人不满意的情况。例如:非正审申请的次数过多,以及在法律程序后期的阶段才掌握焦点,导致拖延诉讼以及增加讼费。改革实施后,法庭从诉讼初期开始,便将行使更大的权力以监管法律程序的进行,确保案件在切实可行的范围内得到迅速处理。

目前在这方面有代表性的改革成果是 2003 年生效的《婚姻诉讼(修订)规则》。对婚姻诉讼附属救济程序开始改革试验的主要原因是基于律师界的呼声。多年来在通过诉讼中止婚姻关系后,有关赡养及

---

① 香港司法机构新闻公报:《民事司法制度改革将于四月二日开始实施》,2009 年 3 月 17 日。

② 同上。

其他财务附属救济程序往往因为双方感情破裂而难以实现,更因为缠诉而耗费家庭财产。所以对婚姻诉讼规则的改革主要集中在降低传统普通法诉讼中的对抗性和改变法官的被动作用。2003年《婚姻诉讼(修订)规则》将婚姻诉讼附属救济程序分为三个阶段。在开始阶段,除被告要提出答辩外,新规则要求双方以简化表格形式相互提交各自的经济状况咨询,并向法院提交双方争议要点和争议事实。在第二阶段审前聆讯中,双方必须出席首次约见,并由法院制定出有约束力的时间表。双方在法官主持下交换意见,法官也会视情况对双方提供协助。如果双方不能达成协议,则进入第三阶段的正式审理。新规则要求在每一阶段中,双方必须披露到聆讯当天为止本方所承担的诉讼费用,这样法官和双方当事人就可以清楚地知道对方支付诉讼费用的总体数目,以促使双方在理智的基础上选择下一步的解决方案。新规则在提高法官主动性的同时,通过信息披露促使当事人达成和解,从而降低诉讼成本和提高诉讼效率。香港大律师公会对这项改革的实践也表示了总体上的认同。

(二)简化并改善民事司法程序

民事司法制度改革致力减少不必要及缺乏理据的非正审申请。滥用该等申请是导致额外费用及拖延诉讼的主要原因之一。在改革后,如情况许可,法庭可以根据呈交的文件处理非正审申请,而无须进行聆讯。

为了进一步提高司法效率,民事司法制度改革将采取措施,提倡在非正审申请的讼费评定方面,以简易程序评估讼费方式进行,从而减少使用讼费评定的程序。讼费评定官有权根据提交的文件,以书面方式做出临时讼费评定,而无须进行聆讯。此外,民事司法制度改革还就非正审上诉引入一项重要的过滤程序,即针对原讼法庭法官的非正审判决向上诉法庭提出上诉,必须先取得上诉许可。

（三）鼓励及促成和解

民事司法制度改革认为对于某些类型的纠纷，诉讼并非是唯一的和最好的解决方式，许多纠纷通过调解就能获得妥善的解决，而不必花费大量金钱和资源进行诉讼。因此，改革引进的新措施将有助民事纠纷早日和解。有关措施包括：

1. 在改革前，只有被告人可以通过缴存款项于法庭，向原告人就金钱申索做出和解的提议。民事司法制度改革将设立"附带条款和解提议"及"附带条款付款"的新规定。除被告人外，原告人亦可以就申索做出和解的提议。如果任何一方在审讯中未能取得比"附带条款和解提议"或"附带条款付款"更佳的结果，该方就必须承担讼费和讼费利息方面的后果。

2. 民事司法制度改革鼓励各方在向法庭提出诉讼前，尽量依循诉讼以外的其他途径解决纠纷。另类排解程序（包括调解），让诉讼各方能以较廉宜和有效的方法解决纠纷。

3. 民事司法制度改革将有利于被告人在诉讼初期就金钱申索做出承认，以及就付款的条款做出提议（例如分期支付款项）。

4. 民事司法制度改革把诉讼前文件披露的适用范围，从目前的死亡或人身伤害申索伸延至所有民事诉讼。此举将有助拟进行诉讼的各方在展开法律程序前进行磋商。

5. 民事司法制度改革新增一项法律程序，称为"只涉讼费的法律程序"。在此法律程序中，如各方之间尚待解决的争议只是讼费而已，便可提出申请，要求法庭就讼费问题做出裁决。

香港法院早在 2000 年便开始推行了第一个自愿调解计划，获得了良好的效果。家事调解实验计划实施的前三年的调解成功率很高，约七成的纠纷达成全面协议，另有约一成达成部分协议。此后，司法机构又推行了关于建筑纠纷的调解计划。例如土地审裁处在审理建筑物管理纠纷时,会及早鼓励各方尝试调解。如果一方拒绝调解,则无论案件最终结果如何,法庭就诉讼费用裁决时,都会考虑这一点。为更广泛地推进调解服务,司法机构还增加了调解员数量,并成立了一个调解工作小组,研究如何在高等法院原讼法庭、区域法院和土地审裁处的民事纠纷中促使当事人进行调解。[1]

(四)优化法庭资源的分配和运用

为确保更妥善地运用法庭资源及提升审讯效率,法庭可以考虑各方提供的资料,从而限定证人数目、向证人提问时间和口头陈述的时间。此外,根据民事司法改革的规定,"讼费必须视诉讼结果而定"的规则(即讼费由败诉一方支付)不一定适用。法庭在判定讼费时可以有更大的弹性。新规则还规定法庭判令胜诉的一方可以获得讼费时,可以把民事司法制度改革的六大目标纳入考虑之列,其中包括各方在进行法律程序期间,是否有讼费与申索金额相称及程序精简的意识。[2]

(五)监察改革措施和情况

由于改革涉及的范围广泛,香港终审法院首席法官专门成立了一个委员会,以负责密切监察改革后的民事司法制度的运作情况,并向终审法院首席法官提出建议,以确保新制度得以有效实施。该委员会将由高等法院首席法官出任主席,并由法官,以及大律师、律师、律政司及法律援助署的代表及资深调解专业人士组成。

二、民事司法改革保障措施

民事司法改革是一场全面而复杂的改革,改革预设目标的实现也

---

[1] 参见《香港司法机构》,香港司法机构刊物,2008年第一版,第65、67、68页。
[2] 参见香港司法机构编:《民事司法制度改革概述》,2009年3月,第20、22页。

需要各项配套措施的保障。① 就香港司法制度的整体而言,从1997年回归之后就逐步实施的一系列法律改革和司法机构社会职能促进措施为民事司法改革提供了一个良好的制度环境和技术保障,并和民事司法改革起到相辅相成、共同推进的效果。

(一)落实双语司法

香港回归前的相当长时期内英文一直是香港的法定语文,这就给占香港社会绝大多数人口的华人在了解法律、接受法律教育、参加诉讼等方面造成了一定的障碍和不便。虽然香港在1974年制定了《法定语文条例》,规定在政府或公务员和市民的通讯中,中英文都是法定语文,具有同等地位;但是在制定法律方面并没有规定在通过时必须同时具有中文版,因此在法律制定以及法院司法程序方面,英文仍是最具权威性的法定语文。② 而1997年香港回归之后,新修订的《法定语文条例》则规定了在政府或公职人员与公众人士之间的事务往来上以及在法院程序上,中文和英文是香港的法定语文;各法定语文享有同等地位和待遇。法官、裁判官、其他司法人员、诉讼当事人及其法律代表以及证人,均可以在法律程序中或程序的任何部分中兼用中英两种法定语文或采用其中的一种。而且终审法院首席法官可以订立规则和发出实务指示,以进一步规范法定语文在法庭上的使用。在具体的诉讼中法官、裁判官和他司法人员关于使用一种或两种法定语文所作的决定是最终决定,诉讼当事人并无权向法官指示使用何种法定语文。

在"程介南司法复核许可申请"(Re Cheng Kai Nam,Garry)案③

---

① 参见香港司法机构新闻公报:《民事司法制度改革将于四月二日开始实施》,2009年3月17日。

② 李昌道:《香港双语法律的历史发展和展望》,载李昌道:《香港法文选》,百家出版社,2001年版,第104页。原刊于《香港特别行政区基本法:理论与实践》,香港,1998年。

③ HCAL3568/2001;[2002]2 HKLRD 39。

中,法院再次明确了法官有权确定具体使用的法定语文。该案的申请人认为自中国恢复对香港行使主权后,中文是香港司法机构的主要法定语文,较英文有更优越的地位,因此其案件由一位只懂英语而不懂广东话的法官审理是违法的,并据此向高等法院原讼法庭申请司法复核许可。原讼法庭法官认为,普通法是中国对香港恢复行使主权所采用的法律制度,而普通法的根本语文是英文。任何人在香港法院采用或适用某种语文的权利并不意味法官有说或阅读该语文的相应责任。只要作出安排以协助法官了解诉讼各方所说所写的,例如聘用传译员或翻译员,便已足够。而法官可以决定他席前进行的法律程序中采用一种法定语文,该决定不会禁止程序中的有关各方或其法律代表使用另一种法定语文。因此,原讼法庭法官拒绝了申请人提出的司法复核许可申请。

  由于香港长期以英文作为法定语文,而普通法的基本语言又是英文,因此在香港回归前香港法律届人士对于在法庭上使用中文表示了一定的担忧。当时的香港大律师公会执行委员会委员梁家杰先生估计在裁判法院执业的大律师中,约有60%的大律师可在裁判法院审理的案件中使用中文;在高等法院审理的刑事案件中,不足30%的大律师(处理高等法院刑事案件的大律师)可使用中文;处理民事案件的大律师中,可在高等法院审理的民事案件中使用中文者,寥寥可数。他还解释,处理民事案件的大律师中,虽有80%的大律师可使用中英文,但使用中文审理民事案件十分困难,原因是该类案件通常牵涉只有英文的判例法的法律概念和引述,而行内并无通用的一套翻译词汇。[①] 因此,要提高中文在香港司法中的使用率本身就是一个渐进的过程。

---

  ① 《立法局司法及法律事务委员会特别会议纪要》(1997年3月3日),立法局CB(2)1961/96—97号文件。

同样地,对于香港法院所积累的中文判例又当如何在以英文进行的诉讼中使用呢?对此香港司法机构《实务指示10.3》中有着确切的规定。对于各级法院以英文进行的民事和刑事法律程序,以中文书写的判案书亦可引用。如果中文判案书已经由司法机构翻译成英文,法庭应当采用该英文译本。如果有关中文判案书没有司法机构译本,则引用一方应当将其翻译成英文,并在法庭聆讯前向其他各方送达,以征求意见。其他各方如无争议,该译本便可以在聆讯中引用。如果诉讼任何一方对译本有争议,则须向法庭申请指示,并提供另一份译本。法庭可以适当方式,对所有译本进行自由运用。这样就使得中文判例也能较为顺利地在司法审判中融入香港的普通法体系。

近年来香港双语司法的取得了较好的实施效果。特别是随着双语法例的制定、法官和司法人员及律师的中文培训的开展、各级法院判决书逐步翻译成中文、编纂法庭常用的法律词汇、法律系学生双语法律训练等计划的实施,中文在司法诉讼和审判中的使用比例已经逐年增大。仅以几个法院受理的刑事案件为例,终审法院、上诉法庭、原讼法庭(受理裁判法院上诉)、原讼法庭(刑事审讯)、区域法院、裁判法院在2006年以中文审理的刑事案件百分比分别为14.0%、26.4%、63.2%、23.5%、37.1%、75.2%,而2007年的相应数据则分别为30.6%、27.4%、71.4%、24.7%、31.9%、83.6%。[1] 由此可见,在基层的裁判法院和受理裁判法院上诉的原讼法庭中文在审判中的使用比例远远超过了英文,而其他法院或法庭中也呈现不断增长的趋势。这一方面说明了由于案件类型和适用法律的问题决定了在高级别法院审判中中文使用率还不是很高,但是另一方面也表明了随着时间的推移,中文在香港司法活

---

[1] 数据来源:香港特别行政区律政司网站,数据截止于2008年4月25日,http://sc.info.gov.hk/gb/www.doj.gov.hk/chi/stat/,2008年9月5日访问。

动中的作用也在日益加强。

(二)设立法庭使用者委员会和科技法庭

为了不断改善司法机构的服务,了解社会公众对司法机构的要求、意见和建议,香港司法机构设立了法庭使用者委员会。该种委员会共有三个,分别为民事法庭、刑事法庭和家事法庭使用者委员会。各委员会就法庭使用者所关注的问题,包括法庭常规与程序、法庭设施等作出讨论。而委员会的组成亦有广泛的代表性,其主席为法官,而委员分别由法官、法律界代表、政府部门代表和社会公众人士担任。通过法庭使用者委员会,司法机构能够更好地了解公众对司法的需求,从而及时掌握民事司法改革的实际效果和改进方向。

为了提高法庭支援服务的效率和效益,司法机构现已设立了香港的首个科技法庭。设立科技法庭旨在使法庭服务能够配合现今社会不断转变的需求,让法庭使用者与法律界人士能够借助设于科技法庭的崭新科技,帮助诉讼程序顺利进行,提高司法的效率。科技法庭综合了各种易于操作的装置与功能于一个中央控制的网络内,为法庭使用者提供多种设施和服务:(1)视像会议设施。证人可透过视像会议设施在审讯过程中作证,无需亲自出庭。诉讼各方也无需花费金钱和时间安排海外证人来港作证或远赴海外向证人取证。对法庭使用者来说,可谓是一个快捷简便的选择。(2)多媒体提证功能。科技法庭透过一个多媒体平台,揉合影音和数码讯号,以图像、文字、电影和电脑动画等多种形式在法庭上展示证物,能让法庭使用者在荧幕上所展示的影像或电子文件上注释,并被记录及储存起来。(3)资料存储与处理功能。所有资料均储存在一个安全稳妥的中央资料库内。该资料库能够处理常见的多媒体与档案格式,而且全部编上索引,方便即时查阅有关资料。资料库内的资料受到严密保护,只可由案件当事人取阅。(4)先进的传译服务。该系统可透过专用频道提供多种语言或方言的传译服务,让被告人选择。(5)其他功能。科技法庭既提供数码录音与誊写服务,又能让受保护的证人得以透过闭路电视作证。科技法庭的设施更能向当事人提供即时审讯过程记录和誊写服务。(6)此外,庭外大堂更设有大型投射荧幕,让有关人士在法庭外也能收看审讯过程,该设施对于涉案人数众多的审讯尤其合适。

使用科技法庭需要由诉讼一方或各方向法庭提出申请,法庭在考虑各方意见、科技法庭可供使用的情况、有关法律程序所涉及的事宜,特别是是否会使有关法律程序更公平有效地得以处理、是否节省讼费、是否会严重拖延处理有关法律程序等问题后,法庭会就是否使用科技法庭作出指示。

(三)建立无律师代表的诉讼人资源中心

由于无律师代表诉讼人可能面对有律师代表的诉讼对手,而他们却需要自己了解和探索复杂的法律程序,这样就对法院的公平、有效审判形成了重大的挑战。为使所有人都能够获得足够的法律保障,并提供公平的诉讼环境,香港于2003年12月22日设立了无律师代表的诉讼人资源中心,由专业人士向要在高等法院或区域法院进行民事诉讼的无律师代表的诉讼人和公众人士就诉讼程序问题提供实际的协助。设立该中心的主要目的在于:(1)节省法官在法庭上向无律师代表诉讼人解释各项规则和程序的时间,从而加快法庭程序和节省法律费用;(2)确保向无律师代表诉讼人所提供的协助方式和提供的解释均是规范一致的;(3)避免其他诉讼各方误会法官对无律师代表的诉讼人有所偏袒;(4)综合、精简及加强现实由司法机构不同的登记处及办事处为无律师代表诉讼人提供的各项服务和协助。① 由于涉及专门的规则

---

① 参见《无律师代表诉讼人资源中心督导委员会报告书》,第1.13段,香港司法机构网站,http://rcul.judiciary.gov.hk/rc/simp/screport/RC%20Report%20Chin.pdf,2008年9月30日访问。

和程序,加之效率的考虑,该中心所提供的服务不包括与婚姻、土地和雇员赔偿有关的诉讼和遗嘱认证的申请。

为保证司法公正,该资源中心的工作人员只会就法庭规则和程序提供协助,并不提供实质的法律意见,也不对任何案件作出评论。司法机构会提供手册以协助工作人员解答无律师代表诉讼人常见的问题,也会提供规范的材料以确保工作人员作出一致的解释。资源中心所提供的协助不应妨碍抗辩式诉讼制度的运作,而无律师代表的诉讼人也必须明白没有律师代表的风险,而且需要决定是否承担这些风险。从目前该中心的实施情况看,取得了较好的成效,得到了法律专业人士和社会公众的良好评价。

(四)加强司法公开措施

出于司法公开的理念和原则,香港法院将区域法院及其以上级别法院的判决书及时向社会公众开放。判决书通常在颁发后三个工作日内上传到司法机构网站,如案件非常重要或关乎社会公共利益,则判决书会当天上传。香港司法机构网站会将法院判决书按照法院、诉讼类型、年份等标准分别归类,对于具有法学研究价值的判决也会另外归类,并对判决书做相应的语言翻译。香港法院的判决书也同时由司法机构图书馆备存,供公众取阅。重要的判决书也会出版发行。另外,公众也可以通过司法机构网站,取得司法机构的资料、服务内容、审讯案件表和其他资料,并可以查询各级法院聆讯日期、进行电子预约、建议和投诉等。目前司法机构网站不仅设有中英文双语网页,而且为了方便内地人士浏览、查询,还专门设置了简体中文网页。

香港法院采取了多种措施以提高司法透明度,促进社会公众对司法机构和法庭的认知与了解,使法庭资源的使用更具成本效益。为此,公众可以亲自前往法院,或通过致电、司法机构网站,查询各种司法信息和资料。法院还通过散发小册子提供法律常识和司法资讯、安排公众特别是学校和青少年参观法庭,使公众深入了解法治和司法机构的重要性,进行广泛的公民教育。为司法公开的需要,法院还积极为媒体提供工作方便,接受媒体的采访,举行新闻发布会,提供必要的资料。另外,司法机构政务处设有专门的机制处理公众关于司法行政事务的查询和投诉。如果投诉成立,会立即采取补救措施,及时答复投诉人,并检讨情况,给出对策,以进一步提高司法服务的质量。

第六章　香港特别行政区法院的司法独立

香港法院组织基本沿袭了1997年之前的架构和制度体系,即使是1997年设立的终审法院也是在"一国两制"的基本原则和制度基础上融入了原有的司法价值和司法原则。港英政府时期的香港法院没有自己的终审权,终审权由英国枢密院行使。而回归之后,香港特别行政区终审法院拥有了独立的终审权,香港法院的独立性与以往相比有了历史性的进步。

司法独立有两个基本特征,一是公正性,即法官判案只服从事实和法律,不以个人偏好为转移;二是自主性,即法官既不应成为实现政治目的的工具,也不应因为妨碍了政治目的的实现而遭受惩罚。在香港,司法独立不仅指法院作为司法机关独立行使司法权,而且法官也无需向行政官员、立法代表和上级法官负责,只须依法行事和裁判。在个案层面上,法官处理案件时,由其本人全权、独立地依法酌情处理。任何行政官员以及高级法官都不能就个别案件指示下级法官应如何处理和判决。唯一可以推翻或更改法官判决或命令的方法就是依法上诉,由上级法官开庭审理以确定原判是否合乎法律。

第一节　香港法院司法独立的传统与现状

一、香港法院司法独立的传统

近代司法独立的思想起源于 17 世纪中叶的英国。英国的普通法传统视司法权为捍卫法治和人权的最后屏障,司法机构具有强烈的独立性格,对于来自外界的干预有激烈的反抗性。香港长期受英国统治,英国的政治理念、法治理念和司法独立的观念无疑影响到了香港。但是,香港的法院受殖民制度的束缚,无法起到一般普通法系国家法院的全部作用。

香港的政治体制是在 1843 年 4 月,依据《英王制诰》和《皇室训令》两个宪法性文件建立起来的,其特点是总督集权、"以行政为主导"的分权制衡体制、并保持司法独立。1997 年之前,香港作为英国的殖民统治地区,其立法权、行政权、司法权,均受英国的控制,与英国分享。那时,香港的立法权是由英国议会、英女皇通过枢密院,以及香港总督通过立法局来行使的;行政权是由英国外交与联邦事务大臣、香港总督、香港行政局与政府部门共同行使的;司法权是由英国枢密院的司法委员会、香港的最高法院、地方法院等来行使的。为了维护英国的殖民利益,英国对立法权与行政权的控制要明显强于对司法权的控制,政治民主及立法部门牵制行政部门的政治传统并未传至香港,但是,司法独立的原则则随英国的普通法传统一起来到了香港。"政府的行政机构决不能试图去影响法官解释和运用法律;如果香港政府的公务员无理支使或影响司法部门,那么,他们将遭受严厉的理所当然的批评"[①]。

[①] 朱国斌、黄辉等:《香港司法制度》,河南人民出版社,1997 年版,第 4 页。

由于英国枢密院司法委员会掌握香港的终审权,香港的最高法院并不拥有终审权,香港虽然确立了司法独立的原则,但香港本地并不拥有独立的司法权。

二、香港特别行政区法院司法独立的现状

虽然香港较早从英国引入了司法独立的理念,并在 20 世纪 70 年代形成了司法独立的司法原则,但上升为一项宪制性原则,是基于"九七"回归后生效的《基本法》。《基本法》第 85 条规定:"香港特别行政区法院独立进行审判,不受任何干涉,司法人员履行审判职责的行为,不受法律追究。"基本法中虽然缺乏法官独立的直接规定,但是,结合普通法传统,香港法院的司法独立实质上是法官独立。

在普通法的发展历程中,法官的司法活动推进了法律的发展,同时,塑造了自身的权威地位。在普通法系国家和地区,法院通常被视为捍卫社会正义的最后一道防线,而法官则是这道防线的守门人。

(一)香港特别行政区法院独立于香港特别行政区的其他国家机关

特别行政区法院是在与特别行政区立法会、行政长官和政府的互相配合互相制衡中体现其独立性的。

《基本法》规定,香港特别行政区的立法权、行政权、司法权分别由特别行政区立法会、特别行政区行政长官和特别行政区政府、特别行政区法院行使,三权相对独立但又互相配合和制约。在司法权与立法权的关系上,《基本法》第 73 条规定,立法会拥有对特别行政区终审法院法官和高等法院首席法官的任免同意权;在司法权与行政权的关系上,《基本法》第 48 条规定,行政长官有依照法定程序任命特别行政区各级法院法官的权力,有赦免或减轻刑事罪犯刑罚的权力,但同时第 47 条又规定,行政长官就任时,要向特别行政区终审法院首席法官申报财产并记录在案。三权之间相互制衡关系的确立,既可防止某项权力过于

膨胀,也有利于三权的正常行使。

香港特别行政区终审法院首席法官李国能在《香港司法机构(1996—1998)》年度报告的序言中指出"司法机构的使命是维持一个独立而且有至高专业水平的司法制度,从而维护法治、保障个人权利和自由,及取得港人和国际人士对香港司法制度的信任。为了进一步显示司法独立,我们首次在这份报告中公布司法机构1999—2000年的工作目标(司法机构以往的工作目标是在行政机关的政策纲领内公布的)。"

(二)香港特别行政区法院独立于中央国家机关

《基本法》第2条规定:"全国人民代表大会授权香港特别行政区依照本法的规定实行高度自治,享有行政管理权、立法权独立的司法权和终审权。"《基本法》第82条规定:"香港特别行政区的终审权属于香港特别行政区的终审法院。"第19条规定:"香港特别行政区享有独立的司法权和终审权。香港特别行政区法院除继续保持香港原有法律制度和原则对法院审判权所作的限制外,对香港特别行政区所有的案件均有管辖权。香港特别行政区法院对国防、外交等国家行为无管辖权。"香港高度自治所享有的立法、行政、司法三权中,唯有司法权特别标上独立两字,并将司法权中的终审权,明文列于司法权之后。这不仅表明,尊重香港的司法独立的传统,重申香港的司法独立原则,而且表明,就香港特别行政区的立法权和行政权而言,是由中央优位,中央和香港分享的。在立法权方面,《基本法》第17条规定,全国人大常委会可以发回香港特别行政区立法会的立法,可见后者受全国人大常委会制约。在行政权方面,香港特别行政区的行政长官对中央政府负责。然而,就香港特别行政区的司法权而言,则由香港独立行使,中央并不分享。终审权的取得,使香港拥有了独立司法权的坚实基础。《基本法》赋予一个地方特别行政区域的法院以司法终审权,在当今世界尚属首例。这既表明了香港特别行政区的高度自治,也表明了香港特别行政区司法权的独立性和完整性。

中央之所以授权香港特别行政区以司法终审权,主要是因为香港实行与内地不同的社会制度和法律制度。香港和内地无论是法律传统还是法律规则,无论是实体法还是程序法及其证据规则都有很大的差别,依香港的法律由香港法院作出的裁判再依内地法律由内地的法院作出裁判在实施上也有很大的困难。将终审权授予香港特别行政区对香港会更加有利。

《基本法》规定,特别行政区司法人员的任命权,由特别行政区行政长官和立法会享有。即使是香港终审法院的法官和高等法院的首席法官的任命,也只须报全国人民代表大会常委会备案,而且备案本身不影响任免的生效。司法权的行使与司法人员的独立性关系密切。司法人员的任免权不受中央控制,司法人员行使审判权就不易受中央的影响。

由此可见,香港特别行政区的司法体制在首次实现了本地法院自我系统化的同时,完全独立于内地的司法体制。基本法中有关香港司法体制的设计,将使香港的司法尽可能少地受到内地行政与法律观念上的冲击,最大限度地保持现有法律制度的稳定性。[①]

三、香港特别行政区法院司法独立的积极意义

香港特别行政区法院的司法独立不限于,但至少包括如下积极意义:

(一)司法独立是香港司法权正常运行的基础

香港法院的司法实践证明,一方面,司法独立有助于司法权威的确立,有助于对司法的社会公信力的提高,司法独立是主观性司法公正的

---

① 郑贤君:《九七后香港司法架构的特点——建议终审庭的设立对香港司法体制的影响》,载《中外法学》,1997年第1期。

一个重要条件。另一方面,司法独立使法律的科学性和技术性得到承认,使法官的自主审判成为可能,法律的原则和规范通过法官的自主审判,通过法官的公正理念与司法技术的作用得以实施,司法独立成为客观性司法公正的一个重要条件。

(二)司法独立是香港政治制度和法律制度的基本特色之一

香港特别行政区的基本政治制度是以行政长官所领导的政府为主导方面的、行政机关与立法机关相互分工、相互配合的行政主导体制。但这一政治制度是建立在法治原则上的,司法独立是法治原则的重要体现,也是香港政治制度和法律制度的一项基本特色。

(三)司法独立是香港高度自治的重要体现

基于"一国两制"方针,九七回归后,香港的法律传统得到延续,司法体制基本不变,而司法独立正是香港原有法律传统和司法体制的一个核心的理念和原则。终审权的获得,是香港特别行政区法院独立性地位实质性提升的重要标志,也是香港高度自治的重要体现。

(四)司法独立是《基本法》在香港全面实施的重要保证

根据《基本法》,全国人大常委会授权香港特别行政区法院对《基本法》进行解释,这就意味着,香港法院不仅承担了适用基本法的任务,而且,还承担了监督《基本法》实施的重任。通过对《基本法》的解释,帮助香港的立法会、政府和普通市民更好地理解《基本法》,更好地尊重和运用《基本法》。司法独立,是法院对立法会及政府行为进行司法审查的前提。而对立法会和政府行为的司法审查,保证了《基本法》在香港的统一实施。

(五)司法独立使法院成为香港人权保障的重要屏障

《基本法》赋予了香港市民充分的权利和自由。要保证香港市民能实际享有这些权利,权利的可诉性显得十分重要。而司法独立,正是法院成为人权捍卫者的重要保证。

第二节　香港特别行政区法院司法独立的具体保障措施

九七前,香港已经形成了法官的任期保障、司法豁免、薪酬保障等支持司法独立的具体保障措施。九七后,《基本法》成为这些保障措施的制度基础。

一、法官的任期保障

为防止其他权力对法官任免的非法干涉,香港法官的任期受到法律的明确保护。区域法官及其以上级别的法官除了达到法定的退休年龄和法定的原因,不得免除其法官职务。《基本法》规定,区域法官及其以上级别的法院法官只有在无力履行职责或行为不检点的情况下,行政长官才可以根据由终审法院首席法官任命、不少于 3 名本地法官组成的审议庭的建议,将其免职。对于终审法院首席法官的免职,有关的审议庭则必须由行政长官任命的不少于 5 名本地法官组成,其免职决定还应当由行政长官征得立法会的同意,并报全国人大常委会备案。至于区域法院以下级别法院的法官的免职,同样要经过类似的程序,由依法成立的独立审议庭进行调查和作出建议。

二、法官的司法豁免

司法豁免制度通常是指法官在执行司法职能的过程中,其行为和言论免受指控和法律追究。《基本法》规定,司法人员履行审判职责的行为不受法律追究。有关的条例中对法官的免责事由和豁免权利有进一步的详细规定。例如,《小额钱债审裁处条例》第 39 条规定,审裁官在执行他在本条例下的权力或职责时,享有原讼法庭法官在原讼法庭民事法律程序中享有的特权及豁免权。又如,《死因裁判官条例》第48条规定,如果死因裁判官真诚地相信他的作为或不作为,是他在履行或其意是履行其在本条例下的责任时,或在行使或其意是行使其在本条例下的权力时,所必须作出或获授权作出的,则他无须就该作为或不作为负法律责任。但是,法官司法豁免权的范围是有限度的,如果法官在行使职权时有行为不检或触犯法律的行为,如滥用职权、徇私舞弊等,则应对其不法行为承担相应的法律责任。

三、法官的薪酬保障

《基本法》第93条规定,香港特别行政区成立前在香港任职的法官及司法人员可以留用,其年资予以保留,薪金、津贴、福利待遇和服务条件不低于原来的标准。由于司法机构的地位独立,凡关于法官和司法人员薪酬和服务条件的事宜,香港特别行政区政府当局均应咨询"司法人员薪俸及服务条件常务委员会"(1987年12月成立,以下简称"司法委员会")的意见。该委员会由律师、会计师和商界人士组成。尽管法官及司法人员在薪酬和服务条件方面应当与公务员分开处理,但是在司法委员会的建议下,实际上从1989年起,法官和司法人员薪酬的年度调整都跟随公务员高层薪金级别的调整幅度而调整。即使如此,在具体的薪酬调整中对法官和司法人员仍然给予考虑和照顾。例如,2001年公务员和法官及司法人员都获得4.99%的加薪;而香港特别行政区政府在2002年7月1日推行新的问责制,并决定由同年10月1日起属于高层薪金级别的公务员减薪4.42%,但是该减薪安排并不适用于法官和司法人员。①

---

① 参见梅师贤爵士:《法官及司法人员薪酬厘定制度顾问研究报告书》(2003年2月)第2.15、2.17、2.18段,香港司法机构网站,http://www.judiciary.gov.hk/tc/publications/consultancy_report_c.pdf,2008年9月30日访问。

第三节　对香港特别行政区法院司法
独立的展望

司法独立既需要制度性的安排和保障措施，也需要司法机关和其他国家机关形成对制度性安排和保障措施的共识及制度衔接的共识。就香港的司法独立而言，制度性的安排和保障措施已近完备，但法院与其他国家机关形成对制度性安排和保障措施的共识与制度衔接的共识，尚需时日。因此，基于传统和现行制度，对于香港法院司法独立的未来，总体上可以持乐观的判断，同时，也希望香港法院、香港立法会、香港政府、中央国家机关在对待香港法院的司法独立上能达到相当程度的权力共识与权力磨合。乐观的预期包括：

一、对于香港法院的立场的预期

首先，法官及法院自身需坚守司法独立的立场。一方面，法官及法院独立行使审判权，只服从法律；另一方面，法官及法院与政治性机构——立法会和政府保持适当的距离。法官及法院不能就个案审判中涉及的法律解释和法律适用问题咨询立法会或政府，或与立法会或政府进行任何性质的谈判。香港法院，如同其他普通法系的国家和地区的法院，在维护自身独立性和权威性方面可以说不遗余力。1999年1月29日香港终审法院就"居留权"案所作的判决，引起了广泛的争议。不仅该判决本身与香港政府的主张相左，而且，在该判决作出后，纵然许多方面批评不断，终审法院始终默默坚持。虽然，终审法院因政府申请于2月26日就原判决的部分内容采取特殊步骤作出澄清，但该澄清仅限于对原判决中的法院立场作进一步的阐明，而不是对原判决中的法院立场作法定程序外的任何改变。这样的立场，对于维护司法独立的原则而言,是十分必要的。

其次,司法权须有节制地行使。司法权就其性质而言,应当是具有消极性的,也就是说,法院只能就诉讼中的具体争议进行审判。同时,司法权需要有节制地行使,通常,不适合于司法裁判的政治性问题,要留待政治性机构——立法会或政府去考量。司法权的盲目扩张,会引发司法权与立法权及行政权的激烈冲突,最终会危及司法权本身,危及司法独立。香港法院近年来有司法积极主义的倾向,法院越来越多地介入政治性问题的纷争中。这固然有司法审查促进《基本法》实施的积极作用,但是过多地介入政治性问题的纷争,必然使自身置于政治与舆论的风口浪尖,司法独立将遭遇更多的威胁,因此,对于政治性问题的纷争,保持谨慎和适度克制,是必要的。就《基本法》解释权的行使而言,一方面基于《基本法》中全国人大常委会的授权,一方面基于普通法的法律解释传统。但是,香港法院需要培养充分尊重全国人大常委会法律解释权的立场。香港法院如果在提请全国人大常委会解释《基本法》方面采取更主动的态度,在自行解释《基本法》时适度参考内地通用的法律解释方法,将使香港终审法院与全国人大常委会在《基本法》解释中有更好的配合与衔接。这种配合与衔接是新制度所必要的,香港法院在坚守司法传统的同时,需要作出必要的调整和适应。

二、对于香港立法会与香港政府的立场的预期

政府尊重司法,是法治社会的重要标志之一。对本地立法机关的立法行为和行政机关的行政行为进行司法审查,已经成为香港普通法传统的一个内容。根据《基本法》,香港立法会制定的法律须报全国人大常委会备案,但备案不影响该法律的生效。但该法律可因全国人大常委会发回而失效。因此,从逻辑上看,一项香港立法会的立法,在被全国人大常委会发回之前,有可能违反《基本法》却依然是有效的。因

此，司法审查就显得十分必要。法院要优先遵守《基本法》，法院基于《基本法》又享有人大常委会授予的《基本法》解释权，因此，从理论上来看，香港法院也应有权审查香港立法会的立法行为。从香港法院回归后对立法行为的司法审查结果来看，立法会对法院的司法权，给予了高度尊重。

香港政府在各种场合重申切实执行《基本法》，维护法治和司法独立。香港政府充分尊重香港法院的司法权与司法判决，自觉执行各项政府为当事人一方的司法判决。不过，对于香港终审法院1999年1月29日"居留权"案判决，香港政府先是申请终审法院"澄清"，后又请求国务院提请全国人大常委会对《基本法》相关条款进行解释，引发较多争议。其主要担心就是危及香港的司法独立与法治。香港政府的上述行为固然有许多法理依据，但这些行为只能被看作是特殊背景下的特殊步骤。长远来说，香港政府应就选择政策与尊重司法之协调，寻求更好的途径。

三、对于中央国家机关的立场的预期

香港的司法独立，已经由《基本法》明确肯定。因此，不仅香港法院、香港立法会、香港政府须共同维护司法独立，中央各国家机关，也须维护香港的司法独立。国务院和最高人民法院，与香港法院之间，既无领导与被领导的关系，也无监督与被监督的关系。中央的行政权与司法权，与香港的司法权完全分离。国务院和最高人民法院须充分尊重香港法院独立行使司法权。

全国人民代表大会与常委会，与香港法院之间，也不存在领导与被领导或监督与被监督的关系。全国人民代表大会和常委会也须充分尊重香港法院独立行使司法权。但是，就《基本法》的制定或修改而言，全国人民代表大会是立法与法律修改主体，全国人民代表大会与香港法

院之间,具有法律创制与法律执行的关系。就《基本法》将来的修改而言,基于其重要地位,应由其自身,而非常委会修改《基本法》,而且,《基本法》的修改应考虑到便于香港法院将来对《基本法》的解释和适用。就《基本法》的解释而言,全国人大常委会和香港法院,既是《基本法》的双重解释主体,全国人大常委会与香港法院之间,又具有《基本法》解释权的授权与被授权关系。虽然《基本法》解释权重叠,而且全国人大常委会的《基本法》解释权高于香港法院的《基本法》解释权,全国人大常委会还是应该尽量留出空间让香港法院行使《基本法》解释权。在没有香港终审法院提请的情况下,全国人大常委会应尽量克制《基本法》解释权的主动行使。当为了解决危机而不得不主动解释《基本法》时,也应严格限制主动解释的内容和次数,当出现因过多主动行使《基本法》解释权而可能危及香港法院的《基本法》解释权威时,应由全国人民代表大会及时修改《基本法》,以缓解不同的《基本法》解释所导致的冲突。

第七章　香港特别行政区法院的角色定位

处于中国主权下同时又享有高度自治权力的香港法院,其在香港本地以及内地与香港关系中的地位和定位具有多重性。因此,结合《基本法》的有关规定和回归后香港法院的司法实践,可以从香港特别行政区法院与全国人大、与内地法院的关系,以及香港特别行政区法院司法取向等多个角度考察香港特别行政区法院的角色定位。

第一节　中国主权下的香港法院

回归之后的香港法院的角色定位问题必须从"一国两制"基本方针和《基本法》的具体规范着眼。"一国两制"首先意味着"一国",即中国的主权统一和领土完整,香港是中国主权下的地方行政区域;而"两制"则意味着香港特别行政区"高度自治"、"港人治港"。因此,就中国主权和香港特别行政区的关系而言是非常清楚和毫无疑问的,并在《基本法》中有着明确而具体的规范。《基本法》第2条规定,全国人民代表大会授权香港特别行政区依照该法的规定实行高度自治,享有行政管理权、立法权、独立的司法权和终审权。根据该条的规定可以发现,就香港法院而言,其司法权和终审权是由全国人大授权的,这是其权力的根本来源,是中国国家司法主权在香港的表现。另外,香港法院的司法权和终审权与香港特别行政区的行政管理权和立法权在自治程度上有较大差别。在行政权方面,《基本法》第 43 条规定香港的行政长官对中央政府负责,在立法权方面,《基本法》第 17 条规定,全国人大常委会可以发回香港立法会的立法,可见后者对全国人大常委会负责。但是对司法机构则没有限制,完全独立。而"独立"的司法权和终审权则意味着香港法院获得了相当大的司法权力,甚至超越了某些联邦制国家中州法院的司法权。所以香港法院作为地方行政区域司法机关所享有的司法权力是较为独特的。

一、香港特别行政区法院与全国人大及其常委会的关系

由于香港法院的司法权直接源于全国人大的授权,同时由于《基本法》第 158 条规定了全国人大常委会和香港法院都有权解释《基本法》,并成为香港法院与全国人大常委会解决权力划分的主要机制,因此香港法院与全国人大及其常委会的权力划分和配置关系是考查中国主权条件下和"一国两制"方针下香港法院角色定位的首要的和关键的问题。

关于香港法院与全国人大及其常委会的权力划分机制最直接的规定是《基本法》第 158 条。该条规定了《基本法》的解释权属于全国人大常委会;全国人大常委会授权香港特别行政区法院在审理案件时对《基本法》关于香港特别行政区自治范围内的条款自行解释;香港特别行政区法院在审理案件时对《基本法》其他条款也可解释,但是对于关于中央人民政府管理的事务或中央和香港特别行政区关系的,而且解释又影响到案件的判决的条款,在作出不可上诉的终局判决前,应由香港终审法院提请全国人大常委会解释有关条款。在 1999 年之前,香港法院和全国人大常委会并未就该条款的适用产生纷争,但是 1999 年香港终审法院在"吴嘉玲"案件判决中没有按照第 158 条的规定提请全国人大常委会解释《基本法》相关条款,并声称香港法院

有权审查香港法律是否符合《基本法》、有权审查全国人大及其常委会的立法行为。由此引发了内地与香港各界关于香港法院司法权力界限，以及与全国人大常委会关系的讨论。争议的核心主要集中在香港法院是否有审查香港本地立法和全国人大立法的权力，以及对《基本法》解释权的划分。

(一) 香港法院与全国人大对香港本地立法审查权的问题

《基本法》第 17 条规定了香港立法机关通过的法律须向全国人大常委会备案，如果全国人大常委会认为该法律有关中央管理的事务及中央与特别行政区关系的条款不符合《基本法》，可以将有关法律发回，该法律并不生效。可见，对于香港本地立法，全国人大常委会具有监督的权力。但是，如果香港本地立法并未涉及有关中央管理的事务及中央与特别行政区关系，那么又应当由谁来审查和监督呢？显然，在此种条件下，《基本法》并没有规定全国人大常委会可以对香港自治范围内的本地立法进行审查的权力。但是，从香港的普通法传统中恰恰能够引申出香港法院对此的审查权力。事实上，在香港回归前的一系列判决中，香港法院就已经对本地立法进行了司法审查。当然，在"吴嘉玲"案件中终审法院直接宣告废止本地法律有关条款是超出其职权范围的，因为在《基本法》和香港政制体制中都没有相关规范或惯例赋予其这种权力。香港法院可以审查并宣告本地法律违反《基本法》，但无权废止该法律。

在《基本法》并未对上述问题作进一步明确规定之前，由全国人大常委会和香港法院按照不同事权分享对香港本地法律的审查权，是一种较为可取的安排方式。一方面在涉及中央管理的事务及中央与特别行政区关系问题上体现了中国主权，同时对于香港自治范围内的事务又能够保障香港的高度自治以及发挥香港政制体制中司法机关护法作用。

（二）香港法院对全国人大立法行为审查的问题

香港终审法院在"吴嘉玲"案件判决中声称香港法院有权审查全国人大及其常委会的立法行为后，立即引起了中央政府以及全国人大常委会的强烈反应，以及香港本地人士的批评。在全国人大常委会对《基本法》相关条款作出解释后，终审法院发表声明，承认全国人大常委会对《基本法》的解释权是不能质疑的，全国人大及人大常委会依据《基本法》的条文和《基本法》所规定的程序行使任何权力是不能质疑的，并通过之后的"刘港榕"案件推翻之前的判决。

十分显然，香港法院的司法权力是由全国人大授权的，虽然享有独立的司法权和终审权，但无论从国家的主权统一，还是《基本法》规范上都无权审查全国人大的立法行为。换一个角度，全国人大的立法行为也属于涉及中央人民政府管理的事务或中央和香港特别行政区关系的，即使按照《基本法》的有关规定，香港法院也是无权审查的。

（三）香港法院与全国人大常委会在《基本法》解释机制中的关系问题

"吴嘉玲"案件中暴露出了香港法院与全国人大常委会在《基本法》解释机制中的不同认识，同时也反映出《基本法》对此的制度层面上的安排不足。

目前的《基本法》中没有明确规定当涉及到《基本法》解释的纠纷发生时，如何确定该事项是否属于涉及《基本法》解释的范畴，以何种标准、由谁来确定。因此，两地的有关机关便分别按照各自的理解和立场进行解释。例如，全国人大常委会认为香港法院应主动就不明之处请示中央，而香港法院则倾向于由其自行判断。事实上，即使是对《基本法》第 19 条规定的香港法院无管辖权的国防、外交事务，也需要由某一机构来先决地判断争议对象是否属于该类别。可见，除了在法律上界定范围外,还应当规定界定范围的主体。

此外,如果香港法院无权管辖有关事项或其否定了自己的管辖权,而《基本法》又没有明确提供其他途径,这就使得某些纠纷的处理又出现制度上的难题。《基本法》虽然对中央与特别行政区的权力进行了划分,并规定香港的权力来自于授权,但是,香港《基本法》并未进一步规定其他法律机构拥有对未尽事宜的管辖权。这就使得一部分法律争议需要通过政治机构(全国人大常委会)来解决。但是,政治机构的运行规则与法律机构不同,特别是政治机构缺乏法律机构的程序设置与专业判断,因此更加可能导致不和谐。[①]

当然在面对这样的制度不足时,全国人大常委会首先通过已有制度设计内的对《基本法》具体条款进行解释的方式表达了对其权力不容质疑的立场。而香港法院也在事后通过补充判决对全国人大及其常委会的权力表示了尊重。这些都是从已有制度框架内双方所进行的努力。而正如有的学者所指出的,在这样一个过程中,还存在着非制度性的协调方案。从两地互动的经验观察,这些非制度性方案包括谨慎行使权力、关注民意动向、确立柔性规则等内容。在中央政府方面,全国人大常委会通过发言人明确表示,将谨慎运用《基本法》解释权。这一方面清晰地传达出全国人大常委会对避免正面冲突的慎重态度,另一方面则重申了对自己解释权的保留。换言之,全国人大常委会以非刚性的承诺表示了对香港司法机构的尊重。另外,全国人大常委会在行使权力时也充分关注民意,作为政策选择的重要参考因素。例如,在《国安条例》事件中,考虑到香港市民的负面反应,香港政府与中央最终放弃了对《基本法》第 23 条进行立法。全国人大常委会在其后两次

[①] 程洁:《论双轨政治下的香港司法权——宪政维度下的再思考》,载《中国法学》,2006 年第 5 期,第 54 页。

法律解释之前,也充分参考民意调查的结果,在此基础上对不同方案进行权衡,从而作出香港社会基本能够接受的解释。可以说,引入民意指标使部分香港人士所关注的《基本法》中的程序正义问题被实体正义(民意)淡化了。在程序合法性尚未充分解决的前提下,民意的支持或不反对构成了实体正义的基础,冲淡了关于程序正义的讨论,因而也属于一种非制度取向的方案。最后,香港终审法院和全国人大常委会,都不断地通过"个案"创造规则。例如,终审法院通过个案宣告其所主张的司法权力。而全国人大常委会则通过三次释法,形成国务院提请释法与人大常委会自行释法两种启动释法的程序。虽然上述释法程序可以在《立法法》中找到根据,但是以立法法和人大的议会规则适用于《香港基本法》所规定的释法权,仍然具有先例属性。通过先例确定的规则虽然可能引起争议,但是在规则的合法性与权威性未经正式挑战并获得事后追认的情况下,先例就构成了规则。这种柔性的规则形成方式也是非制度性解决方案。①

从长远的角度考虑,香港法院与全国人大常委会的权力关系本质上取决于双方给各自权力界限的准确界定。全国人大常委会应当慎重使用对《基本法》的解释权,对香港法院应当有充分的信任。而香港法院也应当在司法实践中细致区分法律问题和政治问题,对于法律问题应留待其他机关处理,从而保证司法机关的独立性和客观性,对于全国人大及其常委会的权力也应当保持足够的尊重。

二、香港特别行政区法院与内地法院的关系

香港法院在回归之后,与内地法院的关系也发生了重要变化。回

---

① 程洁:《论双轨政治下的香港司法权——宪政维度下的再思考》,载《中国法学》,2006年第5期,第49页。

归之前,香港法院即使与内地发生司法方面的联系,也是按照国际惯例和国际条约的规定解决问题。但是回归后,香港与内地已是一国内部不同地区或地方与中央之间的关系。同时香港与内地的地方司法机关以及中央司法机关之间也不是单纯的地方与地方或地方与中央的关系,而是特别行政区与其他地方或特别行政区与中央的关系。香港与内地之间的司法机关不但会发生法律适用方面的冲突,而且会发生管辖权、判决效力承认等方面的冲突,另一方面,基于"一国两制"的政治前提,香港与内地之间的司法机关也会更多地强调互相协调与合作,以现实地面对共同的司法问题,如两地之间的司法协助以及判决的承认和执行等。

目前香港与内地之间不大可能制定一部像西方联邦制国家那样适用于联邦内部的区际冲突法,这有传统习惯方面的因素,也有心理意识方面的差异。这就既要求香港的司法人员和机关与内地的法律工作者和司法机关彼此熟悉对方的法律以及相关的法律适用的规则,这样才能协调香港与内地诸多的法律冲突。

通过《基本法》第 95 条所规定的框架,目前香港与内地法院之间较为有效的合作是在民商事法律领域内就司法协助与合作达成数项协议,并分别通过香港本地立法和最高人民法院司法解释方式加以落实。至今香港特别行政区与最高人民法院已经订立了三项民商事司法互助安排,分别是《关于内地与香港特别行政区法院相互委托送达民商事司法文书的安排》[①]、《关于内地与香港特别行政区相互执行仲裁裁决的安排》[②]

[①] 该"安排"于 1999 年 3 月 30 日生效。最高人民法院以司法解释方式(法释[1999]9 号)公布该"安排",香港高等法院规则委员会通过修订《高等法院规则》第 11 及 69 号命令以执行该"安排"。

[②] 该"安排"于 2000 年 2 月 1 日生效。最高人民法院以司法解释方式(法释[2000]3 号)公布该"安排",香港立法会通过修订《2000 年仲裁(修订)条例》以执行该"安排"。

和《关于内地与香港特别行政区法院相互认可和执行当事人协议管辖的民商事案件判决的安排》[1]。

由于《关于内地与香港特别行政区法院相互认可和执行当事人协议管辖的民商事案件判决的安排》(简称"《安排》")涉及到对两地法院判决效力的承认和执行问题,所以格外引人关注。在此对该《安排》的主要内容作简要介绍。

(一)关于《安排》的适用范围

《安排》规定,内地人民法院和香港特别行政区法院在具有书面管辖协议的民商事案件中作出的须支付款项的具有执行力的终审判决,当事人可以根据本安排向内地人民法院或者香港特别行政区法院申请认可和执行。

在民商事案件范围方面,香港方面曾建议两地相互予以执行的商事判决仅限于涉及商业合约的判决。商业合约是指合约各方代其所属的行业或专业行事的合约,并不包括关于婚姻事宜、遗嘱和继承、破产和清盘、雇佣和消费者事宜等合约。建议安排之所以将予以承认与执行的"判决"范围限定在"涉及商业合约"的判决,主要考量了如下因素:(1)在两地法院"涉及金钱的判决"中,占多数比例的是"涉及商业合约的判决",随着中国入世和 CEPA 实施,涉及两地当事人的商业纠纷将会有所增加,他们这方面的合法权益急需得到保护;(2)由于内地与香港两地对于诉讼双方在离婚后的财产处理原则不同,因而初步的安排以"先易后难"为原则,先处理商业案件,婚姻诉讼则稍后才处理;(3)将相互执行判决的安排先集中于处理商业合约,也可配合政府当局把特别行政区发展成为解决商业纠纷中心的政策。[2] 以上限制实际上缩小

---

[1] 该"安排"于 2008 年 8 月 1 日生效。最高人民法院以司法解释方式(法释[2008]9号)公布该"安排",香港立法会通过制定《内地判决(交互强制执行)条例》以执行该"安排"。

[2] 香港立法会 CB(2)248/04205(05)号文件。

了原来可通过普通法程序在港获得执行的判决范围。《安排》最终采取了"特定法律关系"的表述方法,即当事人之间的民商事合同,不包括雇佣合同以及自然人因个人消费、家庭事宜或者其它非商业目的而作为协议一方的合同,其基本内容与"商业合约"相吻合。

《安排》所称"书面管辖协议",是指当事人为解决与特定法律关系有关的已经发生或者可能发生的争议,自本安排生效之日起,以书面形式明确约定内地人民法院或者香港特别行政区法院具有唯一管辖权的协议。香港方面曾建议安排只适用于特别行政区或内地法院的某些判决,并且还需满足两个条件:商业合约的各方已同意其中一地或两地的法院将有司法管辖权;有关的选定诉讼地的条文必须是有效的。[1] 但是该建议未被最后文本采纳。

关于终审判决问题。香港曾建议只执行"最终且不可推翻"的判决,而《安排》中则规定为"具有执行力的终审判决"。根据香港的判例,内地法院的判决,虽然已经过二审,但仍被视为"非终局"及"可推翻"的判决,原因是内地法制跟香港法制存在着本质上的差异,尤其是国内法院需要接受人大、检察机关的监督。对于判决的终局性这一双方争议最大的问题,大陆方面强调,对案件进行再审的程序很少运用,并且只可根据内地的法律在有限情况下进行,而且内地司法制度在近年已有显著改善,并且内地在这方面拟制定并实施特别程序,以使内地"判决"大致符合香港法院所订立的有关执行内地判决的要求。

具体而言,"具有执行力的终审判决"在内地是指:最高人民法院的判决;高级人民法院、中级人民法院以及经授权管辖第一审涉外、涉港澳台民商事案件的基层人民法院依法不准上诉或者已经超过法定期限没有上诉的第一审判决,第二审判决和依照审判监督程序由上一级人

---

[1] 香港立法会 CB(2)248/04205(05)号文件。

民法院提审后作出的生效判决。"具有执行力的终审判决"在香港特别行政区是指终审法院、高等法院上诉法庭及原讼法庭和区域法院作出的生效判决。《安排》所称的判决,在内地包括判决书、裁定书、调解书、支付令;在香港特别行政区包括判决书、命令和诉讼费评定证明书。

(二)关于相互认可和执行判决的条件和效力

《安排》第9条规定,对申请认可和执行的判决,原审判决中的债务人提供证据证明有下列情形之一的,受理申请的法院经审查核实,应当裁定不予认可和执行:(1)根据当事人协议选择的原审法院地的法律,管辖协议属于无效。但选择法院已经判定该管辖协议为有效的除外;(2)判决已获完全履行;(3)根据执行地的法律,执行地法院对该案享有专属管辖权;(4)根据原审法院地的法律,未曾出庭的败诉一方当事人未经合法传唤或者虽经合法传唤但未获依法律规定的答辩时间。但原审法院根据其法律或者有关规定公告送达的,不属于上述情形;(5)判决是以欺诈方法取得的;(6)执行地法院就相同诉讼请求作出判决,或者外国、境外地区法院就相同诉讼请求作出判决,或者有关仲裁机构作出仲裁裁决,已经为执行地法院所认可或者执行的。

此外,如内地人民法院认为在内地执行香港特别行政区法院判决违反内地社会公共利益,或者香港特别行政区法院认为在香港特别行政区执行内地人民法院判决违反香港特别行政区公共政策的,不予认可和执行。由于两地分属不同的法系,而且在法律制度和社会制度上存有巨大的差异,保留"公共秩序"条款作为拒绝承认和执行对方判决的理由不仅可以兼顾双方不同的利益,也符合"两制"的原则。不过,这一条款在区际司法协助中的适用应比在国际司法协助中受到更为严格的限制,尤其是香港特别行政区法院在援用该原则时不能与中国的主权、安全和国家的根本利益相抵触。①《安排》还规定，根据本安排而获认可的判决与执行地法院的判决效力相同。

(三)关于对不予认可和执行的判决的救济

《安排》规定，当事人对认可和执行与否的裁定不服的，在内地可以向上一级人民法院申请复议，在香港特别行政区可以根据其法律规定提出上诉；对于根据本安排第 9 条不予认可和执行的判决，申请人不得再行提起认可和执行的申请，但是可以按照执行地的法律依相同案件事实向执行地法院提起诉讼。

就该《安排》的内容而言，关于两地法院相互认可和执行判决的限制还比较多，适用范围还比较狭窄，与理想中的两地司法协助目标尚有一定差距。但是，通过两地法院在实践中的不断努力、探索，相信两地法院的合作将会不断取得新的成果。

第二节 司法消极主义与司法积极主义

一、香港法院的司法消极主义传统

法院在司法实践中不可避免地会面对政治问题的挑战，尤其是在涉及司法审查或违宪审查问题中。因此，法院在如何解释和适用宪法或宪法性法律问题上，可能存在着两种不同的方式和倾向，即"司法积极主义"(或称"司法能动主义")和"司法消极主义"。根据我国有关学者的研究，"司法积极主义"是指法院首先积极地进行宪法性判断(第一层次)，进而积极地做出违宪判断(第二层次)；"司法消极主义"则指法

---

① 朱湘黔：《试评〈关于内地与香港特别行政区法院相互认可和执行当事人协议管辖的民商事案件判决的安排〉》，载《法制与社会》，2007 年 4 月，第 480 页。

院不轻易进行宪法判断,或者即使在第一层次上积极做出宪法判断,但是在第二层次上则对做出违宪判断保持消极的态度。[①]"司法积极主义"或"司法消极主义"的取向不仅决定了法院法律适用、法律解释的立场和模式,而且会对法院与其他国家机关的关系产生重要的影响。

在回归前港英政府的统治下,香港法院坚持着"司法消极主义"的立场和态度。这一方面是由于英国法传统中较为奉行"司法消极主义",在议会主权模式下,法院即使享有高度的司法独立性,对于通过司法审查来解决某些宪法性问题,特别是政治问题的方式也同样保持了高度的审慎。这一英式政制传统对香港法院有着深远而长久的影响。此外,当时的香港政治体制是以"行政主导"为原则,香港法院行使的司法权相对于行政权和立法权属于权力较弱,所以对行政和立法的司法干预也秉持谨慎的态度。

虽然香港法院长期秉承司法消极主义传统,对政治问题采取消极甚至是回避的态度,但是这并不意味着其在所有"涉宪"案件中始终会无所作为,一些类似于美国司法违宪审查的观念和做法逐渐开始影响香港法院的态度和实践。尤其是在1991年香港制定《香港人权法案条例》之后,在某些涉及人权保障的案件中,香港法院也开始尝试采用司法积极主义的态度和方式,宣示了其对法院违宪审查功能的关注和追求。例如,香港上诉法院在"R v. Chan Chak-fan"一案中指出,"《人权法案》是在香港适用的《公民权利和政治权利国际公约》的体现。因此,任何与《人权法案》相抵触的立法都是违宪的,法院作为宪法的监护者将会予以推翻"。[②] 由此可见,香港法院在对于人权保障的法律适用和法律解释方面还是会采取一定的司法积极主义态度和方式。然而,就

[①] 林来梵:《从宪法规范到规范宪法》,法律出版社,2001年版,第411页。
[②] 转引自陈弘毅:《〈香港特别行政区基本法〉的理念、实施与解释》,载《法理学的世界》,中国政法大学出版社,2003年版,第350页。

总体而言,香港法院在回归之前仍是以司法消极主义为基本立场。

二、司法积极主义对香港法院的影响

尽管司法消极主义是香港法院长期以来的传统,但自 20 世纪 90 年代以来,特别是 1997 年香港回归之后,香港法院尤其是香港终审法院在其司法实践中越发受到司法积极主义的影响,并表现为对法律适用、法律解释等司法技术,以及对法院在政制和法制中功能认识等方面的诸多变化。

香港回归之后,香港法院尤其是终审法院在法律解释方法上不仅采用文本解释方法,而且更多地采取了目的解释方法。此种目的解释方法的应用不仅使法院在个案中能够更充分地考虑有关法律规范的社会效果和政治效果,而且还能通过更为直接的违宪审查方式和判例法"遵循先例"原则,将既有法律规范与特定政策环境相结合,不仅确立了相关法律规范在司法层面上的具体含义,而且也为今后立法活动和法律发展提供了重要的方向指引。例如,香港终审法院在 2000 年关于"新界"原居民案件中判决,新界地区相关村代表人士的选举安排与《香港人权法案条例》和《性别歧视条例》相抵触。[①] 该判决直接引起香港社会重新审视和检讨有关法律,并促使立法会于 2002 年通过《村代表选举条例》,以符合终审法院的判决。

香港法院的司法积极主义倾向并非单纯的司法技术上的转变,更为根本地在于回归后香港法院,特别是终审法院角色和功能的重要变化。根据《基本法》的规定,终审法院对《基本法》具有一定范围内的司法解释权,是香港立法、行政、司法机关三者中唯一享有《基本法》解释权的机关。这种独特的"护法者"角色使得香港法院更容易获得司法积

---

① FACV13/2000;[2000]3 HKLRD 641.

极主义的冲动。因此,在香港回归之初,香港法院在司法实践中,特别是对《基本法》的解释过程中呈现出较为明显的司法积极主义倾向,香港终审法院在"吴嘉玲"案件中的判决是其最为典型的表现。

尽管司法积极主义有其积极可取的因素,但是它也不能超越法院在国家机构中的基本属性和在法治秩序中的基本地位。由司法机构主导的违宪审查体制源自美国,而在司法审查范围最为广泛的美国,司法机构享有违宪审查权的一个关键性的理由则是司法机构属于"最小危险的部门",不过美国的司法机构也确实在某种程度上受到政治性的控制。相比较而言,回归后的香港法院的独立性事实上要远远高于美国的最高法院。所以一旦香港法院过于干预行政权和立法权,又缺少对这种干预的有效制约,将会影响香港政制的平衡和稳定,甚至会导致与中央政府的紧张关系。在"吴嘉玲"案件中,这种激越的司法积极主义所产生的消极影响已经初露端倪。

此外,法院对其他国家机关的干涉,也可能会起到政治问题法律化的效用。事实上法律并非是万能的,法律问题和政治问题的解决途径是有很大差异的。而作为非民选的司法机关要面对民选的立法机关或行政机关首长,过于主动地干预政治问题,也可能会陷入自己无法控制的尴尬局面,并降低社会公众对司法机构的信任。所以法院比较多的时候还是应当采取自我约束的态度,尽量避免干预行政权和司法权,有些属于公共政策的事项,属于行政权范围,法院可以拒绝法律解释,采取一定的回避态度。或许是通过"吴嘉玲"案件的争论和检讨,香港法院尤其是终审法院意识到激进的司法积极主义在香港政制和法制环境中将产生严重的消极作用,所以近年来香港法院开始在司法实践中逐渐回归到有节制的司法消极主义方向上,并且努力在司法积极主义和消极主义之间寻求平衡。

第八章　香港特别行政区法院的司法审判

　　法院作为司法机关承担着法律实施的重大职责,使法律自身的正义和公平价值通过具体有形的、可见的方式得以彰显和实现。司法审判制度是法院以及当事人为解决案件而进行各种法律活动时必须遵守的规范体系,而不同法系、不同国家和地区的法院司法审判制度在各自长期发展过程中也呈现出不同的特点和面貌。由于历史的原因,香港法院中所实施的司法审判制度承袭了英国的司法和诉讼制度,具有明显的普通法特点。即制定法和判例法构成了其司法审判制度的主要法律渊源;诉讼制度较为复杂,不同法院实施不同的诉讼规则;实体法与程序法相混合,司法救济手段与诉讼程序措施相联系等。

　　上述这些特点在香港回归后并未消失,因为《基本法》有关规定使得香港法院的司法审判制度得以整体保留。《基本法》规定,香港特别行政区各级法院行使香港特别行政区的审判权;原在香港实行的司法体制,除因设立香港特别行政区终审法院而产生变化外,予以保留;香港法院审判案件,其他普通法适用地区的司法判例可作参考。所以,香港法院司法审判制度在民事、刑事和行政诉讼方面仍旧体现了浓厚的普通法系的传统。

第一节　香港法院的民事审判

一、香港法院民事审判的法律渊源

香港法院并没有统一的民事审判制度,而是由制定法、判例法和习惯共同组成。其法律渊源以制定法为主,集中表现在规制各级法院的诸多条例中。例如,《终审法院条例》、《高等法院条例》、《区域法院条例》、各审裁处条例和《证据条例》等。此外,一些经立法会授权、由香港法院内设的规则委员会所制定的附属立法,如《终审法院规则》、《高等法院规则》、《区域法院规则》等,也为民事审判提供了法律规范。这些法律渊源适用于不同法院的民事审判活动,各成系统,具有相对的独立性。但是,就民事诉讼程序的构架而言,终审法院和高等法院的相关规范和制度具有相对的完整性和普遍性特点。因此,当区域法院、各审裁处的民事审判制度和程序规则未有明确规定时,终审法院和高等法院的相关规范和制度也能参考适用。

由于普通法和衡平法也是《基本法》所规定的香港法律渊源组成部分,而且在长期的司法实践中,各级法院特别是高等法院(香港回归前的最高法院)就民事审判积累了大量的判例,所以依照普通法的"遵循先例"原则,有关民事审判和程序的判例法也成为香港法院的法律渊源之一。不少重要的民事诉讼和审判的原则和理念,例如"救济先于权利"、"程序优先于权利"等,都是通过判例法来加以确立和实施的。另外,香港本地的一些习惯在民事审判中也能起一定的参考和辅助作用。

二、香港法院民事审判的基本原则

香港民事审判采取普通法系所惯用的抗辩式模式或者说当事人主

义,目的是为了限制司法权力在审判中的过度扩张,以保障司法的公正、权威和当事人的合法权利。基于这种诉讼模式和理念,香港法院民事审判制度的基本原则表现为以下几个方面。

(一)平等原则

民事审判活动中的平等原则根源于平等权这一基本人权。平等权要求法律禁止任何的歧视,所有人得到平等和有效法律保护。这就意味着在民事诉讼中,无论当事人为个人或者法人、社会组织、政府部门,无论当事人个体性有何差异,无论是原告或者被告,所有当事人作为民事诉讼主体的法律地位一律平等,具有同等的诉讼权利和义务。如因经济原因无法聘请律师,当事人还可以申请和获得法律援助。平等原则是抗辩式诉讼模式的价值前提和规范基础。

(二)处分原则

处分原则指民事诉讼当事人可以依法自由处分自己的实体权利和诉讼权利。当事人得自由决定是否起诉,是否反诉,是否放弃诉讼请求,是否撤回起诉等。处分原则是私法自治精神在民事诉讼领域中的延伸和递展,是当事人主义诉讼方式的核心内容。

(三)辩论原则

辩论原则指在法官的主持下,当事人各方有权就案件的事实问题和法律问题进行争议,各自陈述自己的主张和根据,并且有权就对方的主张进行反驳。辩论原则的适用是法院和法官发现事实与法律、作出法律判断的重要途径。具体而言,辩论原则包括了三方面的内容:第一,法院不能以当事人没有主张过的事实作为判决的事实依据;第二,法院应当将当事人之间无争议的事实作为判决的事实依据;第三,法院对证据的调查只限于当事人双方在辩论中所提出来的事实。对于当事人没有主张的事实,即使法官通过职权调查已实现自由心证,仍然不能作为裁判的基础。

（四）公开原则

公开审判也是香港人权法律规范的基本要求，能够保障整个司法审判活动——无论是当事人还是法官的行为，都能得到公众和社会的监督，以促进司法公正以可见的方式得到实现。当然，如果案件涉及国家和商业秘密或个人隐私等情况，法院也可允许不公开审理。

三、香港法院的民事司法管辖权

香港有权审理第一审民事案件的法院为高等法院原讼法庭、区域法院和各审裁处，而高等法院和终审法院审理相应的上诉案件。香港各级法院的民事司法管辖权的范围皆有差异，而且分别由各自法院条例所确定。总体而言，香港法院的民事司法管辖权可以分为以下几类。

（一）级别管辖

级别管辖是根据民事案件的性质、案由、金额、程序繁简等确定各级法院对第一审案件的管辖权。关于香港各级法院的一审级别管辖范围，可以参见第三章"香港特别行政区的法院组织"的相关内容，在此不再赘言。

（二）地域管辖

地域管辖指在级别管辖的基础上，以地域为标准确定具体的香港法院的管辖范围，通常包括一般地域管辖、特殊地域管辖、选择管辖、移送管辖和指定管辖。

1. 一般地域管辖。香港法院通常按照被告所在地确定管辖。被告所在地可以是被告人主要业务所在地或其住所地。

2. 特殊地域管辖。有关不动产确权，或者不动产抵押，或不动产其他性质的利息，或不动产因损害赔偿，或不动产衡平法之救济等诉讼，由物产所在地法院管辖。

3. 选择管辖。对于某些诉讼，如果被告人或者共同被告人有不同的住所地或营业地,原告可以选择具有管辖权的几个法院中的一个提起诉讼。

4. 移送管辖。具有管辖权的法院接受原告起诉后,发现案件不属于本院管辖时,应当查明对该案有管辖权的法院,并主动将案件移送至有管辖权的法院。例如《区域法院条例》中规定在某些情况下,高等法院和区域法院之间可以相互移送管辖。

5. 专属管辖。香港有关条例规定了某些类型的案件必须由特定的法院或审裁处管辖,是为专属管辖。例如,凡是涉及雇员补偿和歧视的案件,都必须先由区域法院进行审理。又如,小额钱债审裁处对任何就合约、准合约或侵权行为而提出的金额不超过 5 万元的金钱申索案件具有专属的司法管辖权。

四、香港法院民事审判基本程序

尽管香港各级法院和审裁处的民事审判程序不尽相同,但是香港法院依然存在一个体现了民事审判基本原则的框架。该框架性的基本程序分为若干阶段,对于各级法院和审裁处都基本适用,构成了香港法院民事审判制度的核心程序。

(一)起诉

一般情况下,在香港法院和审裁处提起的诉讼因诉讼目的、案由和涉及事项的不同而可以有 4 种起诉方式。

1. 诉状(传讯令状)方式。令状是普通法诉讼制度中特有的产物。诉状(传讯令状)是一般性的、通用的起诉方式,除法律另有规定外,大部分诉讼可以用诉状(传讯令状)形式在香港高等法院原讼法庭或区域法院提起。传讯令状是法院签发给原告,并由原告送达给被告,要求被告出庭参与诉讼的法律文件。

在高等法院原讼法庭或区域法院,如果有关的法律程序出现以下情况,则必须以传讯令状方式展开:第一,原告就任何侵权行为(侵入土地除外)而提出要求任何救济或补救的申索;第二,原告的申索是基于诈骗指称而提出的;第三,原告就违反责任提出损害赔偿申索(不论有关责任是凭借合约或凭借由任何成文法或根据任何成文法订立的条文而存在,抑或是无须任何合约或任何该等条文而存在),而所申索的损害赔偿是由就某人的死亡或某人的人身伤害或任何财产的损毁而要求的损害赔偿所组成,或是包括该等损害赔偿的;第四,原告就侵犯专利而提出申索(不适用于区域法院)。

在传讯令状中,原告必须依照规定的格式填写诉讼程序通知书、文件送达认收书,并同诉讼费一起交予法院。法院初步审查后,经登记编号诉讼即为开始。在取得令状的同时或其后的指定时间内,原告还需提交一份《陈述书》,以详细说明其事实和法律依据以及诉讼请求。

2.原诉传票方式。该种方式也适用于高等法院原讼法庭或区域法院管辖的案件。适用原诉传票方式开展的案件和法律程序包括:第一,如果其中唯一或主要的有争论的问题,是关于或相当可能是关于任何成文法、任何根据成文法订立的文书、任何契据、遗嘱、合约或其他文件的解释,或是关于或相当可能是关于另一法律问题;第二,如果其中相当不可能有任何实质事实争议的。

原诉传票的内容必须包括一项关于原告向原讼法庭所寻求裁定或指示的问题的陈述,或者一项关于在凭借该原诉传票所开展的法律程序中所申索的救济或补救的扼要陈述,后者必须载有足够的详情,以识别原告申索该救济或补救的诉讼理由。

原诉传票的签发与传讯令状相同。用原诉传票起诉,原告必须按照指定格式填妥原诉传票、申请通知书、诉讼程序通知书和文件送达认收书,连同诉讼费一并交法院。法院受理并编号后会在申请通知书上安排首次聆讯的日期。与传讯令状和原诉动议方式不同,原诉传票程序的认收书十分简单,与讼人只需在认收书内表明是否打算对原告的请求提出抗辩、是否请求法院宽限处理。

3. 原诉动议和呈请书方式。该种方式主要适用于涉及公司和个人破产、婚姻效力、行政请愿等案件。例如,请求法院推翻婚姻、宣告离婚或婚姻无效等案件中,当事人应当向法院提交一份原诉动议书,注明结婚的日期、地点、诉愿人的请求及其依据等内容。当原告向法院提交原诉动议书、其他法律文件和诉讼费之后,法院对其核对、编号,即为受理案件。

4. 申请表格。向各审裁处提交的起诉应当以规定的格式提交申请表格,表明相关的申请依据和诉讼请求。

(二)送达文件与交换状书

原告起诉后应当将相关的诉讼法律文件送达至被告。虽然有些文件按规定由法院负责送达,但是主要还是由原告负责送达至被告。被告必须收到送达文件后的14日内签收送达确认书,否则原告可以申请法官作出不应诉判决,判决被告败诉。被告在确认文件送达后的14日内可以提出抗辩书或反诉状。同样,原告在收到被告的抗辩书或反诉状后的14日内,有权提出针对抗辩书的答复书或者针对反诉状的抗辩书。这个诉讼双方交换状书的过程即普通法民事诉讼程序中典型的"发现"程序,其目的在于使诉讼双方及时了解对方的立场和依据,同时也能够使法官便捷地了解双方的争议焦点。由于未在状书交换程序中涉及的事实一般不得在诉讼中主张,所以交换状书也能够避免审理时的突然性,也有利于提高审判效率和公正性。

通常由原告发出和送达的状书包括申请书、反驳书、反诉答辩书等。而由被告发出的状书包括答辩书、反诉书、复辩书等。可以由双方或任何一方发出的状书包括索取详情书、提供详情书和书证清单等。各类状书须在7—28天的法定期限或法院指定期限内送达对方,并呈送法院一份存档。状书在发出之后,经法院批准可以修改。在经过一轮或几轮的交换状书后,原告应当向法院请求安排聆讯日期。

(三)中途聆讯

香港法院在民事审判中会经常进行中途聆讯,虽然中途聆讯并非民事审判中的必经程序。法院进行中途聆讯的主要目的在于解决开庭前的准备阶段所出现的一些影响诉讼程序进行的枝节性问题。这些枝节性问题通常包括:(1)诉讼一方要求法院发出中间禁令,阻止对方在案件结束之前继续采取某些行动。禁令源于衡平法,是衡平法最重要的救济方式之一。法院签发中间禁令后,被告不得继续实施不法行为或停止实施威胁性的行为,从而使判决利益在案件审结前得以保全。其效果类似于诉讼保全制度。当法院认为所有法院都会认为这样做是公正的或者合适的情况下,法院就会作出中间禁令。中间禁令不必与诉讼程序所指向的救济相一致。例如,在支付特定金额或损害赔偿的诉讼中,法院的中间禁令可能是限制被告将财产转移到法院管辖地域以外的地区。作为替代禁令的办法,法院往往会接受被告提出的保证。① (2)一方认为对方的状书语义不详,要求对方澄清。(3)一方认为对方故意拖延诉讼,要求法院采取催促措施。(4)一方想得到其他的中间救济。

通常需要中途聆讯的事项具有临时性和紧迫性,而且中途聆讯并非法院的最终判决,因此法院一般并不要求申请中途聆讯的当事人提供明确无误的证明,而只要求达到"大概如此"的程度即可。当然,如果中途聆讯的结果与最终判决不一致,则以最终判决为准。

(四)审理

当法院认为双方当事人的状书都已经交换完毕,并做好了相应的

---

① 汤维建、单国军:《香港民事诉讼法》,河南人民出版社,1997年版,第71页。

准备，法官即会开庭审理。法庭审理由法官主持和控制，审理中的程序集中在当事人的发言顺序和证据认定方面。

一般的庭审程序包括：(1)原告与被告分别向法官陈述几方主张的案件事实和法律依据；(2)原告传召并询问几方证人，在被告询问原告方证人后，再由原告补问几方证人，以此重复，直至原告方全部证人作证完毕；(3)当事人双方就原告提供的其他证据进行质证；(4)以前述方式询问被告方证人，直至被告方全部证人作证完毕；(5)当事人双方就被告提供的其他证据进行质证；(6)被告向法庭做总结陈词；(7)原告向法庭做总结陈词。

在法庭审理中一般不允许未曾作证的证人在法庭内旁听。传召证人的一方，不得向其证人提出引导性的问题。已经作证的证人，不得与未作证的证人讨论案情。证人的证词一般不得含有传闻证据。如果有一方当事人违反上述规定，对方有权提出反对，并由法官决定如何解决。

如果民事案件依法应当由陪审团参与审理，则陪审团应在法官的指导下参加庭审，并对案件的事实作出认定。

（五）和解

民事诉讼的当事人可以在法官判决之前的任何诉讼阶段就争议达成和解。和解被香港法院普遍认为是解决诉讼纷争的有效方式。例如在区域法院家事法庭受理的婚姻、家庭案件中，法院首先提倡和鼓励当事人和解。

在香港法院的民事审判中当事人的和解可以分为庭外和解与庭内和解。庭外和解指当事人在诉讼外私下达成协议以终止诉讼。而庭内和解指在诉讼进行中，由法官加以劝导，促使当事人达成和解。通常法官认为和解对双方当事人都有利时，则会在诉讼的任何阶段都提议和解，和解方案可以由当事人或者法官提出。当事人双方同意则和解达成,权利义务关系随即成立,双方不可更改此诉讼。庭内和解与法院审理后所作判决具有同等的效力,一般不易推翻,除非在特殊情况下,有充分理由时才会由法院批准推翻和解并重新审理。

(六)判决

对有陪审团参与的民事案件,由陪审团认定案件事实,法官适用法律。经宣誓的陪审员所作的一致裁决或多数裁决(以7人陪审团为例,则至少须形成5∶2的多数裁决)视为该陪审团的裁决。如果法庭充分地认为该陪审团在裁决上无法意见一致,并且不能达成多数裁决,则法庭可以解散该陪审团,并安排另外选任新陪审团,而该诉讼应当像从未选任过最初的陪审团一样,重新审讯。对于大多数的没有陪审团参与的民事案件,认定事实和适用法律均由法官承担。

香港法院的民事判决分为判决书和得直令两类。判决书的制作是必须的,即使是原来的法官口头判决也必须制作成书面判决。如果案件中当事人的权利义务关系明确,无可争议,则债权人可以申请法院依据其提出的书面申请,不必询问债务人而直接向其发出得直令,注明法庭判决的结论和相应金额,要求债务人履行债务。拥有得直令,胜诉方可以直接申请法院强制执行。

(七)执行

在香港法院中,一审判决一经作出,即产生强制执行的效力,除非得到法院的许可,即使上诉程序已经发生,执行程序的效力也不停止。法院判决后,胜诉方应当将法院判决的得直令送达对方。如果败诉方按照得直令履行义务,则不产生强制执行问题,否则胜诉方即可向法院申请适当的强制执行。法院不会主动采取执行行为,而胜诉方的执行申请是法院开始执行程序的直接依据。

(八)复核与上诉

对于一审法院的判决,当事人如有不服,则可以采取相应的救济措施即请求复核与上诉。

针对土地审裁处、劳资审裁处和小额钱债审裁处的决定,当事人一方可以申请或由审裁处主动依职权进行复核。复核时审裁官可针对事实问题和法律问题,将整宗申索或其部分重新处理及重新聆讯,亦可传唤或聆听新的证据,并可维持、更改或推翻原来的裁定或命令。复核权力的行使,并不阻止任何一方针对该裁定或命令或对复核所得的裁定提出上诉。

针对高等法院原讼法庭、区域法院和各审裁处的判决或裁定,当事人任何一方也可向有管辖权的法院提出上诉。除少量的审裁处裁定可以向高等法院原讼法庭和区域法院上诉外,大部分民事上诉一般情况下由终审法院或高等法院上诉法庭审理,并且需要得到上诉审法院的上诉许可。有关各级法院的上诉管辖权、上诉许可、上诉审程序的规定,可以参见第三章的相关内容,在此不须赘述。

五、香港法院民事审判中的司法救济

香港法院秉承"救济先于权利"、"程序优先于权利"等普通法传统,司法救济与司法程序具有高度的同质性,因此香港法院在民事审判中经常采用各种民事司法救济措施,以便在诉讼程序中实现对当事人实体权利的保障。

(一)民事司法救济类型

1. 对人诉讼之救济与对物诉讼之救济

对人诉讼之救济指原告根据债权要求被告履行义务或满足原告某种需要的司法救济形式。在该司法救济中,原告提起对人之诉,以请求法院作出针对其与被告之间发生争议的金钱和财产权利的对人判决。除了双方当事人,对人判决不对其他任何人或物的法律地位产生影响,仅对败诉方的财产生效,败诉当事人可能需要归还财产或将财产拍卖

以履行判决。

对物诉讼之救济指原告根据财产权利向他人主张某些属于原告的物品的司法救济形式。例如,法院行使海事管辖权时,法院可以作出对物判决,决定某人或某物的法律地位,或者通过发布其归谁所有、征用、没收、出卖或转让的命令来处分物品。

2. 替代性救济与具体救济

替代性救济指法院命令被告以给付金钱的方式补偿由于违约或侵权给对方当事人造成的损失,是作为具体履行的代用品来使用的。出于对司法救济能否得以执行的考虑,针对那些可由被告以外的人履行的替代性债务,法院可以安排替代履行或由法院命令公务人员代替被告履行某种行为,由此产生的必要费用由被告承担。

具体救济指法院按照法律关系的要求,命令被告履行特定的行为。具体救济源于衡平法。援用具体救济需要具备以下条件:(1)普通法的救济不充分、不足够;(2)执行具体救济必须有相当的把握或者不太困难,使被告的作为或不作为能够实现。

在某些情况下,债务只能由被告本人履行,法律上没有直接执行的方法(最多使用藐视法庭、查封财产等措施向被告施压,迫使其履行),所以替代性救济是不可缺少的。在香港法院的司法救济中,要求替代性救济是当事人固有的权利,而具体救济则属于法官自由裁量范围,法官可视具体情况作出是否给予具体救济的决定。①

3. 中间救济与终局救济

中间救济指法官依当事人的请求或依职权采取的保障审判顺利进行的临时性措施或中间程序。在香港法院的民事司法救济中,中间救

---

① 肖建国:《香港民事司法救济法论——以比较法为视角的研究》,载《北京科技大学学报》(社会科学版),2000年第5期,第74页。

济实质就是在主程序中给予当事人某种辅助的临时程序。通常中间救济可以采取中间禁令和中途聆讯的方式。中间禁令也源于衡平法,其适用的效果是使被告不得继续实施不法行为或停止实施威胁性的行为。中间禁令的适用条件包括:(1)有表面证据证明被告负有责任;(2)损害赔偿救济不足以给原告提供合理和足够的补偿;(3)衡量原告现时所受的损害或面临的危险,和被告被法庭命令所造成的不便,两者何为最大。

终局救济指当事人在诉讼中申请法院给予的实质上的救济,包括终局禁令和终局判决。终局禁令是中间禁令在时限上的延伸,即禁令的效力延续到法院作出判决之时,或者将禁令纳入判决之中。此时,禁令就成为了永久性的强制令,禁令的性质由原来的程序上的救济转化为实质上的救济。终局判决是法官对案件的最终判决,由判决书和得直令组成。得直令是胜诉方申请判决执行的依据。[1]

(二)民事司法救济措施

从香港的法律规定和法院实践来看,当事人可以向法院请求的民事司法救济的措施主要有四种,即物归原主、强制令、宣令和金钱赔偿。

1. 物归原主。通常物归原主是较少采用的救济措施。这里的财物不能是种类物,而只能是特定物。实施此类措施的前提是财物尚存。如果财物基本尚存,但是由于被告的过错等原因导致财物受损,如果原告坚持要求返还原物,法庭可以在采取此救济措施的同时,要求被告以金钱赔偿为补偿。是否给予此种救济通常要由法官自由裁量。

2. 强制令。强制令可以分为两种:消极的强制令,即禁令;积极的强制令,即强制执行令。禁令通常是要求一方停止或不得实施某种行

---

[1] 肖建国,《香港民事司法救济法论——以比较法为视角的研究》,载《北京科技大学学报》(社会科学版),2000年第5期,第75页。

为,包括了临时或中间禁令,以及终局禁令等。强制执行令则是迫使一方必须采取或完成某些行为的命令。无论是何种强制令,有关当事人和其他人都必须服从和遵守,任何违背强制令的行为都可能构成藐视法庭的违法行为。

3. 宣令。宣令实质上就是法庭就确认之诉所作出的裁定,确定某方的权益如何,或者另一方的某种措施是否合法。该种救济措施主要针对包括政府在内的公共团体的措施所适用的救济手段。例如,香港市民被公共团体或政府限制或者剥夺了某种权利时,他可以请求法院宣告其可以享有或行使某种权利,由此形成确认之诉。宣令从本质上讲并非实质性的补偿,也不强迫任何人采取行动。但是由于政府机关或公共团体必须尊重和遵守法院的裁定与判决,所以通常政府、团体会遵守法院的宣令。

4. 金钱赔偿。金钱赔偿性质上属于替代性救济,是作为具体救济的替代品来使用的,其目的是要求被告以给付金钱的方式补偿由于违约或侵权给他人造成的损失。当金钱赔偿无法使债权人得到充分的补偿时,债权人可以向法院申请要求判令债务人具体履行。金钱赔偿措施对违约来说,应当补偿根据合约应得的利益;对侵权而言,则补偿受害人直接的和可预见的损失。

六、香港法院民事审判中的证据制度

(一)香港民事证据制度的法律渊源

香港民事证据制度主要由成文法和判例法组成。成文法渊源集中体现在《证据条例》中,以及涉及民事诉讼证据的其他条例和附属立法中。这些条例和附属立法主要包括各级法院条例和规则、有关民事诉讼程序的各种条例和规则,以及相关民事经济条例中关于民事证据的规定。

（二）香港民事诉讼证据形式

1. 实物证据。实物证据即物证,是能够通过人的感观从中得出证明结论的物体,包括为供法院检查所提供的物件。

2. 文件证据。文件证据又称书证,是以文字、图形、符号、音像等表示的内容证明案件事实情况的书面材料和其他材料。在香港民事证据制度中,文件是指任何发表的事物及任何事物,以字母、文字、数字或符号,或以上述一种以上的形式,书写、表达或描写在某些物体之上。文件证据的范围是非常广泛的。

3. 言词证据。言词证据又称民事证供,指证人在法庭上,就其感知的有关案件事实的经验所作的叙述或者亲自道出的语言。证供必须是言词的和口头的,而证人的资格要求一般较低。通常在香港法院中,只有精神不健全而在接受讯问之时看似不能对讯问所关乎的事实得到确当的印象,或不能如实叙述该等事实的人才没有证人资格。如果要传召任何已知为精神不健全的人到某人或法庭席前作证人,必须先取得该人或法庭的同意。

证人如果与诉讼当事人有配偶或亲属关系,或者证人是囚犯,或与诉讼结果有直接利害关系,一般情况下不会影响其作证资格。而证人的品格如何也不会影响作证资格,但有可能影响其证词的证明力。在任何民事诉讼中,直接参加该案审理的法官、陪审员、太平绅士等,不能作为证人为任何一方当事人作证。

（三）香港民事诉讼证据类型

1. 传闻证据。传闻证据是指在诉讼程序中提供口头证据者以外的人所作的陈述,把它作为诉讼程序中提出的某项事实的证据。传闻证据的形式有口头传闻和文书传闻。在民事法律程序中,不得以任何证据属传闻为理由而排除该证据,除非该证据是用以针对某一方的,而该一方反对该证据获得采纳,并且法庭在顾及该个案的情况下,认为对该证据的排除并不损害秉行公正的原则。

在评估民事法律程序中某项传闻证据的分量时,法庭须考虑任何能据以合理推断该证据的可靠程度或不可靠程度的有关情况,尤其要考虑以下各项:(1)如果由援引有关证据的一方,在援引该证据时,交出作出原陈述的人为证人是否合理和切实可行;(2)原陈述是否在所述事宜发生或存在的同时作出;(3)该证据是否涉及多重传闻;(4)所涉人士是否有任何动机将事宜隐瞒或作失实陈述;(5)原陈述是否经过编选,或是否联同他人作出或是为某特别目的而作出的;(6)援引有关传闻证据的情况,是否使人联想到有人企图妨碍对该证据的分量的适当评估;(7)该一方援引的证据是否与其以往援引的任何证据相符。

在任何民事诉讼中,原则上任何人所作的陈述,无论是以口头、书面或其他方式作出的,也不管该人在该诉讼中是否被传为证人,只要该人对该事实的口头证据可以被采纳为证据,则均可获接纳为任何相关事实的证据。但是,在民事诉讼中,如果一项陈述并非以文件方式作出,但根据规定可以接纳为证据时,为证明起见,作出该项陈述的人士或者任何听见该项陈述或以其他方式获悉该项陈述的人士,均应当在法庭上直接作出口头证供。当事人一方欲将上述一项陈述提出作为证据而传召作出该陈述的人士在诉讼中作为证人,则该陈述必须得到法院的许可,才能为当事人提出作为证据。

文书的传闻陈述要作为证据使用,必须满足一定的条件:(1)某份文件是执行职责的人编纂而成的记录或记录的一部分;(2)该记录是根据一名对资料内所涉及的事实有或可以合理认为有直接关系的人士所提供的有关资料作成的;(3)记录的制作者有义务以他人提供的信息作成记录;(4)对于此项陈述,直接的口头证据是可以采纳的。

2. 意见证据及专家证据。意见证据指证人不是以叙述事实,而是以发表意见或作出结论的方式所作出的证供。意见证据中的证人意见一般指普通证人的意见,而专家证人的意见通常称为"专家证据"。专家证人就某项有关联的事宜的意见可接纳为证据。而普通证人就某项有关联的事宜的意见陈述,如果属于传达其亲身所察觉的有关联的事实而作出的,可采纳为其所察觉的事实的证据。

(三)举证责任。香港民事诉讼中举证责任以谁主张、谁举证为基本,举证不力则须承担相应的不利后果,但在特定条件下也可能出现举证责任的免除。在法庭审理时,有些文件或者事情无须经过正式证明,便可以接受为证据。具体包括法律推定、审判知识和正式承认三类。

1. 法律推定。法律推定包括:(1)不可推翻的推定。例如知悉法律的推定、预料行为当然结果的推定等。(2)可以推翻的推定。例如,男女表面上以夫妻名义生活,推定其为适法的婚姻;对于不正当行为人的不正当利益的推定等。(3)事实上的,但可以反驳的推定。例如,父母将财物交予子女,可为赠送的推定;房地产契据表面上看来签署妥当,可以推定为已经依照正常手续订立。

2. 审判知识。对于公众所普遍知晓的事实与常识,或者法官在履行审判职务时获知的事实,不必加以证明,即可认定。例如,四季的轮替、公元纪年,以及任何人曾被香港法院定罪的事实。

3. 正式承认。在诉讼过程中,一方当事人对于对方当事人所主张的不利于己的事实,以明示或默示的方式作出一致的陈述或表示,则对方当事人对该事实免除举证责任。

(四)证明标准

在香港法院对民事审判中证据的证明标准,即证据在证明力上所应达到的程度,采取"盖然性优势"的标准,只要证据的证明力相对于对方取得相对优势即可在相关事实的认定方面取胜。

第二节 香港法院的刑事审判

一、香港法院刑事审判的法律渊源

香港法院的刑事审判法律渊源由制定法、判例法和习惯共同组成。其中制定法是最主要的法律渊源。目前香港刑事审判程序集中在《刑事诉讼程序条例》中,而各级法院的刑事司法管辖权、各级法院不同的审判程序则规定在各级法院条例以及相关的法院规则中。此外,其他有关刑事犯罪实体问题的条例、附属立法中也有涉及刑事审判程序的规定。

就香港法院判例法而言,衡平法主要用来解决民事纠纷,所以刑事审判规则主要由普通法加以规范,包括刑事审判原则、证据规则等方面。而习惯,包括当地风俗、传统和原清朝的法律,只是香港刑事审判的辅助性法律渊源。

二、香港法院刑事审判的基本原则

(一)公平合法原则

公平合法原则要求刑事诉讼审判必须严格依法而为,保障犯罪嫌疑人和被告人能够有效行使其依法享有的各种诉讼权利,对经合法程序判决有罪的人应当依法惩罚,对未被判罪的犯罪嫌疑人和被告人,必须给予公平对待。该原则是刑事审判总的指导原则,反映了刑事诉讼和审判活动中基本的公平、正义价值取向。

(二)无罪推定原则

无罪推定原则指在法院作出有罪判决之前,犯罪嫌疑人和被告人应当被视为无罪的人。无罪推定是一项基本的人权。香港法院审判中坚持无罪推定原则,并反映在几个方面:(1)证明被告人有罪的责任由检控方承担,被告人无证明自己有罪的义务,有权保持沉默;(2)对被告人有罪的证据存在合理怀疑时,应当作出有利被告人的解释;(3)贯彻"疑罪从无或从轻"的原则,对被告人有罪无罪或罪重罪轻存疑时,应当判决无罪或轻罪。该原则是进行公正审判的基本前提。

(三)保障人权原则

保障人权原则不仅反映了司法活动必须考虑社会整体利益的需要,而且要求在具体案件审判中对于犯罪嫌疑人和被告人的基本人权也应给予充分的保障,达到公平合法审判的司法目的。由此对犯罪嫌疑人和被告人应当在拘留、保释、辩护、审讯和判决过程中给予一系列公平的措施,同时也要求对公诉机关和审判机关的权力给予必要的规范和限制。

(四)独立审判原则

独立审判原则意味着法官对刑事案件进行独立审判,不受其他法官、法院、立法和政府机关、社会团体和个人的影响,只对法律和事实负责。而且法官行使司法审判权的行为受到法律保护,具有不受追究的司法豁免权。这个原则是公正审判的基本保障。

(五)一事不再理原则

一事不再理原则指对判决或裁定已经生效的案件中的被告人,不得再次起诉和审判。香港刑事审判中坚持一事不再理原则,既限制了国家刑事制裁权力的滥用,同时维护了法院判决的尊严和稳定性,亦保护了公民的合法权益。

三、香港法院的刑事司法管辖权

香港的刑事司法管辖权分为侦查管辖、检控管辖和法院审判管辖。可以行使刑事侦查管辖权的机关为香港警署、廉政公署和海关。而负责刑事检控的机关是律政司、警署和廉政公署。香港有刑事审判管辖权的法院包括裁判法院、区域法院、高等法院原讼法庭和上诉法庭以及终审法院。然而,香港法院的刑事管辖权体系相对而言要复杂许多,可以依不同标准来划分和确定相关法院的一审和上诉管辖权。

(一)简易程序罪和可公诉罪的管辖权

香港承袭英国法的传统,以适用何种审判程序为标准将犯罪分为以简易程序审判的简易程序罪,以及以公诉和正当程序审判的可公诉罪。可公诉罪还可进一步分为必须公诉的犯罪和可循简易程序审判的可公诉罪。

裁判法院(包括设在裁判法院内的少年法庭)一审可以管辖多类简易程序罪和可循简易程序的可公诉罪。通常其所管辖案件的最高刑罚为监禁两年和罚款 10 万元,根据某些条例也可判处最高三年监禁和罚款 500 万元。

区域法院可以一审管辖由裁判法院移交的可公诉罪案件。除了最严重的如谋杀、误杀、强奸等案件,几乎所有严重的可公诉刑事案件均可由区域法院管辖,其可以判处的最高监禁刑期可达 5 年。

高等法院原讼法庭的刑事司法管辖权没有限制,理论上可以审理所有的刑事案件,但是通常管辖最为严重的诸如谋杀、误杀、强奸、持械抢劫、贩运大量危险药物(毒品)和复杂的商业欺诈等刑事案件。

(二)一审管辖权和上诉管辖权

除了上述法院具有刑事案件的一审管辖权之外,不同法院的上诉管辖权也有所差异。拥有刑事上诉管辖权的法院包括高等法院上诉法庭和终审法院,而高等法院原讼法庭对于裁判法院的刑事裁决也有一定的上诉管辖权。

(三)管辖权的行使

1.裁判法院管辖权的行使。香港所有刑事案件的法律程序都必须在裁判法院开始。然而,律政司司长可以根据罪行的严重性,申请将案件移交至区域法院或高等法院原讼法庭审理。对于律政司的申请,裁判法院不得拒绝。此外,裁判法院对案件还有司法复核管辖权,即被告人如果对裁判法院用简易程序审判的案件判决或裁定不服,可以向裁判法院裁判官申请复核,而裁判官也可以依职权自动进行复核。在复核中,裁判官可以重新开庭,对案件的部分或全部进行审查,并可以对原来的判决或裁定进行撤销、修改或维持。被告人对复核决定不服的,可以向高等法院上诉法庭提出上诉,但是对于裁判官对被告人申请引申判例拒绝复核的裁定没有上诉的权利。

2. 区域法院管辖权的行使。当裁判法院依照律政司的申请,对刑事案件作出移交管辖的命令后,区域法院可以对案件行使审判管辖权。其可以管辖和审判的案件主要有三类:(1)裁判法院依律政司申请而移送的简易程序罪案件;(2)除了必须提起公诉的犯罪以外的其他可公诉罪案件;(3)高等法院法官依法移送到区域法院的刑事案件。当案件从裁判法院移送至区域法院后,律政司司长也可在判决前随时口头或书面通知区域法院撤回检控,对被告不予起诉。

3. 高等法院管辖权的行使。高等法院原讼法庭一审管辖权包括对可循简易程序审判的可公诉罪和必须公诉的罪行。其一审管辖权开始于三种情况中的任何一种:(1)裁判法院经过初级聆讯后决定案件移送原讼法庭审理;(2)律政司要求裁判法庭直接将案件移送至原讼法庭审理;(3)被告人不要求经过初级聆讯,直接将案件移送至原讼法庭审理。另外,原讼法庭还可以依司法复核的方式,对下级法院的判决或决定进行审查。

在高等法院上诉法庭和终审法院提出上诉,必须向获得法院的上诉许可。只有获得法院上诉委员会的上诉许可,才能够进入到真正的上诉审理过程中。

四、香港法院刑事审判基本程序

香港法院刑事审判的程序依犯罪的类型不同而可以分为简易程序审判程序和公诉审判程序（正当程序）。

（一）简易程序

适用简易程序的刑事案件主要为犯罪轻微的案件，如打架、违反交通规则、小数额的盗窃、在公众场所扰乱等罪行，通常在裁判法院审理。属于可循简易程序的可公诉罪行也按照简易程序进行审理。

1. 起诉与受理

通常简易程序罪可以由被害人或控告人向警方告诉而立案受理，并由律政司提出检控，经法院审查后受理。而公民个人也可亲自或委托律师进行控告。尽管公民个人可以起诉（自诉），但是由于律政司是法定的检控机关，律政司也可以在必要的时候，在诉讼的任何阶段介入并接管自诉，或终止诉讼。法院在受理刑事案件后，将依法确定开庭的日期，并通知诉讼各方当事人。

2. 传唤被告人

法院开庭前会传唤被告人出庭接受审判。法院传唤被告人一般以传票和拘传两种方式。在轻微的刑事案件中，法庭通常以传票传唤被告人出庭，传票会简要说明其被指控的内容，并要求被告人在指定的时间到指定的地点接受聆讯。传票会由裁判官签署，并由法院司法人员送达被告人。

如果传票已经送达而被告人拒绝或非法不出庭，则裁判官有权发出拘捕令以拘押被告人出庭受审。对于经发出拘捕令而仍未能到庭的被告人，法庭可以缺席判决。

3. 审理

法院开庭后，法官将向其宣布其被指控的罪名，并询问被告人是否认罪。如果被告人认罪，则法官只须依照事实和法律对其判处刑罚即可，案件也可以迅速审结。

如果被告人不予承认被指控的罪行或部分罪行，则法官将传唤各方证人出庭作证并展示有关证据。其顺序是先由检控方传唤证人到庭作证，然后由辩方传唤证人作证。检控方询问完己方证人后，辩方亦有权询问该证人。然后以相同方式对辩方的证人和其他证据进行质询。在证据质询完成后，检控方和辩方分别做最后陈词。

4. 判决

在辩论和质证之后，法官将对所有证据和事实以及法律问题做全面的考查与判断。如果法官认为检控方并未毫无合理怀疑地证明被告人的罪行，则法官应判决被告人无罪，并当庭宣判后释放。一旦法官确定被告人有罪，则会公布判决和量刑。

(二) 正当程序

适用正当程序的案件属于可公诉的罪行，一般是较为严重刑事犯罪。该程序可以分为初级聆讯和正式审理两个阶段。

1. 初级聆讯

初级聆讯又称预审，一般也在裁判法院进行，其程序与简易程序基本相同。但是初级聆讯并非实体审判，并不确定被告人是否有罪或无罪。初级聆讯的主要作用在于对案件中的证据进行审查，以确定该案是否属于表面证据确实的案件，进而决定是否将该案件移送其他法院审理。如果裁判官认为缺乏足够的表面证据可以证明被告人犯有被控的罪行，则可以裁定不予起诉，并释放被告人。如果裁判官认为检控方的证据在表面上已经确实，据此足以或可能推定被告人有罪，则裁判官会依据检控官或律师的请求，或自行决定将该案移送至区域法院或高等法院审理。对于既可以循正当程序也可以循简易程序审判的可公诉罪行，如果检控官要求由高等法院审理，则裁判官必须进行初级聆讯。

2. 正式审理和判决

经过裁判法院的初级聆讯后,案件移送到区域法院或高等法院原讼法庭,便进入正式审理阶段。

(1)区域法院的正式审理。区域法院审理可公诉案件时不设陪审团,而是法官单独审理。在法官听取控辩双方的辩论和对证据的质证后,法官将会确定案件事实,并适用法律作出判决。

(2)高等法院原讼法庭的正式审理。高等法院对公诉案件审理通常实行陪审制,由一名法官和7名(必要时9名)陪审员一同审理。

在传唤被告人到庭后并向被告人宣读起诉书后,被告人可作有罪或无罪的答辩。如果被告人拒绝答辩,则推定为做无罪答辩。被告人还可以部分认罪或就法庭有无管辖权等问题提出答辩。如果被告人做认罪答辩,则不必再召集陪审团,经过听证和辩论后,即可由法庭判决。当被告人做无罪或部分有罪答辩时,法庭将会召集陪审团。此时被告人的律师和检控官可以要求更换陪审员,或要求陪审员回避。在确定陪审员之后,由陪审员宣誓,然后法庭开始庭审程序。

庭审程序基本与简易程序的庭审过程相同。在此期间,法官需要对陪审团成员就案件的证据采信、事实认定等做必要的法律指导。

法庭审理结束后,陪审团应当退席并进行秘密评议。陪审团是案件事实的唯一裁决者,将根据法庭上出示的证据和控辩双方的言词作出判断,认定被告人是否有罪。陪审团可以全部或部分地肯定或否定起诉状中所指控的事实与罪名。陪审团的裁决应当以至少5:2的多数意见通过。如果陪审团未能形成法定的多数意见,则该陪审团将会被法庭解散,并重新组成陪审团重新审理该案件。如果陪审团认定被告人无罪,则法官可以当庭宣告无罪判决并释放被告人。如果陪审团判决被告人有罪,则法官必须依此给予判决并量刑。当然被告人及其律师有权利要求法官从轻处罚。陪审团的裁决是不可撤销和改变的,法官必须严格依此裁决来判决。

(三)复核与上诉

法院判决之后,被告人或律政司对法院判决不服的,可以通过复核和上诉程序寻求进一步的司法救济。

1.复核。被告人如果对于裁判法院的判决或裁定不服的,可以书面形式在法定期限内(通常为7日)向裁判法院申请复核。而裁判法院也可依职权主动提出复核。复核可以由原审裁判官或其他裁判官支持。复核可以是完全或部分重新聆讯,同时也可以采纳新的证据,并采取与原审相同的程序。裁判官对复核的案件可以维持原判或者改判。对于复审后的判决或裁定,被告人仍然不服的,可以提出上诉。

高等法院上诉法庭也有权对某些法院判决中的法律问题或刑罚适当与否进行复核并给予裁定。上诉法庭可予复核的事项涉及:(1)法律问题。上诉法庭可以应律政司司长或辩方的申请,对有关案件审理中出现的任何法律问题进行考虑,并可确认或撤销该项定罪或命令重审以及作出为实施其决定所需的其他命令。(2)刑罚。律政司司长经上诉法庭许可,可以就上诉法庭以外的任何法庭所判处的刑罚(法律所固定的刑罚除外),基于该刑罚并非经法律认可、原则上错误、或明显过重或明显不足的理由,向上诉法庭申请复核。对此申请,上诉法庭应公开聆讯,律政司司长和答辩人(原审被告人)均有权获得聆听。上诉法庭如果采纳和支持律政司司长的理由,则可以命令撤销该法庭所判处的刑罚,并依法改判;在其他任何情况下,上诉法庭可以藉命令拒绝更改刑罚。

如果辩方有以下情况的,则上诉法庭不得复核刑罚:(1)已就所判处刑罚的定罪提出上诉;(2)已根据《裁判官条例》向裁判官申请复核其决定;(3)已根据《裁判官条例》向裁判官申请作出案件呈述。但如果上述的上诉、申请已撤回或获处置,则不在此限。该规定并不损害被定罪的人依法所享有的上诉权利的行使,但上诉法庭可将复核刑罚的申请及答辩人根据《刑事诉讼程序条款》针对刑罚而提出的上诉合并聆讯。

2. 上诉。对香港裁判法院、区域法院和高等法院原讼法庭的判决不服的,可以向高等法院上诉法庭上诉。原讼法庭对某些裁判法院的刑事判决也有有限的上诉管辖权。对于上诉法庭的判决,或者原讼法庭的最终决定(由陪审团所作的裁决或裁定除外)而且就此项决定是不能向上诉法庭提出上诉的,则可以向终审法院上诉。

高等法院上诉法庭的上诉审并非对案件重新审理,而是针对证据和裁判理由的审查。上诉法庭有权维持、撤销或修改原审判决,可以将案件发回重审,也可以附加意见后发回重审。

任何经公诉程序被定罪的人,可以就其定罪向上诉法庭提出上诉。上诉可以基于任何涉及法律问题的理由,包括法律原则的适用、成文法的解释、司法管辖权和证据的可采性等。经上诉法庭许可,也可以其他涉及事实问题,或者兼有事实与法律问题的理由提出上诉。上诉法庭认为原审的定罪是不稳妥的或者是不令人满意的,或者是就法律问题作出了错误决定,或者审讯过程中有重大不当之处,则上诉法庭可以撤销定罪或发回重审。

任何人可以就其依照公诉程序被定罪所处的刑罚向上诉法庭提出上诉。针对量刑的上诉必须取得上诉法庭的许可。如果上诉理由成立,上诉法庭可以撤销原判的任何刑罚或命令,并作出其认为适当的刑罚或命令。如果被告人在一审中曾经认罪,则其上诉只能针对量刑提出;如果其没有在一审中认罪,则可以对定罪和量刑提出上诉。

就上诉法庭的判决向终审法院提出上诉,应当先取得终审法院上诉委员会的许可,否则是不予受理的。终审法院给予上诉许可又必须以上诉法庭或原讼法庭的证明为前提,该证明应当证明有关案件的决定是涉及具有重大而广泛的重要性的法律论点,或显示曾有实质及严重的不公平情况。但是,如果上诉法庭或原讼法庭拒绝给予符合上述情况的相关证明,则终审法院可以给予证明,并给予上诉许可。

五、香港法院刑事审判中的司法救济

如同香港法院在民事审判中会给予当事人以兼具实体性和程序性意义的民事司法救济措施,香港法院在刑事审判程序中也会给予犯罪嫌疑人和被告人一定的司法救济,以保障诉讼过程中当事人的基本人权不受非法的剥夺和限制。这些救济措施主要来源于普通法,当然在制定法中,例如《刑事诉讼程序条例》,也有较为详细的规定。此外,香港法院对于刑事审判庭审之前的各种强制措施也有一定的控制手段,同样也是为了实现对其他公共权力的限制和对个人权利的保护。

(一)保释制度

保释是香港刑事诉讼和审判制度中的重要内容,规定了因为刑事罪行而被羁押的人士在符合一定条件下可以获得释放。该制度的基石在于无罪推定的基本原则。因为在法院判决有罪之前,任何人应当被推定为无罪,其基本的人权也应当给予保障,特别是人身自由与安全。所以,在香港法院的刑事审判中,获得保释通常被认为是犯罪嫌疑人和被告人的当然权利,除了有法律规定的不得保释的情况出现,否则法院应批准保释申请。

1. 保释的阶段与种类

在整个刑事诉讼过程中,需要保释的情况可以发生在不同的阶段,因此批准保释的机关也有所不同,保释后的法庭程序也有所差异。保释适用的阶段主要包括定罪之前和定罪之后两个阶段。

定罪之前的保释。这个阶段的保释情况可以分为:(1)警方行政保释。即在嫌疑人刚被拘捕时,警方可以允许嫌疑人具保再向警方报到为条件,将嫌疑人释放,以待进一步的调查或起诉。(2)警方法庭保释。

这种保释是因嫌疑人被控某罪而被捕后,警方准许其保释,以待出庭受审。(3)法庭许可逮捕后保释。此时的被告人尚未出庭受审,法庭在对其发出的逮捕令上注明"应准予保释",从而使警方可以在逮捕被告人的同时予以保释。(4)法庭保释或还押准保。在被告人首次出庭时,裁判官可以准许其保释并等候下一次出庭。(5)法庭保释或保释等候复审。当被告人既未被定罪,也没有释放,此时法庭可以准许被告人保释并等候复审。

定罪之后的保释。在被告人被法庭定罪之后,可以采取两种保释:(1)被告人只是被定罪,尚未被判刑,此时法庭可以准许其保释,以等待判刑,称为"保释候审"。(2)被告人既被定罪又被判刑,法庭可准其保释等候上诉的审理结果,称为"保释等候上诉"。这两种保释也都属于法庭保释。

2.法庭保释的条件

法庭一方面可以准许嫌疑人或被告人的保释以保障其权利,而且一般是不附带条件的。另一方面法庭也必须考虑特定当事人保释的可能性,即不能给刑事审判带来障碍和不利影响。因此,成文法明确规定了保释时法庭可以考虑的一些基本条件。香港《刑事诉讼程序条例》规定,法庭准许保释时可以附加考虑当事人应当:(1)不会不按照法庭的指定归押,即不会不出庭受审;(2)不会在保释期间犯罪;(3)不会干扰证人或破坏或妨碍司法公正。另外,如有必要为确保该当事人会按照法庭的指定归押的目的(只可为此目的),法庭可规定由担保人作出保释担保。

如果法庭认为有实质理由相信被控人会有上述行为,则无须给予保释,为此法庭可以参考一系列的因素。例如,(1)指称罪行的性质及严重性,以及一旦定罪时,相当可能处置被控人的方式;(2)被控人的行为、态度及操守;(3)被控人的背景、交往、工作、职业、家庭环境、社会联系及财务状况;(4)被控人的健康、身体和精神状况及年龄;(5)被控人以往任何获准保释的历史;(6)被控人的品格、经历及以往定罪(如有的话);(7)被控人犯被指称罪行的证据的性质及分量;(8)法庭觉得有关联的任何其他事宜。

3. 法庭保释的批准和形式

保释应当由犯罪嫌疑人或被告人主动提出申请,然后由审判法院或法庭进行审查,决定是否批准保释。法庭保释的批准因案件所处的诉讼阶段、管辖法院的不同而有所差异。

审判前的被控人首次出庭提出保释申请,则分别由裁判法院、区域法院和高等法院原讼法庭决定是否批准保释。审判进行期间,法院应当根据不断变化的证据和情况决定批准、更改或拒绝保释申请。定罪后、判刑(监禁刑)前,是否将被控人收监或保释,由法庭酌情处理。审判后、上诉前,是否批准给予保释等候上诉则由裁判官或高等法院原讼法庭决定。

被控人的保释申请被法庭批准后,法庭可以要求其以具结(即向法庭承诺)、现金保释和担保人保释的形式进行保释。

4. 法庭保释的效力

保释一旦经法庭批准则对相关的拘押犯罪嫌疑人和被告人的机关产生效力,其必须在规定的时间内释放被控人。而且保释决定中法院同样可以对获保释人规定相应的限制条件,并随保释决定一起生效。例如,法庭可以规定该人:须向法庭交出任何护照或旅行证件;不得离开香港;须向法庭所指明的警署或廉政公署办事处报到;须于指明的地址居住并于法庭所指明的时间逗留在其内;不得进入法庭所指明的任何地方或处所;不得进入法庭所指明的任何地方或处所某一距离的范围内;不得直接或间接与法庭所指明的任何人接触;任何代表他的人或他本人连同任何代表他的人,须将一笔法庭规定的合理款项存放于法院,但此举目的只可是为确保获准保释的人会按照法庭的指定归押。

5.法庭保释的复核

保释申请如果未能获得法院批准,被控人还有权提出复核,要求法庭在后继的任何聆讯中聆听其就保释申请提出的事实或者法律上的论点。

凡区域法院法官或裁判官准予任何人保释,律政司司长可向法官申请复核区域法院法官或裁判官的决定。法官在聆讯申请后,可藉命令确认、撤销或更改区域法院法官或裁判官的决定,并可就此事宜作出法官认为公正的其他命令。法官在撤销或更改区域法院法官或裁判官的决定时,可发出手令逮捕获准保释的人。任何人不得就法官对上述申请所作的决定提出上诉。

(二)法院对强制措施的控制

在刑事案件的侦查、起诉、审判各阶段,警察和检控机关可以对犯罪嫌疑人和被告人的人身和财产采取一定的强制措施,以便于侦查、起诉等职能的顺利行使。然而该种强制措施也往往会对公民个人的权利和自由造成限制和损害。为了防止有关机关滥用职权、保护公民个人的合法权益,各国和地区都对强制措施的实施进行了有力的规制,尤其是通过法院——刑事诉讼中中立的第三方来加强对各类强制措施的控制。香港法院具有相同的作用,其源于普通法和衡平法的措施也颇具特色。

1.香港法院对强制措施的控制。香港警方和检控方采取的强制措施通常有截停、扣留、搜查、逮捕等,侦查和起诉机关的此类强制措施应当受到香港法院的制约。例如,除法律另有规定之外,只有待香港裁判法院的裁判官签署搜查令、逮捕令、传票等之后,上述机关方可合法地采取相应的强制措施。

2.人身保护令状。香港法官还可以通过签发人身保护令状的这一古老而重要的方式来保障公民人身自由不受非法的限制和剥夺。以香港《高等法院条例》的规定为例，当事人被无合法理由而被羁留时，即可向高等法院原讼法庭提出申请，请求法庭发出人身保护令状。

原讼法庭在接获申请后，必须在切实可行范围内尽快查究该项申请人是否被非法羁留。原讼法庭如果采纳该申请是有实据的，则必须命令发出人身保护令状，指示看管申请人的人在指明日期指明时间，将申请人带到法庭席前，并向法庭核证将申请人羁留的理由；或者命令看管申请人的人出庭，以提出将申请人羁留是合法的理由。原讼法庭如经考虑人身保护令状的申请后认为申请是无实据的，则可驳回申请。

接获人身保护令状的人必须在令状所指明的日期，并在不迟于令状所指明的时间内，在原讼法庭法庭席前交出指称被羁留的人，并就令状作出正式报告。如因任何理由，接获人身保护令状的人不可能遵从令状，则该人仍必须向原讼法庭作出报告，指明不可能遵从令状的理由。凡某人按照人身保护令状被带到原讼法庭法庭席前，法庭必须立即查究有关该人被羁留的情况，并且除非认为羁留该人是合法的，否则必须命令将该人从羁留中释放。

如已有人身保护令状就某名被羁留者发出，则直至该令状已被撤销或有关的法律程序完结为止，看管该名被羁留者的人不得容许该名被羁留者被送往香港另一羁留地方，但根据《监狱条例》的授权或任何其他对羁留作出明文规定的成文法则的授权除外；或不得容许该名被羁留者被移离香港。所谓的某人看管另一人，不但指该人实际看管该另一人的人身，亦指该人对该另一人的人身具有支配权或控制权。

如果先前以某一理由被羁留的人因人身保护令状的发出而获释放，则任何人只可在有关的情况有重大改变的情况下，始能以同一或相类的理由再度羁留该人。任何人不遵从人身保护令状即构成藐视原讼法庭罪。

六、香港法院刑事审判中的证据制度

由于香港法院在民事审判和刑事审判中基本适用相同的条例和附属立法，因此两者证据制度的法律渊源、证据形式、证据种类等规则基本相同。但是，仍有部分证据原则和规则是刑事审判所特有的。

（一）关于举证原则和证明标准

在刑事审判中，检控方要承担对控罪的举证责任，以证明被告人实施了犯罪，不得让被告人自证其罪。对检控方证明被告人有罪的证明标准要求相当高，必须达到"排除合理怀疑"的程度。即让陪审团和法官完全确信证据，找不到任何可以或者能够怀疑之处。只有如此才能够对被告人定罪和量刑。在某些法定情况下，检控方也可免除举证责任。例如，许多条例中规定的犯罪是由于被告人没有法定权利或法定许可，此时检控方可依法免除举证责任，而由被告人证明其行为是合法行为或已经取得合法的许可。

（二）关于证人作证的规定

1. 配偶作证。丈夫或妻子没有资格或不被强迫在任何刑事法律程序中为配偶提供证据或提供证据指证配偶。另外，不得强迫丈夫或妻子披露配偶在婚姻期间向其作出的任何通讯。然而，在因通奸而提起的任何法律程序中，该法律程序的各方及其配偶，均有资格在该法律程序中就通奸提供证据。

2. 有刑事罪行或利害关系者作证。不得以因刑事罪行或有利害关系而丧失提供证据的资格为理由，禁止任何在法律程序中被提出作为证人的任何人在法律程序的审讯或聆讯或其任何阶段中，按照法院常规亲自或凭书面供词提供证据。

3. 被告人作证。任何人如果在刑事法律程序中被控告可公诉罪行或可循简易程序定罪而判罚罪行，不得强迫该人为其本人提供证据或

提供证据指证其本人。但是当被告人与他人一同被指控犯有某罪行时,在下列情况下,被告人有资格或可以被强迫为检控方的证人:第一,被告人已经被不予起诉;第二,被告人已经被审判完毕或已经被无罪释放;第三,被告人已经承认被指控的犯罪;第四,各共同被告人分别审讯。

第三节 香港特别行政区法院的行政司法救济

由于香港的行政法和行政诉讼制度承袭了英国的相关法律制度和理论,因此与英国相同,虽然香港也设立了行政复议或复核制度,实行行政机关内部救济,例如通过行政上诉委员会、申诉专员公署以及行政长官会同行政会议提供行政救济,但是香港的行政法在本质上仍是以行政诉讼和行政司法救济为中心的。由于没有独立的行政法院,所以香港的行政司法救济由普通法院管辖,而且适用民事诉讼和救济的法律程序,具有与大陆法系以及中国内地不同的制度特色,其中又以司法审查的救济方式为显著。

一、香港法院行政司法救济的方式

香港法院实施行政司法救济的方式通常有三种,分别是一般的民事诉讼、制定法上的上诉制度、普通法上的司法审查制度。

(一)一般的民事诉讼方式

香港在 1952 年颁布了《官方诉讼条例》,确认"任何人按照总督批准的最高法院规定之有效程序,可以对政府提起诉讼"。该条例于 1964 年进行了修订,规定了政府(行政机关)对自己及其官员的侵权责任,应当像一个普通的有法律行为能力的人一样承担责任。因此,在香港,如果政府及其官员对公民权利造成侵害,如能构成普通法上的诉因,例如违约或侵权事由,公民可以依照一般的民事诉讼程序提出诉讼从而得到救济。在以政府为被告的民事诉讼中,一般由律政司代表政府及公共利益出庭应诉。

(二)制定法上的上诉制度

如果政府的侵害行为不能纳入一般的诉讼原因时,或者依照一般的民事诉讼程序公民不能得到有效的司法救济时,公民可以通过制定法上的上诉制度或司法审查制度寻求进一步的救济。所谓的制定法上的上诉是指针对行政机关的内部行政救济,当事人依照制定法的规定向特定法院提出上诉、寻求司法救济。但是,这种救济制度必须严格以制定法的规定为前提条件,而且上诉权是否存在、上诉的条件和受理上诉的机关等,随法律规定而不同,没有共同的规则。[①] 例如,涉及《差饷条例》、《印花税条例》和《肺尘埃沉着病(补偿)条例》等相关规定,区域法院可以就不服各审裁处和法定机构的决定而提出的上诉,具有有限的上诉管辖权。而土地审裁处有权裁定不服差饷物业估价署署长的决定而提出的上诉,以及针对房屋署署长就物业的现行市值所作评估而提出的上诉。

(三)司法审查制度

如果公民不能通过一般民事诉讼方式得到救济,则还可寻求司法审查的救济。即由公民请求高等法院依照其对于下级法院和行政机关的监督权,撤销或禁止行政机关的越权行为,或命令行政机关履行法定的义务。与制定法上的上诉制度不同,司法审查救济方式并无制定法上的渊源。这种救济方式直接源于普通法,是法院根据分权原则所当然享有的权力和职责,因而无须得到制定法的授权。在香港,司法审查

---

① 林莉红:《香港的行政救济制度》,载《中外法学》,1997年第5期,第39页。另参见胡锦光主编:《香港行政法》,河南人民出版社,1997年版,第320页。

案件依据《高等法院条例》统一由高等法院原讼法庭管辖。由于司法审查制度的灵活性,所以成为非常重要和普遍的行政司法救济手段。

二、香港法院司法审查的原则

(一)越权原则

司法审查源于普通法,所以其所依据的是普通法上的"越权"原则。行政机关的权力主要来自立法机关制定的法律,法院无权对立法机关所通过的法律进行抽象审查。因此,当行政机关在法律规定范围内行使权力时,除非有制定法上的授权,法院无权审查其行政行为。只有当行政行为超越了法律规定的范围,或者在法定权限内违反法律的规定时,法院才能够就此进行审查。通常法院在审查行政行为是否越权时,要考虑以下因素:(1)该行政机关是否有权执行该行政行为;(2)该行政行为的性质是否合乎该行政机关的管辖范围;(3)该行政行为的执行方法是否正确,是否出于良好愿望;(4)该行政行为的执行过程是否合法。被法院认定为越权的行为是无效的,法院可以宣告其无效,撤销或禁止该行为的执行。

(二)越权的种类

越权行为总体上可以分为实质越权和程序越权两大类。

1.实质越权

实质越权指行政机关或行政内部救济机关的行为和决定超越了法律所规定的权限范围。该种越权将导致行政行为自始无效。实质越权包括以下几种情况:

(1)超越管辖权范围。行政机关只能在法律规定的范围内行使其职权,对于超出其管辖权范围的部分无权行使职权,当属越权。

(2)不履行法定义务。行政机关履行法定义务是其权力的当然内容和不容推辞的职责。不履行法定的义务,是行政机关以不作为的方式进行越权。对于行政机关不履行法定义务,而且该义务的履行与公民个人有直接的利害关系时,公民可以就此请求法院司法审查。

(3)滥用权力。滥用权力是指行政机关虽在法定权限内行使权力,但是构成了不正当行使权力,同样属于越权。滥用权力的表现包括:①没有按照授权法律的精神和目的去作出决定。即权力的行使违背了法律的宗旨和原意,偏离了法律授权的根本目的。②不相关的考虑。即行政机关在作出决定时,考虑了不应当考虑的因素或者没有考虑必须考虑的因素,并对当事人产生了不利的影响。③不理性的决定。即行政机关的决定是荒谬的,不符合逻辑和道德标准的,以至于任何一个具有一般理性的人都不会采取,从而构成对其自由裁量权的滥用。[1]

(4)疏忽指导。由于行政机关在履行其监督、指导职能时,未尽合理的审慎义务,给公民造成了损失。因其未能良好履行法定权力和职责,也属于实质越权。

2. 程序越权

程序越权是指行政机关的行为和决定本身没有越权,但是由于未能依照法律规定的程序和要求而构成越权。依据普通法"程序优先于权利"的传统和原则,法律程序的错误将导致权利的损害,所以行政机关适用程序违反法律规定也构成僭越其职权。通常程序越权的情况包括:

(1)违反制定法规定的程序。制定法上的程序包括任意性规定和强制性规定。违反任意性规定不影响行政行为的效力,只有违反强制性规定才产生程序上的越权。当制定法没有明确规定某程序是任意性

---

[1] 参见胡锦光主编:《香港行政法》,河南人民出版社,1997年版,第324、325页。

的或强制性的时候,法院往往根据公共利益和个人利益所受的影响来决定程序的性质。通常对公共利益有重大影响的程序,法院倾向于作任意性的解释,以免行政行为无效;而程序的精神主要是保护个人利益的,公共利益在此不明显,则法院倾向于作强制性的解释,以强化对个人利益的保护。

(2)违反普通法上的程序。普通法上的程序通常是作为制定法的补充,以公平正义为指导原则。因此,违法普通法上的程序主要表现为违反自然公正原则。当制定法出现程序空白或模糊地带时,自然公正原则作为最低限度的程序要求,行政机关应当有限制地、自律地实施行政行为。一般情况下,行政机关应当使公民得到关于行政行为的合理通知、能够为自己辩护,同时行政机关在程序和实质上应尽量保持客观、中立和公正。①

三、香港法院司法审查的对象

香港法院对行政行为进行司法审查的对象主要由附属立法、行政决定和行政裁决三方面组成。

(一)对行政机关附属立法的司法审查

附属立法是由香港立法机关制定的法律(条例)授权政府部门或法定团体制定的法律规范,属于香港法律渊源和法律体系的重要组成部分。既然是授权立法,所以附属立法必须符合条例的规定。因此,香港法院(高等法院原讼法庭)有权审查各个政府部门或法定的管理机构所制定的规章、规则等附属立法是否合法。如果法院认为某附属立法不适当,可以越权、抵触现行法、适用不合理和立法程序错误等理由,宣布该附属立法无效,或禁止执行该附属立法。

---

① 参见胡锦光主编:《香港行政法》,河南人民出版社,1997年版,第327、328页。

（二）对行政长官的决定，及其会同行政会议所作决定的司法审查

《香港法例》之《释义与通则条例》第64条规定，法院对于行政长官会同行政会议所作的决定进行司法审查，不得以履行义务令、移审令、禁止令或强制令等命令，对行政长官会同行政会议采取法律程序，而只能采取宣令（法定声明）的方式进行司法救济。即法院只能在法律上宣布该决定是否符合法律，而不能对决定的执行有法律影响。此外，对于行政长官涉及政治问题的行为，法院也不宜采取司法审查，而是应当由其通过政治程序解决。

（三）对一般政府部门和行政裁决机构决定的司法审查

这类审查是最常见和最普遍的司法审查。当然，法院的司法审查对象并非是任意的、不受限制的。如果制定法对于司法审查的对象范围或除外范围有明确的规定，则法院应当严格遵守，这是由"制定法优于普通法"的原则所决定的。此外，对于国家行为法院也没有司法审查权，对于政治问题法院也应当审慎地排除司法审查的适用。

四、香港法院司法审查的程序

香港法院的司法审查统一由高等法院原讼法庭受理。请求司法审查的当事人必须先向原讼法庭取得司法审查申请许可。只有原讼法庭认为申请人与申请所关乎的事宜有充分利害关系，方得给予该项申请的许可。如果原讼法庭认为在提出一项司法审查申请时有不当的延迟，并认为给予司法救济可能会对任何人造成实质困难或在实质上对任何人的权利造成损害，或者会有损良好的行政运作，则可以拒绝给予申请许可或者该申请所寻求的救济。

原讼法庭可以根据给予司法救济措施的不同，对案件做出直接给予救济、拒绝给予救济，或者发回有关的法院、审裁处或主管当局，并指示其按照原讼法庭的裁断重新考虑有关事宜和达成决定。

五、香港法院司法审查的救济措施

香港高等法院原讼法庭可以给予申请人多种行政司法救济措施。具体包括：

(1) 履行义务令。该命令是对下级法院或履行公职的人员发出，一般是迫使有关当局恢复当事人的地位或发还权利。

(2) 禁止令。禁止令是高等法院法官认为行政官员措施不当，而下令该官员立即停止正在进行的措施。

(3) 移审令。移审令是协助申请人获取某些权益，或使申请人可以到高等法院得到公平审理的机会，从而使其免受行政措施的不利影响。

(4) 强制令。强制令是迫使行政机关必须采取或完成某些行为的命令。法院还可以通过颁发强制令，禁止一名无权担当某公职或职位的人担当该职位。

(5) 人身保护令。当事人因无合法理由而被羁留时，即可向高等法院原讼法庭提出申请，请求法庭发出人身保护令状。当事人按照人身保护令状被带到原讼法庭法庭席前，法庭必须立即查究有关该人被羁留的情况，除非认为羁留该人是合法的，否则必须命令将该人从羁留中释放。

(6) 宣令。即法院宣告行政行为或行政决定不合法，但是该宣告对行政机关或管理机构没有强制性。不过，行政机关和有关管理机构出于对司法机关的尊重，通常都会依照宣令的内容改正其行政行为或决定，从而使申请人的权利得以保护。

第四节　香港法院司法审判与香港政制法制发展

长久以来，香港的司法制度始终是其政制制度的重要组成部分，在香港法制发展中扮演着举足轻重的角色。香港各级法院在行使司法权的过程中,在法律的实施、政制与法制的统一与进步、香港社会的稳定与发展、法律文化的建立与繁荣等方面发挥着重要而不可替代的功能与作用。

一、香港法院司法审判对香港政制统一的保障

在现代政治体制"分权与制衡"理论下,司法机关是与立法机关、行政机关并列的三大国家机关之一,在现代民主政治中具有独立而重要的政治作用和地位。就法院的而言,一般具有两类不同,但是又相互联系的功能。一类是司法活动基本的和普遍的功能,即对于民事、刑事案件进行审判,这属于司法功能;另一类是在现代政治体制上所承担的政治功能,即对于立法机关和行政机关进行监督的功能,尤其是对于行政机关的监督往往是通过行政诉讼或司法审查方式加以实现。法院的这两种功能并非是决然分离的,而是有机结合、相互渗透的。

对于香港而言,无论是回归之前或之后,香港的政治体制都是以行政主导为核心的。行政主导型的政制最大特点在于政府对社会公共事务的决策和管理过程中居于枢纽地位,由此也容易产生行政权力的过度扩张和滥用的趋势。所以,以司法权制衡行政权,调控社会矛盾和冲突,防止行政权偏离基本政制轨道有着不可替代的功能和作用。在香港,法院制衡行政权力最直接和最有效的方式就是以司法审查为主的行政司法救济措施。通过对政府的行政立法、行政行为等的监督,维护不同机关之间的态势均衡,并且从根本上保障公民的权利和利益。当然,作为行政机关,其也有自身的独立性和自主性,香港法院对其行为的监督和审查也是审慎和节制的。正如某些法院所采取的行政司法救济措施,例如对行政机关发布无强制性的宣令、对涉及公共利益的行政行为程序做宽松解释以免行政行为无效等,香港法院对行政机关给予

了必要的尊重,并未因此而企图凌驾于行政机关之上。而这正是由司法机关适用法律的消极性和被动性特点所决定的。

此外,对于立法机关,香港法院有权解释其制定的法律,甚至有权宣告其法律或法律条款无效,这事实上成为立法过程中的一个重要环节。虽然该环节并非是立法程序中的必经环节,而且也往往带有事后裁判的特点,但是其存在便是对立法权行使结果的评判和限制,也能够为立法发展提供指导。不过从总体上看,法院对该种权力的使用还是较为谨慎的,并不轻易行使,而且最终也无权撤销被其宣告为无效的条款。从各自的权力来源上考查,立法机关是由人民直接选举产生的,而法院却非如此。所以从权力制衡的需要看,法院可以而且应当对立法机关有所制约,但是从具体方式上又不可越权。然而,就香港回归后的情况而言,特别是当《基本法》在香港实施后,香港法院尤其是香港终审法院,对行政机关的行政行为和立法机关制定的法律——特别是广泛涉及香港社会和公众的公共利益的——所进行的司法审查,有一定程度上的司法积极主义倾向,表现出某种较为突出的司法干预。就诸多个案而言,这种司法干预仍在法院职权范围之内,但是相关个案的审判法官比较显著地依照自己对法律的解释和对基本法律价值的判断,宣告某些行政行为或法律条款无效,因而引起了针对香港法院司法独立与司法节制之关系的争议。从根本上讲,保障香港法院的司法独立、司法权威和维护香港政制体制是不矛盾的,前者本是后者的应有之义。在此基础上,香港各级法院应进一步充分考虑香港的社情、民情,更好地坚持"一国两制"原则,保障和完善香港已有的政制体制,促进香港的长期稳定与繁荣,从而也更好地实现香港法院应有的司法职能与作用。

二、香港法院司法审判对法律实施和法制发展的促进

法律实施是法律与现实生活联系的一个中间环节,是从法律制定

到法律目的实现的一个不可或缺的必要过程。香港法院无论是依据制定法抑或普通法、衡平法进行司法审判,其本质就是在个案中实施法律,以维护和实现法律的目的。就法律实施的过程而言,香港法院将具有普遍性的法律与个性案件事实相结合。制定法的目的是为不同的社会行为提供一种普遍的模式或标准,但是这种普遍规范的实施目的却是指向了具体的行为。于是法院和法官的司法活动就是将这种统一规范结合已经发生或业已存在的具体个案中的人或事,以取得法律实效。而普通法、衡平法等法律渊源更是属于在法院的司法实践中,由法官所创造的法律规范。这类规范的形成、实施和完善,无一不是要依存于司法实践。而且在法院的司法审判活动也有利于不同的法律渊源在审判的实践过程中实现有效的融合,从而又促进了法制的统一。

香港法院不仅广泛承袭了英国以及英联邦国家等普通法系的判例法,而且通过自身的不断实践和努力,针对香港社会的自身发展需要和特点,创制了诸多适用于香港本地的判例法规范。较之回归前,回归之后的香港法院司法权有了更大独立性,尤其是终审法院获得了终审权,而不像回归前的终审权归英国枢密院司法委员会所有,因而其判决和判例法具有了真正独立的和最终的法律约束力。这样的判决和判例法就一方面使得香港本地的制定法能够真正实现立法目的,另一方面也为制定法的创制提供的事实上的规范模本和来源,从而使得香港本地的法律制度体系在立法、司法的良性互动中更能顺应社会需要并且得以发展和前进。在这一过程中一个明显的事例是"新界"原居民案件中法院判决对香港立法的影响和推动作用。

该案件中新界的两位居民向法院提出了诉讼,认为相关机关以"非原居民"为理由排除其选举权或被选举权的行为,违反了《人权法案》、《性别歧视条例》和《基本法》,因而是无效的。由于涉及到新界地区约600个乡村的类似选举安排,所以该案件具有重大的影响。香港终审法院于2000年12月22日作出了终审判决,判决宣告民政事务局局长不得认可在1999年选举安排下当选的相关村代表人士,"理由是该等安排与《香港人权法案条例》第21条(甲)及/或《性别歧视条例》第35(3)条有抵触"。[1] 该判决促使香港社会对有关法律进行检讨和审视,最终立法会于2002年2月12日通过了《村代表选举条例》,规定新界乡村以"双村长制"选举出原居民和居民代表,以符合终审法院的判决,在客观上也促进和保护了新界全体居民的权利和利益。

三、香港法院司法审判对法律文化的推进

法律必须以明确与适当的方式得以实施,法律价值也应当以看得见的形式呈现在社会公众面前。这种规范与价值、制度与理念的有机融合在长期的法律演进过程中,投射在社会意识和公众行为模式上,便形成了法律文化。香港法院通过具体的司法制度和司法活动,使得香港民众对法律规范的知晓与遵守、对公平正义等法律价值的理解得以加深,使良好的法律文化得以繁荣。

在普通法的司法理念和文化中,程序先于权利,实体正义应当从程序正义中产生。香港各级法院条例、规则中也都规定了严格而详细的诉讼程序,并充分考虑程序中的公平。例如,在审判中当事人双方都有权抗辩,在法庭未作出最后判决前,任何一方都有权提出自己的证据和论点。但是这种抗辩权也非无限制的,任何一方无故不出庭或企图拖延庭审,或者发言冗长、言不及义,都会被法庭责问和予以适当的处分。又如,遵循自然公正法则的司法程序还特别强调法官的行为和操守,在案件未审结前,法官不能单独接触任何一方当事人的证人或律师,法院中法官使用的设施都与他人的分开。如此社会公众就会对司法审判增

---

[1] FACV13/2000;[2000]3 HKLRD 641.

加信赖感。

在香港,除了某些例外情况,所有法院或法庭的聆讯都是向公众和媒体公开的。而那些例外情况,例如涉及儿童的婚姻诉讼和涉及家庭暴力的诉讼,也都有法律规定程序,或者是必须符合《香港人权法案条例》的规定。审判的公开不仅可以让公众及时了解审判的过程,更为重要的是使审判无时不在社会和媒体的监督下,进而使司法审判活动能够成为整个香港社会的公共话题,成为法律文化乃至社会文化的重要内容。

香港司法审判的另一大特点就是实行陪审团制度。陪审员依据法律和法官的指导参与审判,其过程就是对法律的学习过程,同时也使得重要案件的事实在以普通人眼光和思维标准的情况下获得确认。陪审制度不仅使得司法审判民主化,以尽可能地追求和实现司法公正,同时也是对香港市民的有效法制教育。通过参加陪审和法院组织的各种法制教育活动,香港市民不仅直观地了解法律规范、了解法律程序,更为重要的是在参与的过程中培养对法律的尊重和信仰,从而在社会中真正地、普遍地树立法律权威。

司法审判的民主化是与法官的职业化以及法律共同体的存在相共生的。法官的职业化不仅要求获得委任的法官有良好的法律专业素养,还必须能够严格遵守职业道德和行为指引规范。因此法官的职业化使得香港公众容易对司法公正、法律正义产生信任感。另外,由于香港法院的审判采取当事人主义和抗辩式模式,因此在司法活动中,律师等法律职业人士地位极其重要,并且与法官等司法人员形成一种法律共同体现象及其法律文化,具有共同的法律思维方法和法律理念,是法律文化形成过程中的重要力量。此外,近年来香港法院正在逐步地、有序地推进民事司法制度改革。民事司法改革涉及广大香港市民的切身利益,也有助于提高司法效率、节约司法成本。为此,香港法院进行了广泛的意见征询和充分的准备，给予了高度的重视。民事司法制度的改革不仅要修改法律，同时还要加强法律共同体中的有关人士和社会公众对司法制度公平、效率价值的认知态度。通过这项改革，不仅能使得司法活动能够更加有效，更为重要的是使社会稳定，保障法治原则与理念能够不断地发展和延续。

第九章　香港法院的法律解释与宪法性法律解释传统

法律解释是指一定的人或组织对法律规定含义的说明。法律解释既是人们日常法律实践的重要组成部分,同时也是法律实施的一个重要前提。法律解释的理论起点是法律解释的必要性问题,其意义在于:第一,是克服制定法抽象、遗漏和滞后等弊端的主要方法,它能够缓解法律的抽象性与社会生活的具体性之间的矛盾,为法律适用提供较为具体的适用标准,弥补法律的漏洞;第二,法律解释是连接立法历史背景与司法现实条件的桥梁,因此也是适应社会发展与保持法律统一适用的需要;第三,法律解释是连接立法意图与司法目的的纽带;第四,法律解释的实质还可以从立法者与法官的权力关系进行阐述,是平衡和协调立法权与司法权的重要机制。[①]

香港法律长期以来一直属于普通法系,而普通法系实行的是司法解释体制。立法机关有权制定法律,但无权解释法律,法律的解释权由法院行使,确切地说由法官行使,在具体案件的审理过程中对于需要解释的法律进行解释。1997年之后,香港的法律渊源除了原有的法律渊源,香港《基本法》成为了香港最基本、最具根本效力的法律渊源。因此,了解香港法院对各种法律渊源,尤其是对香港《基本法》

---

① 黄江天:《香港基本法的法律解释研究》,三联书店(香港)有限公司,2004年版,第3页。

的解释制度、体系和方法,有助于加深对香港法院司法职能的进一步认识。

第一节 香港法院法律解释的一般原则和方法

在普通法制度下,法律的解释权属于法院。法律制定出来后,立法机关就不再有发言权,法律的命运就操之于法院手中。司法机关在处理案件时如果需要解释法律,通常不会征求立法机关和行政机关的意见。如果立法机关对法院的解释有意见,可以修改或废除法律,或重新制定有关法律,而不会解释法律。这就是普通法下的法律解释制度。香港法院承袭了普通法这一制度和传统。

香港回归前,在普通法体制下,释法和司法是同一个过程,法院既是司法机关,也是释法机关。但尽管香港法院有解释法律的权力,由于回归前香港法院不享有司法终审权,香港的司法终审权由英国枢密院司法委员会享有,因此英国枢密院司法委员会就是香港回归以前的最高释法机关。而香港法院对香港本地法律和英国相关法律的解释不是最终的,当事人不服可以上诉到英国枢密院司法委员会,寻求最终解释。香港回归后,香港解释法律的制度发生了很大变化。香港法院解释法律的权力,尤其是解释新宪法性法律——《基本法》的权力得到大大加强,除香港法院继续享有释法权外,全国人大常委会开始为香港解释宪法性法律。[①] 因此从上述情况可以发现,香港回归后,香港法院的法律解释可以分为对一般法律的解释和对宪法性法律的解释。本节主要介绍香港法院对香港一般法律的解释原则和方法。

---

① 王振民:《论回归后香港法律解释制度的变化》,载《政治与法律》,2007 年第 3 期,第 2 页。

一、判例法的解释方法

在普通法地区,特别是按照英国的传统法律观念,制定法是次于判例法的渊源,只是给以判例法为主体的英国法提出一系列的勘误和弥补,是给法的原则带来一些起纠正作用的东西和附加物。法官不应在法律里面去寻找法的原则本身,而是去查明或纠正判例所提出的原则和规则的解决办法。法官的职责是实施法律,但法律所包含的规范只有在法院实施和解释后,并按照其实施和解释的形式和限度,在最终地被接纳后,才完全成为英国法的一部分。①

判例法的最为核心的原则是"遵循先例"原则,即某一判决中所包含的法律原则或规则不仅适用于该案,而且作为一种先例,对以后该法院或下级法院所管辖的案件具有约束力,只要案件的基本事实相同或相似,就必须以判例所定的原则或规则处理。香港法院对香港法律渊源也持基本相同的观念,其所进行的法律解释也是通过判例法的传统和途径来加以实现的。

在遵循先例和运用判例时的一个重要方法是区别技术。对成文法的解释主要采取演绎分析方法,而对判例加以解释和运用则是一个归纳分析的方法。判例法是通过归纳方法得出法律原则,再把这个原则运用到其他案件中,这样就要用得出法律原则的先例进行比较分析的方法,将两个案件的相同或不同之处加以认定或区别,这便是所谓的区别技术。区别技术要求法官对含有先例的判决中的事实或法律问题和当前审理案件中的事实和法律问题加以比较,了解两者之间的异同及其程度。因为判决的根据往往是一种概括性的法律原则和规则,要确

---

① 黄江天:《香港基本法的法律解释研究》,三联书店(香港)有限公司,2004年版,第45—46页。

定判决的根据,就必须找出判决中的实质性事实以及作出这一判决根据的法律命题。只有当实质性事实越多越详尽,判决的根据才能够越具体越准确。

二、制定法法律解释的一般原则

就普通法传统而言,判例法制度本身也许就意味着对法律的解释。但是从19、20世纪以来,普通法系国家和地区的制定法制度体系获得了极大的发展,即使英国这样具有深厚判例法传统的国家也由立法机关制定了大量的成文法,如何在审判中对制定法进行有效的法律解释成为了普通法系法官要面临的重要问题。因此在普通法系传统中逐渐发展出的一系列成文法解释方法也就更为广泛地被应用在司法审判实践中。

在普通法的法律解释学分类中,一般可以分为应用层次的法律解释方法和理论层次的法律解释学。所谓应用层次的法律解释方法,是建立在普通法系法院判决书基础上的、对法律解释的一般原则和方法,而非学术界所创建的理论。法官在解释法律时,为使法律解释和判决更具有说服力,都遵循一定的"规则"和方法,这些"规则"并非实体化上的规则,因而没有法律上的约束,不必强制适用。总体而言,普通法系国家和地区的法院和法官,包括香港法院,通常使用以下几种法律解释原则来解释制定法法律规范。

(一)文义解释规则

该规则又称"字面解释规则",即按照制定法规范的自然或字面的意义进行解释,取其最自然、明显、正常和常用的意义,而无需考虑该规则所产生的解释结果是否公平或合理。该规则又称"显然意义规则",指立法意图应当通过法律条文字面的通常意义来理解。如果字面含义不明,该方法就不能使用;如果含义清楚,就必须采用该种含义,而不必考虑立法意图,也不必借助外力来阐明。按照这一规则,文义解释规则被赋予了初始的优先性。即成文法只能按照其用语所能承受的某种可能的含义加以解释,除非有足够的否定理由,成文法的解释应当倾向于最显著、最明白的含义。因为,通常情况下法律条文字面清晰而无歧义,该条文就应当被视为立法者的原意。

按照文义解释规则,如果法律条文字面含义的应用在个案中导致不合理的结果,法院也不需承担责任。因为这是立法者的责任。解决这种不合理局面的途径是由立法机关修改法律,以避免今后出现同样的问题。但是在法律修改之前,法院仍有义务施行。如果一项法律条文文义明白,而法官并不按照该文义来解释,便不是在解释法律,而是在制定或修改法律。[1] 这既是由西方三权分立的制度本质决定的,同时也是普通法的"制定法优于判例法"的原则的体现。

文义解释规则从19世纪以来在普通法法院成为主要的解释原则和方法,但是由于其存在一定程度上的僵化和缺陷,其他的法律解释方法也被法院广泛采用。

(二)黄金规则

文义解释规则虽然较为明确,但是往往难以适应不断变化的社会需要,因此在法律解释的司法实践中便产生了对文义解释规则的修正,即所谓的"黄金规则"。当应用文义解释规则解释某些法律条文会使案件出现不合理的、令人难以接受和信服的结果时,而且法官也不能想象该结果是立法机关制定该法律条文的初衷,此时法官应当变通解释,以避免该荒谬的结果的出现、或与立法者的原意不符。所以黄金规则指对法律条文所用文字应尽可能根据其通常含义来解释,但以不导致荒

---

[1] 黄江天:《香港基本法的法律解释研究》,三联书店(香港)有限公司,2004年版,第39页。

谬结果为条件。

黄金规则为避免产生荒谬的结果,可以不必局限于文字的表面含义,参考相关的法规作为解释的标准,因此给予了法官较大的解释空间,同时也限制了文义解释规则的适用范围。但是黄金规则本身也存在一定的缺陷。在具体的案件中如何确认怎样的结果会属于不合理或不公正,以足以排除文义解释规则的适用,这些都不容易找到客观的标准。另外,在排除了文义解释规则的适用后,又应当采用什么规则或方法来解释有关法律条文,黄金规则也没有给予明确的指引。①

(三)目的解释规则(弊端规则)

文义解释规则和黄金规则是以制定法字义为中心的解释原则,与此对应的是以制定法制定目的为中心的解释原则,即所谓的目的解释规则或弊端规则。

在普通法传统中,目的解释规则起源于1584年的Heydon's Case,原称为"Mischief Rule"(弊端规则)。该规则要求法官在解释某条成文法条文时,应当先了解该制定法实施之前的有关法律概况,包括普通法是什么,了解普通法未曾克服的阶段和极限是什么,了解议会为克服弊端采取了哪些措施及其真正理由等,然后在解释这些条文时,尽量针对有关弊端和解决有关问题。这一规则显然是要求法官考虑成文法背后的目的、意图和政策因素。所以,有学者指出弊端原则的现代版本就是目的解释方法。②

目的解释规则要求在解释成文法时,必须首先了解立法机关的立

---

① 黄江天:《香港基本法的法律解释研究》,三联书店(香港)有限公司,2004年版,第40—41页。

② 陈弘毅:《当代西方法律初探》,载《法律解释问题》,法律出版社,1998年版,第7页。转引自黄江天:《香港基本法的法律解释研究》,三联书店(香港)有限公司,2004年版,第40—41页。

法目的,然后以此目的作为指导性原则,去解释法律条文的含义,尽量使有关目的得以实现。在此过程中,不必拘泥于条文的字面含义,如果条文有缺陷或漏洞,法院甚至可以通过解释来加以修正或填补,从而使立法机关的立法原意得到充分的实现。

目的解释规则有时也被称为社会目的解释方法。社会目的的内涵通常包括了法律规范的目的、规范的对象、欲解决的问题及应避免的危险是什么等等。以社会目的来解释法律规范还必须考虑下列问题:(1)法律未制定前,普通法和习惯法是如何解决该问题的?(2)普通法和习惯法对于该问题的规定及其目的是什么?所要避免的危险是什么?所要到达的目的是什么?(3)立法机关制定该规范的目的是什么?该规范是否已经达到立法的目的?(4)检讨该规范制定后是否达到其所希望保护的法律利益的实现?[①]

相对于前述两种法律解释原则,目的解释原则赋予了法院在审判中较大的自由裁量空间。不同的法官对于法律条文背后的立法目的或理念可以有各自不同的理解。在了解和判断立法目的时,法官可以考虑更为广泛的因素而不局限于条文本身,包括政治、经济、文化、社会政策、公共利益等因素,以及作出不同的法律解释和判决将会对社会产生的可能影响。目的解释方法不仅用于解释一般法律,还经常使用在对宪法性法律文件的解释中。对于法律条文较为抽象和弹性的宪法性法律文件,一般认为应当侧重立法的目的和宗旨,采取较宽松的目的解释方法。

(四)整体解释规则

该规则来源于英国法中的一条格言,即"词语的含义取决于其所相

[①] 潘维大、刘文琦:《英美法导论》,法律出版社,2000年版,第179页。转引自黄江天:《香港基本法的法律解释研究》,三联书店(香港)有限公司,2004年版,第42页。

关的语境"。整体解释方法要求结合整个制定法的整体背景对法律规范中的词语进行解释。该规则不仅要求考虑制定法中各个条文之间的关系，分析相关各条文之间的主次、从属关系，而且要求超出特定的制定法，从整个法律体系着眼进行解释，尽可能地考虑法律体系内其他有关的制定法规范。①

文义解释规则、黄金规则、目的解释规则和整体解释规则是普通法系法官主要的解释成文法的原则和方法。但是法官在解释制定法时，通常也会交替地应用上述的一种或几种方法，总体而言是以文义解释规则作为解释的首要原则，如果会造成不合理或不公正的结果时，再使用其他解释规则。但是什么是不合理或不公正的结果又需要依靠法官运用自由裁量权加以确定。一般来说，法官在使用自由裁量权时会受到时代背景、价值标准、社会文化等因素的影响，同时还要受到其他一些解释规则的限制。

(五)其他法律解释规则

对于成文法的解释，仅有文义解释规则、黄金规则、目的解释规则和整体解释规则仍然是不够的，法官还需要借助其他的一些解释方法来辅助运用前述规则。

1.有效推定立法原意。法官在解释立法者立法意图和目的时，往往会使用一些关于立法原意的推定。即法官会推定立法机关无意造成某种结果，而这种结果可能与法院所确定的某种伦理或正义的价值相冲突，所以法官在解释法律时要尽量避免这种结果的产生。但是如果立法机关在立法中非常明确、清晰地表明其愿意达到这种结果，即使法官认为其不合理或不公正，也必须忠实地适用该法律条文。因此，法官在推定立法原意以维护法院或法官所坚持的法律价值的空间是有限

---

① 舒国滢等：《法学方法论问题研究》，中国政法大学出版社，2007年版，第194页。

的。通常能够有效运用推定立法原意的方法也只限于立法机关的立法语言存在不明朗、不确定或含糊的情况下。

2. 文本语境规则。法院在解释成文法中的某个词汇或条文时,应当综合考虑其上下文本、具体语境以及在整个文本中的含义和作用。

3. 一般用语事项。当法律条文提及一系列的事项,而之后是较为一般性的词汇,则法官会将这些一般性的词汇解释为与之前的事项属于相同的类别。例如,英国在1677年的一条法律中规定,"商人、技工、工厂工人、搬运工人或任何其他人"不得在星期日工作,法院便将"任何其他人"解释为从事上述类似工作的其他人,而不包括农民、教师或理发师等。[①]

4. 同类规则。该规则认为,在同一法律条文中,某些具体意义的词语中使用了一般意义的词语,则该一般意义的词语应当与具体意义的词语属于同一类别。例如,英国1853年的赌博法禁止在住所、办公室、房间或其他地方赌博。在涉及该法的一个判决中,英国上议院认为住所、办公室、房间都属于室内,而赛马场属于户外,因而赛马场不属于该法所规定的"其他地方"。[②]

5. 同义解释规则。根据该规则,如果某一个名词在法律条文中已经给予定义,后面的条文使用该名词时,除非法律有明文规定的其他含义,否则应当按照之前的定义加以解释。

6. 级别规则。该规则认为,法律条文所列明的最高事物以下层次的事物,不可以解释为超出最高层次的事务。对此,英国法学家布莱克斯通在《英国法评注》中给予了精确的解释:"规定下级人或事的法规,不能通过任何概括性用词扩展到上级的人或事,因此规定'教

[①] 黄江天:《香港基本法的法律解释研究》,三联书店(香港)有限公司,2004年版,第44页。

[②] 同上。

长、受俸牧师、牧师和其他从事精神鼓励性工作的人员'的法规不能扩展到主教;教长是所提到的最高一级的人员,主教则属于更高一个层次。"①

7.刑法条文的严格解释。对于刑法条文的解释,法官必须作严格的字面解释,不能作扩张或无限的解释。

三、法律解释的辅助资料

法律解释原则和方法在适用时仅在判例法或制定法规范中考查其准确含义和释义是存在很大困难的,尤其是被解释的条文模糊或必须采取目的解释方法的时候。因此法官必须参考其他的一些辅助资料来协助法律解释。这类法律解释辅助资料可以分为内部解释资料和外部解释资料。

内部解释资料通常就是制定法文本本身,因为其本身往往被认为最直接地体现了立法的目的和意图。内部解释资料大致包括:(1)短标题,即制定法的正式名称,一般来说只是一个描述性的名称;(2)长标题,即在短标题后用以阐述立法目的的文字,通常用于查明立法的一般性目的;(3)序言,即阐述该法的必要性以及预期的立法目的,有助于较直接地查明立法目的;(4)标点,当条款有模糊不清之处时,可以帮助解释条款的意义;(5)小标题,有时也可以用于解释,但小标题未必构成制定法的一部分;(6)页边注,即在法律条文的每节侧旁标注该节目的或所针对的弊病,通常可以适用弊端规则,但因页边注在立法过程中未经立法机关讨论,而不被视为法律的一部分,其权威性有限;(7)附表,通常位于法律的末尾,记载细节性较强的内容,是法律组成部分,具有法律效力,可帮助解释主体部分中含糊不清之处;(8)例子,用来说明法律

---

① 郭华成:《法律解释比较研究》,中国人民大学出版社,1993年版,第137页。

的适用方法或新术语的用法,但与其他条款冲突时,以其他条款为准;(9)其他条款,在适用整体解释规则时,需要考虑同一法律或其他法律中的相应条款。①

外部解释资料。外部解释资料指制定法文本中没有包含的材料。通常包括立法背景、立法史材料、先前的判例、其他法律、国际公约、官方报告、立法机关辩论和会议记录等。该类资料经常被用来协助目的解释,以查明和确认立法的目的和意图。

第二节 回归前香港法院的宪法性法律解释

香港长期以来承袭普通法的传统,法院的法律解释和司法活动相互渗透与互动,因此香港法院对法律的解释既是普通法的基本要求,也是普通法之下法院的固有功能。

一、回归前香港法院的宪法性法律解释机制

1997年回归前香港处于英国殖民统治下,其宪政制度的安排决定了法院对宪法性法律的解释机制存在两种层面上的不同类别:一是英国枢密院司法委员会作为香港的终审法院和最高释法机关对法律的解释,二是香港本地法院对法律的解释。

(一)英国枢密院司法委员会对法律的解释

在该层面下,回归前香港的法律解释制度有如下几个特点:(1)香港最高的释法机关是英国枢密院司法委员会,香港最高法院没有法律的最终解释权。(2)英国枢密院司法委员会不仅有权解释当时香港的

---

① 兰磊编著:《英文判例阅读详解》,商务印书馆,2006年版,第105页。转引自舒国滢等:《法学方法论问题研究》,中国政法大学出版社,2007年版,第198页。

宪制性法律——《英皇制诰》和《皇室训令》，而且可以通过对案件的审理解释香港本地立法。(3)枢密院司法委员会的释法，必须结合具体案件，进行具体解释，不能脱离诉讼进行抽象解释。枢密院司法委员会不可以在没有当事人上诉的情况下自行解释法律，香港居民也不可以在没有一个实际案件或者纠纷发生的情况下，直接向枢密院司法委员会申请释法。(4)基于上述第三点理由，香港政府和任何一个香港公司、居民都可以通过司法诉讼的方式向枢密院司法委员会"申请"释法。但是香港法院不可以向枢密院司法委员会申请释法。(5)枢密院司法委员会解释法律采取的是普通法制度下法院释法的一般哲学和方法，这种释法是司法活动的一部分，程序上当然也是司法程序，争议双方有机会在释法者(法官)面前就如何理解法律条款的含义发表自己的意见。[1]

(二)香港本地法院对宪法性法律的解释

首先，尽管在英国普通法制度下，香港本地法院享有法律解释权，包括有权解释《英皇制诰》和《皇室训令》，但是这种解释权是有限的，而且不是最终的，当事人可以通过上诉的方式申请英国枢密院司法委员会作出最终解释。回归前香港的"最高法院"实际上不是"最高的"审判机关。其次，香港回归前，香港法院在解释法律，尤其在解释《英皇制诰》和《皇室训令》的时候，通常都比较保守，不愿意越雷池一步。另外，与枢密院释法一样，香港法院的释法活动不是独立的司法行为，必须有具体的诉讼案件，通常是在进行司法审查过程中进行的。总体而言，回归前法院是"适用性"释法，即解释法律的目的是为了发现法律条款的真实含义，为了寻找立法者的动机和目的，从而更好地适用法律，[2]属

---

[1] 王振民:《论回归后香港法律解释制度的变化》，载《政治与法律》，2007年第3期，第3页。

[2] 同上。

于相对被动的宪法性法律解释。

根据上述情况可以发现两点结论：第一，回归之前香港法院（包括作为香港终审法院的英国枢密院司法委员会）作为解释和执行法律（包括《英皇制诰》和《皇室训令》）的司法机关，有权审查香港立法机关所制定的法律是否违反《英皇制诰》或超越了它的授权范围，继而判断该法律是否无效。正是根据这一点，可以认为香港法院是通过普通法的司法审查机制和传统来实现了违宪审查职能。第二，回归前香港本地法院行使上述的解释权和审查权又是极为审慎和节制的。由于《英皇制诰》赋予了香港立法机关非常广泛的权力，而且在1991年修订之前，《英皇制诰》并没有设定对立法机关立法权的限制（如规定它不能、或非经某种程序不可就某些种类的事务立法、或规定它的立法不可剥夺某些人权），以至于在1991年之前，香港本地法院依《英皇制诰》对香港立法机关的立法进行审查的案例几乎绝无仅有。[①]

尽管回归前相当长的时期内香港法院由于传统和制度的关系较少进行宪法性法律解释和违宪审查，但是随着1991年《英皇制诰》第7条的修订和《香港人权法案条例》的通过，"香港法院终于有机会一展所长，发挥出一向潜伏于其司法权之中的违宪审查权"。[②]

1991年6月，香港立法局通过了由政府起草的《香港人权法案条例》（简称《人权法案》）。该条例将从1976年起已经在国际法层面适用于香港的《公民权利和政治权利国际公约》（简称《公约》）引入为香港本地立法，由香港法院执行其中的人权标准，并用以审查在《香港人权法案条例》生效之前已制定的法律。该条例第3条第2款规定，所有

---

① 陈弘毅：《论香港特别行政区法院的违宪审查权》，载《中外法学》，1998年第5期，第12页。
② 同上。

先前法例,凡不可作出与本条例没有抵触的解释的,其与本条例抵触的部分现予废除。另外,为了配合《香港人权法案条例》的实施,《英皇制诰》在1991年6月也作出了相应的修订。根据修订后的《英皇制诰》第7条的规定,《公约》中适用于香港的规定,将通过香港法律予以实施;香港立法机关在《英皇制诰》修订生效后,不得制定与《公约》规定有抵触的限制权利和自由的法律。正如后来香港上诉法院在"R v. Chan Chak-fan"[1]一案中所指出的,修订后的《英皇制诰》有以下的作用:"《英皇制诰》禁止立法机关在立法时违反在香港适用的《公民权利和政治权利国际公约》,从而使《人权法案》享有凌驾性地位。《人权法案》是在香港适用的《公约》的体现。因此,任何与《人权法案》相抵触的立法都是违宪的,法院作为宪法的监护者将会予以推翻。"[2]由此,香港法院在1991年后在制定法和判例法中明确表明了其进行宪法性法律解释和违宪审查的权力。

对于香港法院上述权力的缘起和发展过程,有的学者认为在《基本法》实施之前的既有香港普通法体制中,虽然不存在完备的违宪审查制度,然而却存在了卓有成效的司法审查制度。这种制度已内在地蕴涵(或"潜伏")了某种"违宪审查"制度的机制,即法院可以根据宪法性规范去判断效力较低的法律规范的合理性或妥当性,而透过一定的司法实践,这种机制的确就可以发展成为"违宪审查"制度。而在这一点上,普通法传统中恰好存在重要的先例。例如美国、澳大利亚都是通过司法实践确立了违宪审查制度。[3]

---

[1] CACC328/1993. 此判例为"九七"之前的,无官方中译本,故无中文通译。
[2] 陈弘毅:《〈香港特别行政区基本法〉的理念、实施与解释》,载《法理学的世界》,中国政法大学出版社,2003年版,第349—350页。
[3] 林来梵:《从宪法规范到规范宪法》,法律出版社,2001年版,第395页。

二、回归前香港法院的宪法性法律解释原则与方法

香港法院在1991年《人权法案》颁布和《英皇制诰》修订前后,其进行宪法解释和违宪审查的权力有着明显的变化,与之而来的解释方法和解释态度也有显著的发展。

(一)1991年《人权法案》颁布前的宪法性法律解释原则和方法

这个阶段的香港法院释宪原则和方法主要是由香港上诉法院在1991年的"Attorney General v. Chiu Tat-cheong"[①]一案的判决中加以明确的。在该案中,刑事被告人对审讯他的裁判法院法官的权力提出了质疑,其理由是根据《英皇制诰》第14条的规定,法官必须由港督任命,而该案件中的法官却是由首席大法官任命的。而事实上自1974年以来,所有裁判法院的法官都是由首席大法官任命的。香港上诉法院在该案判决中援引了英国枢密院在一系列案件中所确立的宪法性法律解释原则和方法,这些案件包括Edwards v. Attorney General for Canada(爱德华兹诉加拿大总检察长)、Attorney General for Ontario v. Attorney General for Canada(安大略总检察长诉加拿大总检察长)、Thornhill v. Attorney General of Trinidad and Tobago(特霍西尔诉特立尼达和多巴哥总检察长)和Attorney General of the Gambia v. Jobe(冈比亚总检察长诉乔布)。[②] 这些判例都主张在解释宪法性文件时,采用一种宽松的、目的论的解释方法,不必拘泥于狭隘的、技术性的考虑;而宪法有如正在生长的树,有一个成长的历程;宪法性法律解

---

① CACV63/1991;[1992] 2 HKLR 84.

② 这些判例都是英国枢密院在处理其殖民地或某些英联邦国家法院的上诉案件时的判决。这些地区都有成文宪法,其司法系统以英国枢密院为其终审法院。英国本土案件的终审法院是英国上议院法庭,但是由于英国本身没有成文宪法,所以上议院法庭并无关于如何解释成文宪法的判例。转引自陈弘毅:《〈香港特别行政区基本法〉的理念、实施与解释》,载《法理学的世界》,中国政法大学出版社,2003年版,第348页,注[34]。

释应当有一定的灵活性,以适应转变中的社会环境。上述案例中的Jobe案①是香港法院在以后(包括在1997年以后)的宪法性法律解释案件中多次引用的判例。在该案件中,刑事被告人以当地宪法中关于人身自由和财产权的保障条文为依据,质疑刑事诉讼法中的若干规定。枢密院引用了法律的合宪性推定,对其中的一些规定作出合乎宪法性法律的解释(把某些保障人权的内容认为默示地规定在刑事诉讼法中),但它同时裁定,其中另一个规定明显地违反宪法性法律中的无罪推定原则,因而是越权和无效的。② 由此可见,在1991年《人权法案》颁布前香港法院就已经采用宽松的、目的论的解释方法来进行宪法性法律解释。

(二)1991年《人权法案》颁布后的宪法性法律解释原则和方法

在《人权法案》颁布后,香港法院(包括作为香港终审法院的英国枢密院)又在一系列的判例中发展了香港的宪法解释原则和方法,并沿用到1997年回归之后。

1991年《人权法案》颁布后,香港上诉法院在"R v. Sin Yau-ming"③一案中就《人权法案》的解释和应用作了权威性的论述。在该案中,法院审查了《危险品条例》中若干有利于控方的证据法上的推定条款,认定这些条款是违反《人权法案》中的无罪推定条款的,因而是无效的。上诉法院引用了英国枢密院的判例以阐述宪法解释的原则,除了上述的Jobe案外,上诉法院还援引了"Minister of Home Affairs v. Fisher"(内政部长诉费舍尔)④这个重要的判例,并在此后包括香港回

---

① [1984] AC 689.
② 转引自陈弘毅:《〈香港特别行政区基本法〉的理念、实施与解释》,载《法理学的世界》,中国政法大学出版社,2003年版,第348页。
③ CACC289/1990;[1992] 1 HKCLR 127.
④ [1980] AC 319.

归后多次引用。

Fisher案是从百慕大法院上诉到英国枢密院的案件,其中关键问题是百慕大宪法中用到的"子女"一词是否应当解释为包括非婚生子女。枢密院注意到,在某些法例中,"子女"一词不应当解释为包括非婚生子女,但它认为,在解释宪法条文时,用以解释其他一般法律,尤其是私法的原则不一定适用;在解释宪法时,应注意到有关宪法性文件的性质和背景,并采用较宽松的解释方法,尽量保障宪法所规定的权利和自由。在该案中,枢密院还考虑到其他国际人权法的文件,它的结论是,案件中有关条文应解释为包括非婚生子女,他们享有与婚生子女同样的居留权。[①]

香港上诉法院在 Sin Yau-ming 一案中也主张香港法院在解释和应用《人权法案》时可以采取一个"全新的法理立场",无须受到一般法律的解释原则或普通法的论述的限制。上诉法院强调,在解释《人权法案》时,香港法院可以参考范围广泛的国际法和比较法方面的材料,包括美国、加拿大等具有人权法案的普通法国家的司法判例、欧洲人权法院的判例和根据《公民权利和政治权利国际公约》成立的人权委员会的意见书和报告。在判断该案中受质疑的证据法上的推定条款是否合宪时,上诉法院采用了加拿大最高法院在"R v. Oakes"案中的思维模式和"比例"或"相称"原则,即如果有关法律的确限制了某项宪法性权利,则要进一步考虑此限制能否在自由民主社会中被合理地和明显地接受。在这方面,法院必须考虑此限制背后的目的是否正当,有关法律用以达到此目的的手段是否与此目的有合理的联系、是否已尽量减轻对有关权利的必须的限制和是否与上诉目的相称。[②]

[①] 转引自陈弘毅:《〈香港特别行政区基本法〉的理念、实施与解释》,载《法理学的世界》,中国政法大学出版社,2003年版,第351页。

[②] 同上书,第351、352页。

Sin Yau-ming 案后来上诉到英国枢密院,同时也是《人权法案》通过后第一宗上诉到英国枢密院的人权案件。英国枢密院对该案的判决对香港法院日后的判决有一定的影响。在枢密院的判决中,枢密院肯定了香港上诉法院在 Sin Yau-ming 案中所采用的宪法解释方法,尤其是以 Fisher 案和 Jobe 案为基础的宽松的、目的论的解释方法。枢密院也同意美国、加拿大法院和欧洲人权法院的判决是有参考价值的,但是它又指出"这些其他法域的情况不一定与香港相同"。在关于该案无罪推定的司法审查方面,枢密院认为加拿大最高法院的相关判例中的处理方法把问题不必要地复杂化,枢密院指出,问题不外是如何在个人权益和社会公益之间取得适当的平衡,这需要较灵活的处理。最后,枢密院提醒香港法院:"香港司法机关固然应全力维护《香港人权法案》里的个人权利,但是也需要确保关于《人权法案》的诉讼不会出现失控的情况。《香港人权法案》的问题应务实地、明智地、有分寸地处理。若非如此,《人权法案》便会带来不公而非正义,而它在公众眼中的地位亦将被贬低。为了维持个人和社会整体之间的平衡,不应以僵化和硬性的标注妨碍立法机关在处理严重犯罪问题时的努力,这些问题是不容易解决的。应当留意,政策性问题的处理仍主要是立法机关的责任。"①

通过 Sin Yau-ming 案,香港法院确立了宽松的、目的论的解释方法作为主要的宪法性法律解释原则,并且在之后的案件中再次丰富了该释宪方法的应用方式,构成了香港回归前宪法解释的重要判例。在"Ming Pao Newspapers Ltd. v. Attorney General"案②中,枢密院肯定了香港上诉法院的判决,即《防止贿赂条例》第 30 条关于禁止透露某人正在被廉政公署调查的规定,并没有违反《人权法案》中关于言论自由

---

① [1993]3 HKPLR 72.转引自陈弘毅:《〈香港特别行政区基本法〉的理念、实施与解释》,载《法理学的世界》,中国政法大学出版社,2003 年版,第 352、353 页。

② [1996] AC 907;[1996] 6 HKPLR 103.

的保障。在判决中,枢密院重申宪法性文件应当赋予宽松的和目的论的解释,并强调言论自由的重要性。但是枢密院又认为,案件中被质疑的条文对言论自由的限制是为了方便对贪污的调查,而且它能满足"比例"原则。在应用"需要"或"必要"原则时①,枢密院同意香港法院的意见,即不必把"需要"等同于欧洲人权法院所谓的"迫切社会需要",但即使后者是适当的标准,它也能在本案中得到满足。

另外,在"Fok Lai-ying v. Governor in Council"②一案中,原告人的住所被政府根据《收回官地条例》有偿收回并用作公共用途,枢密院表示了与香港上诉法院不同的意见。枢密院认为,考虑到《香港人权法案》第14条的规定,即保障私人住宅不受无理或非法侵扰,《收回官地条例》第3条(关于港督收回土地的权力)应当解释为在针对住宅的收回令发出之前,政府应当提供公正的程序,给予当事人提出反对的合理机会。但就本案而言,枢密院认为,原告人已经获得了这样的机会,故枢密院驳回了原告人的上诉。③

第三节 香港法院法律解释与香港政制和法制发展

凡法律问题皆非单纯的法律技术问题,因为法律是为规范社会行为和解决社会普遍性问题而制定的。所以,对法院的法律解释(司法解

---

① 《香港人权法案》第16条规定,对于发表自由的限制,"以经法律规定,且为下列各项所必要者为限——(甲)尊重他人权利或名誉;或(乙)保障国家安全或公共秩序、或公共卫生或风化。"该条文中的"必要"一词便是这里所谈的"必要"或"需要"原则的基础。转引自陈弘毅:《〈香港特别行政区基本法〉的理念、实施与解释》,载《法理学的世界》,中国政法大学出版社,2003年版,第354页,注[55]。

② HCMP940/1996; CACV 200; [1997] 7 HKPLR 327.

③ 陈弘毅:《〈香港特别行政区基本法〉的理念、实施与解释》,载《法理学的世界》,中国政法大学出版社,2003年版,第354页。

释)也必须用全面的眼光来加以审视和考虑。

就香港法院而言,其所进行的法律解释从微观角度观察可以认为是法院适用法律、实施法律所必须采用的手段之一,从宏观角度考查则涉及到司法机关与立法机关、行政机关的政制关系问题;从个案角度可以注重其法律效力,从普遍视角又不可忽视其社会效应;以香港本地立场,可能偏重本港利益,而从"一国两制"原则出发则必须正视中央政府与香港的关系。所以,香港法院的法律解释所涉及的问题往往是多样的、复杂的和重大的。如果就相关问题与英国、美国——两个普通法系代表性国家,以及中国内地的有关制度作些比较,就能够更明显地认识香港法院法律解释的作用与功能。

一、香港法院法律解释与法律适用

对于立法之目的来说,法律适用是其手段;对于法律适用的目的而言,司法解释(法院的法律解释)又是一种手段。[1] 司法解释产生的宏观根源在于立法权与司法权、立法者与法律适用者的分离。当立法机关的制定法出现后,由于制定法本身不可避免的缺陷,使得司法解释的存在具有必然性。又由于司法解释在微观技术上的可行性,所以法官可以通过独立地解释法律以实现立法者或法律本身所追求的公平正义目的。这是普通法系对于司法解释的传统而又普遍的认识。

在英美等普通法国家中,司法解释是法律解释的主要内容,是法律适用的主要方式。在英国由于采取"议会至上"的政治原则,制定法律的权力主要由议会行使,并可以委托政府立法。议会制定法律之后,解释法律的权力就由法院来行使,议会如果需要可以通过修改或制定法律的方式来实现其制定规则的目的。这样法院在事实上就成为解释法

---

[1] 董皞:《司法解释论》,中国政法大学出版社,2007年版,第221页。

律的主要机关,而且是通过司法审判加以实现。正如英国上诉法院院长丹宁勋爵所说的,制定法是没有明确含义的,几乎在每一个必须对之提出意见的案件中,都不得不对某项制定法进行解释。在美国,法律解释主要也是通过司法解释来实现的。从英美两国法院司法解释的发展轨迹看,基本呈现了从灵活解释到严格解释再到灵活解释的进程。这一方面说明司法解释的功能在加强,另一方面也说明立法机关的制定法也更需要通过司法解释来发挥其规范作用。

中国内地的法律解释根据法律规定和学理,按照有权解释的主体划分,通常分为立法机关、行政机关和司法机关的法律解释。三种解释中又以立法机关的法律解释具有最高的效力,因为立法机关的法律解释从性质上属于立法行为,其解释具有法律的效力。而司法解释又分为法院的法律解释和检察机关的法律解释,对于具体的司法审判有约束力。由此可见,内地法律解释权力由不同的国家机关分散行使,法院的司法解释被立法机关法律解释修正的可能性较大,所以法院解释法律时必须较为严格地考查立法目的,灵活解释的空间没有普通法系法院那么广泛。

香港的司法体制和法律解释机制承袭英国,所以深受普通法的理念熏陶和法律技术训练的香港法院法官们对其法律解释权力的独立性和效力是确信无疑的并且积极行使,并通过由法律解释而形成的判例法促进包括制定法在内的香港各种法律渊源得以不断地发展,形成较制定法更为广泛而周密的法律体系。此为香港法院法律解释功能的微观解读。

二、香港法院法律解释与香港政制关系

法律解释以及在此基础上形成的判例创设,是法院特别是普通法系法院法律解释的普通司法功能,但是如果这种功能与立法机关的功

能相冲突,便具有了明显的立法和政策功能,这就演变为法律解释的政治功能了。

(一)法律解释与立法引导

在英国、美国等普通法系国家中,由于议会的制定法必须通过司法机关的法律适用和法律解释才能够转化为有真正法律实效的规范,所以司法解释便对立法活动具有了一定的潜在引导作用。这种作用表现为法院在具体案件中的法律解释内容和立场有可能促使立法机关修订法律,而在立法机关制定法律时也有可能成为立法者必须要考虑的因素。同样地,中国内地法院,特别是最高人民法院的法律解释对法律法规的制定也有重要的参考意义和价值。

源于三权分立的基本政制原则,香港法院也没有直接参与制定法制定的权力,但是一旦法律制定并生效,如何将其适用到具体个案、使之产生实际的法律强制力,还需要法院来实施法律。这个过程给法院提供了其原本在法律制定时所不具有的直接影响力。如果说在制定法制定过程中,法院无权干预立法,那么在法律实施中,特别是行使法律解释权时,法院就可以对已有的法律规范或者其模糊、空白之处按照其自身理解的方式和内容加以解释和说明。所以,正如前述的案例中所表现的那样,当香港法院的法官获得这种解释机会时,法官通过司法解释不仅可以形成有约束力的判例,而且能够弥补制定法的缺陷,使其摆脱困境,并且可以通过具体解释技术的运用,重新揭示和指明立法的目的。而且法官的解释往往更加贴近当时的社会生活,在多变的社会环境中法官将已有的法律和特定的环境相结合,为将来的法律发展和完善提供了资料、依据、立法方向与价值导向。

(二)法律解释与对立法和行政机关的监督

在西方国家中法院通过对法律,尤其是宪法或宪法性法律的解释以行使司法审查的职能,实现对立法和行政机关的监督。在英国出于

"议会至上"的原则,英国法院对立法机关的立法行为和制定法并没有司法审查的权力,但是对于行政机关的行政行为拥有司法审查的权力,而司法解释是对行政行为司法审查的重要手段。而在美国,司法解释与司法审查制度的起源则更具紧密而又伴生的特点。在确立美国司法审查制度的"马伯里诉麦迪逊"案件中,联邦最高法院的马歇尔法官正是通过对联邦宪法和法律的缜密解释,从而宣告了违宪审查制度的诞生。当然,美国联邦最高法院通过法律解释、进行司法审查的对象不仅限于行政行为,还包括了立法机关的制定法。由此可见,法院的司法解释对于实现法院的政治功能、加强对立法和行政机关的监督是不可或缺的手段,具有极为重要的保障作用。

在中国内地,人民法院并不具有某些西方国家意义上的司法审查功能,但是人民法院可以在行政诉讼案件中裁判行政行为是否合法与合理,而这种裁判也是建立在法律解释基础之上的。

香港法院作为香港行政主导型政治体制中的重要组成部分,在制衡立法、行政权力方面发挥着重要作用。香港特别行政区政治体制更多的是涉及关于行政和立法两机关的分权与制衡机制,这样就为香港法院更多地以法律解释等司法方式介入、解决两者纠纷提供了机会。例如香港法院在"吴嘉玲"案和"原居民"案中所作的法律解释一方面直接导致了涉及歧视的法律条款被宣告无效,最终促使了立法机关重新修订或制定法律,另一方面法院判决也宣告了行政机关的行政行为无效。由此,法院以法律解释和司法审查的方式对立法、行政机关实现了监督,同时又保护了公民权利和利益。

三、香港法院法律解释与香港社会发展

制定法的缺陷在于不能根据社会变化及时作出相应的调整和完善,而法院通过法律解释就能及时地弥补制定法缺陷、空白,以顺应社

会变化与发展,以看得见的、及时的法律适用为当事人提供保障,以充分地实现司法公正与正义,所以法院的法律解释从社会整体发展的角度看就意味着司法公共政策功能的实现。

司法是否应当具有公共政策功能历来存有争议,但是从法律制定与实施的目的和现实的司法实践看,尽管法院必须由当事人提起诉讼才能开始其相对被动的司法活动,但是无论法院以积极或消极的态度对待公共政策问题,其法律解释原则、方法和审判结果必然会对社会产生影响。所以司法的公共政策功能不在于有无,而是在于积极或消极态度和方式,在于参与公共政策的程度、与社会发展的契合程度如何。

对于香港这样一个复杂的社会,香港法院经常能够迅速反应,在审判中创设新的规范、解决新问题,特别是针对涉及公共利益的案件制定出稳定而又可以预期的行为规则。近年来香港法院在面对香港社会公共政策问题上,特别是在一系列涉及《基本法》的诉讼中表现出一种司法积极主义的态度,在某种程度上可以平衡政治制度中的权力关系,但是过于激越的司法积极主义也往往会使法院不可避免地介入到公共政策形成等现实政治过程中,对于法院的独立、中立等基本价值会造成某种影响,甚至有可能影响中央与香港的关系。司法机关的基本职能是护法者,如何在保持司法对立、客观的基础上合理、适度的影响公共政策,仍然是香港法院需要继续面对和探索的重要问题。

第十章 香港法院对基本法的解释

随着1997年香港回归后《香港特别行政区基本法》的实施,香港法院解释法律特别是对《基本法》——这一香港宪法性法律的解释权限、解释机制和对象、解释方法等都有了明显的变化。其根本性的变化在于,第一是香港法院解释法律的权力,尤其是解释新的宪法性法律——《基本法》的权力得到大大加强;第二是除了香港法院继续享有法律解释权外,全国人大常委会享有《基本法》解释权。因此,香港法院对《基本法》的解释呈现出更多的复杂性,不仅涉及到香港法院司法独立性的问题,更关乎《基本法》在香港如何得到正确实施、"一国两制"的国策如何正确实现的问题。

第一节 香港法院对《基本法》的解释机制

一、香港法院对《基本法》的解释权依据

如前所述,在1997年之前,香港法院是通过普通法的司法审查机制和传统来实现了宪法解释和违宪审查职能。而在1997年之后,香港法院解释《基本法》的法律依据不仅来源于普通法制度,从根本上讲是由《基本法》的制定法规范赋予了香港法院对《基本法》的宪法解释权力,并使得原有的宪法解释原则和方法得以延续。

首先,《基本法》规定了其为香港特别行政区具有最高法律效力的

法律渊源。《基本法》第 11 条规定,香港特别行政区的制度和政策,包括社会、经济制度,有关保障居民基本权利和自由的制度,行政管理、立法和司法方面的制度,以及有关政策,均以本法的规定为依据。香港特别行政区立法机关制定的任何法律,均不得同本法相抵触。因此,《基本法》成为了香港的宪法性法律,是香港法院进行宪法性法律解释的根本依据。

其次,《基本法》规定了保留香港原有的普通法制度和原则。《基本法》第 8 条规定,香港原有法律,即普通法、衡平法、条例、附属立法和习惯法,除同本法相抵触或经香港特别行政区的立法机关作出修改者外,予以保留。第 19 条第 2 款规定,香港特别行政区法院除继续保持香港原有法律制度和原则对法院审判权所作的限制外,对香港特别行政区所有的案件均有审判权。第 84 条规定,香港法院审理案件时,其他普通法适用地区的司法判例可作参考。这样就使得香港法院在原有普通法制度及判例中所确立的宪法性法律解释原则和方法得以继续适用。

第三,《基本法》明确地规定了香港法院对《基本法》的解释权力。《基本法》第 158 条第 2、3 款规定,全国人民代表大会常务委员会授权香港特别行政区法院在审理案件时对本法关于香港特别行政区自治范围内的条款自行解释;对于关于中央人民政府管理的事务或中央和香港特别行政区关系的,而且如果解释又不影响到案件的判决的条款,香港法院在审理案件时也可解释。该规定成为香港法院行使《基本法》解释权的直接法律规范依据。

第四,《基本法》规定了香港法院宪法解释的司法效力。《基本法》第 80 条规定,香港特别行政区各级法院是香港特别行政区的司法机关,行使香港特别行政区的审判权。《基本法》第 19 条第 1 款规定,香港特别行政区享有独立的司法权和终审权。所以,香港法院的宪法性法律解释是具有司法效力的,而终审法院的解释更是具有终审效力。

值得指出的是,在香港回归之前,《英皇制诰》、《香港人权法案条例》和《公民权利和政治权利国际公约》构成了当时香港法院进行宪法性法律解释和违宪审查的规范依据。对这种依据的适用传统,对回归后香港法院的宪法性法律解释和违宪审查活动产生了一定的影响。1997年2月,全国人大常委会通过了《关于根据〈中华人民共和国香港特别行政区基本法〉第160条处理香港原有法律的决定》,宣布《人权法案》第2条第3款有关该条例的解释及应用目的的规定、第3条有关"对先前法例的影响"以及第4条有关"日后的法例的释义"的规定抵触《基本法》,不得采用为特别行政区的法律,因此使《人权法案》失去了继续作为香港法院宪法性法律解释和违宪审查依据的地位。①

另外,如何处理《基本法》和《公民权利和政治权利国际公约》的适用问题也值得香港法院和法学界的进一步思考。在1999年的一宗关于侮辱国旗和区旗的案件判决中,高等法院上诉法庭认为,《国旗及国徽条例》的有关条款限制了言论自由,违反了《基本法》第39条与《公约》第19条,因而无效。《基本法》第39条的主要规定是,《公民权利和政治权利国际公约》等国际公约适用于香港的有关规定继续有效,通过香港特别行政区的法律予以实施。因此,要审查某部法例是否违反《基本法》,应当直接以最为适当的条文作为解释和审查的规范依据。因为根据香港地区普通法的传统以及《基本法》第39条的规定,《公约》只是间接而非直接地适用于香港地区,应当通过《基本法》和其他香港特别行政区的法律加以实施。直接适用《公约》的有关规定可能违反《基本法》第39条的宗旨,也必然忽略了《基本法》等香港特别行政区的法律,使有关人权保障的实体性规定徒具空文。在上述的国旗案中,可以将《基本法》第27条(保障言论自由等公民权利)作为审查《国旗及国徽条

---

① 林来梵:《从宪法规范到规范宪法》,法律出版社,2001年版,第409页。

例》的直接依据,同时通过对第 27 条的解释以吸收国际人权公约和《人权法案》中的有关精神和法理。①

二、香港法院对《基本法》的解释机制

有关香港法院对《基本法》解释机制和解释权限的最直接的法律规定来自《基本法》第 158 条三个款项的规定。该条第 1 款规定,基本法的解释权属于全国人民代表大会常务委员会。第 2 款规定,全国人大常委会授权香港法院在审理案件时对本法关于香港特别行政区自治范围内的条款自行解释。第 3 款规定,香港法院在审理案件时对本法的其他条款也可解释。但如香港法院在审理案件时需要对本法关于中央人民政府管理的事务或中央和香港特别行政区关系的条款进行解释,而该条款的解释又影响到案件的判决,在对该案件作出不可上诉的终局判决前,应由香港特别行政区终审法院提请全国人大常委会对有关条款作出解释。如全国人大常委会作出解释,香港法院在引用该条款时,应以全国人大常委会的解释为准。但在此以前作出的判决不受影响。全国人大常委会在对本法进行解释前,征询其所属的香港特别行政区基本法委员会的意见。

从《基本法》第 158 条规定的内容看,该条为有关基本法的解释权限的分配、行使和效力提供了一个有效的机制和框架,具体表现在以下几个方面。

第一,对《基本法》的"双轨制"解释机制。即一方面全国人大常委会对《基本法》拥有全面的解释权,同时又授权香港法院可以"自行"解释《基本法》。在确保全国人大常委会作为中央国家立法机关释宪职能的同时,赋予了香港法院解释《基本法》的充分权力和灵活性。因此,香

---

① 林来梵:《从宪法规范到规范宪法》,法律出版社,2001 年版,第 410 页。

港特别行政区法院的释宪权力在回归后是被授权的,是从全国人大常委会的《基本法》解释权中派生而来的,这与回归前香港法院从司法审查的普通法制度途径中获得的释宪权有着本质的区别。

第二,香港法院对《基本法》的解释范围是有限制和有条件的。香港特别行政区法院对基本法的解释主要限于基本法关于香港特别行政区自治范围内的条款。对于基本法的其他条款也可以解释,但是对涉及中央人民政府管理的事务或中央和香港特别行政区关系的条款进行解释,而该条款的解释又影响到案件的判决,在作出终审判决之前,应当提请全国人大常委会对有关条款作出解释,并以全国人大常委会的解释为准。

第三,香港法院对《基本法》的解释有一定的先决程序。如上述第二点所述,香港法院在解释《基本法》某些条款时,应当先提请全国人大常委会作出相关解释。这是由保障基本法的统一性和正确实施,以及维护香港司法独立的双重要求所决定的。而这种解释程序在很大程度上借鉴和吸收了欧盟法律制度中的先予裁决制度。

欧盟法律制度的一个突出特点是,成员国法院与欧洲法院共同行使欧盟法的司法权。对于大量存在的无权在欧洲法院提起诉讼的当事人,欧洲法院也应当充分保障其依照欧盟法本应享有的权利。这就必然引起欧盟法解释和适用的统一性问题。先予裁决是指欧洲法院对成员国法院审理案件过程中所遇到的欧盟法律问题所作出的裁决,是成员国法院诉讼过程中的一个步骤。

先予裁决决定了提请此类裁决的时间条件,即成员国法院应当在对案件的主要问题作出不可上诉的判决之前提出申请。其目的就在于当成员国法院认为有必要申请先予裁决或成员国法律对法院判决未规定司法补救手段时,从程序上保证当事人享有最充分的请求救济的机会。另外,欧洲法院的先予裁决对成员国法院受理的案件具有约束效力,成员国法院必须将先予裁决的结果适用于其受理的案件并据此作出判决。所以,先予裁决制度保证了欧盟的与其成员国的这两种相互独立的法律制度在适用欧盟法上的统一,使属于不同法系、适用不同诉讼规则的各成员国在审理有关案件时更恰当地适用欧盟法,保证了欧盟目标的实现。① 香港法院对《基本法》的解释程序在很大程度上也反映了类似的程序特点和制度诉求。

第四,香港法院对《基本法》的解释必须是结合具体案件进行。法院只能在具体的"审理案件时"才可以解释基本法有关条款,不可以对基本法进行抽象解释,这也是普通法一贯的传统。而与之相比,全国人大常委会对基本法的解释则没有这种限制,它有权进行抽象解释和针对具体案件的解释。例如,1999 年全国人大常委会第一次释法就是针对具体案件的解释,而 2004 年和 2005 年全国人大常委会两次释法就是抽象解释。②

第五,香港法院对《基本法》的解释效力是有限的。依据香港普通法制度,香港法院的判例,以及包括法院通过判决对法律的解释可以成为先例,法院以后在处理同类案件时要遵循先前的判决和解释,这就是"遵循先例"原则。根据《基本法》第 158 条第 3 款的规定,如果全国人大常委会对基本法有关条款作出了解释,香港法院的判决尽管基于"一

---

① 黄江天:《香港基本法的法律解释研究》,三联书店(香港)有限公司,2004 年版,第 69 页。
② 1999 年 6 月 26 日第九届全国人民代表大会常务委员会第十次会议通过了《关于〈中华人民共和国香港特别行政区基本法〉第二十二条第四款和第二十四条第二款第(三)项的解释》,对基本法第 22 条第 4 款和第 24 条第 2 款第(三)项有关香港特别行政区永久居民的定义以及内地人赴港定居的手续的规定进行了解释。2004 年 4 月 6 日第十届全国人民代表大会常务委员会第八次会议通过了《关于〈中华人民共和国香港特别行政区基本法〉附件一第七条和附件二第三条的解释》,对基本法关于香港特别行政区 2007 年和 2008 年行政长官和立法会议员产生办法修改程序的规定进行了解释。2005 年 4 月 27 日第十届全国人民代表大会常务委员会第十五次会议通过了《关于〈中华人民共和国香港特别行政区基本法〉第五十三条第二款的解释》,对行政长官辞职后新的行政长官的任期作出了解释。

事不再理"的原则得以保留,但是,香港法院对基本法的解释以及判决本身的先例效力则因全国人大常委会释法而自然中断。全国人大常委会对基本法作出解释,可以否定香港法院判决(包括对基本法的解释)的"先例"效力,这种情况无论在大陆法体制下或者普通法体制下,都是可能发生的现象,这与普通法制度下制定法取代判例法的效果并无二致。①

此外,香港法院关于宪法解释和司法审查的判决的效力方式也同样值得关注。如上述第四点所述,香港法院对《基本法》的解释必须是结合具体案件进行的。该种解释和审查的判决效力往往仅及于所涉及的具体案件,判决一般不直接宣告废除被审查认为违宪的法律或相关条款,因此该种判决的效力被称为"个案效力"。与之相反,如果对特定法律或条款的合宪性作一般性的抽象审查,并宣告废除违宪的法律或条款,该种判决的效力则为"一般效力"。《基本法》对香港法院的宪法解释和违宪审查判决的效力方式,即属于"个案效力"抑或"一般效力"并无明确的规定,而是留给了由香港原有法律制度加以解决。从普通法的传统看,香港法院是通过具体案件来进行法律解释和司法审查的,具有典型的、具体的、附带性的特点。从此角度来看,香港法院对《基本法》的解释和违宪审查的判决效力应当是采取"个案效力"的方式。但是值得关注的是,香港法院在违宪裁决的效力方式上也曾采用了"一般效力"方式。② 例如,在"吴嘉玲"一案中,终审法院以明确的态度宣告《入境条例》中的诸多条款无效,并声称从该条例中予以剔除。

第六,香港法院对《基本法》采取多级解释制度,即不同层级的法院都拥有对《基本法》的解释权。在香港,即使是较低层级的法院,如裁判

---

① 王振民:《论回归后香港法律解释制度的变化》,载《政治与法律》,2007年第3期,第6页。

② 林来梵:《从宪法规范到规范宪法》,法律出版社,2001年版,第407页。

法院，也有权就某项法例是否违反《基本法》作出解释和裁决，终审法院和高等法院上诉法庭只能在处理上诉案件时审查此类问题，它们对这类问题并没有专属的第一审的管辖权。同时也没有任何法律规定下级法院在遇到《基本法》解释和违宪审查时必须移送到较高审级的法院处理。

第二节 香港法院对《基本法》的解释原则与方法——以案例为视角

一、宪法解释方法

因为《基本法》被香港法院视为宪法性法律，对《基本法》的解释必然会涉及到宪法解释方法的应用。尽管宪法解释与一般的法律解释方法在本质上并无不同，但是作为对根本性法律和宪法性法律的解释方法和原则，宪法解释的原则与方法又呈现出其特殊性，在解释技术和价值取向上要求更为严谨和准确的标准。

目前关于宪法解释的原则和方法在不同法系中存在着多种理论，各有千秋。而在普通法制度和传统下，美国学者菲利普·鲍比特的宪法解释理论在整体上较好地阐述了不同的宪法解释原则、方法和方式。该理论总结了六种宪法解释的原则与方法。[①]

（一）文本（字义）解释方法（文本主义）

文本（字义）解释方法以普通百姓所理解的宪法字面意思优先考虑。这与普通法制度下制定法解释中的字面原则是一致的。该原则强

[①] 菲利普·鲍比特关于宪法解释理论的阐述参见 Bobbitt P., Constitutional Fate: Theory of the Constitution, New York: Oxford University Press, 1982。转引自陈弘毅：《普通法权限中的宪法解释》，施嵩译，载《学习与探索》，2007 年第 1 期，第 101 页。

调法院的主要的而且专有的职责就是忠实地依据宪法条文阐释和施行宪法,发现宪法字里行间的意图,并恰当地坚持宪法制定的初衷。

(二)历史解释方法(原意主义)

该方法主张采用宪法文本通过时的意义以及制定者和批准者的意图。对于该方法的应用,有不同的观点。一种观点认为宪法文本的字句应当按照立法者立法当时所理解的那样,强调从文本字义来考查立法原意;另一种观点认为应当优先考虑立法者的意图及他们寻求达到的目标,赞成使用立法记录和历史证据资料来探求立法者的意图和目的。

(三)学说解释方法(学说主义)

该方法认为解释宪法时应当适用先例所引发的规则,反映了普通法研究方法通过判例法的逐渐积累而促进了法律规则的发展。学说主义建立在这样一种观念基础之上,即尊重宪法的司法功能实际上是一种普通法功能,它起源于尊重诉讼当事人的普通法程序。学说解释方法强调坚持规则与原则的重要性,反对在司法判决中考虑便利因素和政策因素。另外,学说主义方法认为,如果所有承认公正的审判方法能被小心翼翼地遵守,公正就可以实现了。这些方法包括坚持传统的冷静公正、不偏不倚的标准,坚持详尽阐述决定使用一种或另一种方法的令人信服的理由,坚持相互说服的理由。普通法宪法解释有两种成分:第一种成分是传统主义。其核心要点是宪法应被遵守,因为其条文反映了几代人在复杂多变的环境中所一致接受的判断标准。第二种成分是惯例主义。其强调宪法条文通过详细说明现成的解决方法以减少非建设性辩论方面的作用,而如果采用其他方法可能会付出非常大的代价。

(四)审慎解释方法(审慎主义)

与学说主义避开政策考量不同,审慎主义坚持认为在宪法司法裁决过程中进行政策考量是正当的。这是一种功利主义的、实用的、重结果的思考模式。审慎主义是法院用以将政治现实引入裁判过程的调和工具。法官在使用这种方法时,对过去的判决、制定法等并非漠不关心,但由于把这些文本仅仅看作信息来源或是对自由行使裁判权的有限制约,他并不依赖它们找出适用于新型案例的裁判规则。法官会寻求那些对他将要采用或修改的规则中的道理产生直接影响的知识来源。

(五)结构解释方法(结构主义)

结构主义认为,宪法可以从其建立的结构中生成关系,而宪法解释的结构形式可以从这种关系中推导出规则。结构主义在处理国家权力分配方面非常实用,但在处理公民自由和人权问题上则不太有效。结构主义是一种"宏观的谨慎主义",并不依赖特定的案件事实,而是源于关于权力和社会选择的一般确认。结构主义有三种类型。第一种是文本结构主义。这种类型试图根据宪法全文解释其中每一条文。特定条款被视为寻求内部和谐一致的一个组成部分。第二种结构主义类型被称为"体系结构主义"。这里的分析单位不仅是宪法全文,而且还有整个政治秩序,包括文本、传统、惯例和先前的解释在内的全部宪政规划,可以依照和谐一致的较大整体来解释特定条款。结构主义的第三种类型"先验结构主义"更加具有挑战性。假设解释者认定宪法包含一种以上的政治理论以及惯例、解释和传统,那么解释者会发现运用哲学来理解这些政治理论及其宪法含义是必要的。然而解释者还需要另一种途径将文本、惯例、传统和解释融合成一个包含政治理论标准化要求的和谐的整体。这一途径被称之为先验结构主义。

(六)伦理解释方法(伦理主义)

这种方法认为可以增强个人权利,因为宪法精神在于限制政府权力,保障私领域权利,私领域即是政府权力控制范围之外的选择机会。

传统道德和道德哲学也与宪法解释相关。具体案例中的司法推理必定来源于社会道德原则和理念,而法院负责将传统道德转化成法律原则。

(七)关于目的解释方法(目的主义)

针对菲利普·鲍比特所总结的六种宪法解释方法,有中国学者认为在此六种解释方法中都还可以贯穿"目的解释方法"。宪法解释的目的方法不可以理解成一种孤独的宪法论证形态,而应理解成上述六种宪法论证形态,尤其是在论证背离文本的平实字义,或者没有可以用来解决问题的平实字义的时候。[①]

文本解释注重立法文本中的字面意义,目的解释则试图超越字面意义,发现法律想要达到的目的或目标,然后采用有助于实现目的的方式解释条文。文本方法和目的方法都是用来确定和贯彻立法者意图的。文本方法试图从字里行间探寻意图,而目的方法采用一种更广阔的视角,全面考察确定意图所需的相关材料和因素。当文本主义方法建议我们通过阅读相关条文和整部宪法来理解相关条文的目的,这种方法可称为"目的文本主义"。目的文本主义寻求孤立字句或是整体文本所要达到的基本目标,然后根据这个目标来解释字句或文本。同样,也可以使用历史的、学说的、谨慎的、结构的和伦理的解释方法来讨论宪法条文背后的目的。宪法解释的目的方法不可以理解成一种孤立的解释方法,而应理解成上述六种宪法解释方法不可或缺的组成部分,尤其是在解释背离文本的平实字义,或者没有可以用来解决问题的平实字义的时候。

二、香港法院对《基本法》的解释原则与方法

如前所述,回归之前的香港法院在解释一般法律和宪法性法律时,

[①] 陈弘毅:《普通法权限中的宪法解释》,施嵩译,载《学习与探索》,2007年第1期,第103页。

针对普通法制度下的判例法和成文法,主要采用文本主义和目的主义的解释原则和方法,并且经常将各种解释方法综合性地加以运用,例如目的文本主义。这一阶段的法律解释总体上是属于实证主义倾向的。在1997年回归之后,香港法院、特别是终审法院被推向前所未有的法律与政治地位,同时也面临前所未有的法律与政治难题。此全新的角色要求香港法院采用不同以往的思维,不仅要从法律规范的视角审理案件,还必须从更高的政策视角来审视案件的影响,包括引入不同的解释对规则适用可能产生的影响。① 香港法院一方面继承了原有的原则和方法,同时在解释《基本法》时进一步发展了宪法性法律解释方法,使得《基本法》在司法层面上得以不断的实施。所以,通过一系列典型案例的分析,可以让我们更清楚地认识到香港法院是如何运用各种原则和方法来解释《基本法》,并逐步完成这种转换的。

(一)马维騉案

1. 基本案情

香港回归后不久,便出现了第一件涉及《基本法》解释的基本法诉讼案件,即"香港特别行政区诉马维騉"案(HKSAR v. Ma Wai Kwan David and Others)②。该案是一宗刑事案件,被告人被控犯有普通法上的串谋妨碍司法公正罪。被告人主张,普通法在香港的效力随着香港回归已经消失,而虽然由香港特别行政区临时立法会制定的《香港回归条例》规定普通法在回归后继续有效,但是这个条例本身是无效的,因为临时立法会并非是按照《基本法》成立的合法的立法机关。于是,该案就涉及到对《基本法》的解释以及临时立法会合法性的确认问题。香港高等法院上诉法庭在1997年7月29日的上诉判决中判定,即使

---

① 程洁:《论双轨政治下的香港司法权——宪政维度下的再思考》,载《中国法学》,2006年第5期,第50页。

② CAQL1/1997;[1997] HKLRD 761.

没有《香港回归条例》的有关规定,普通法在香港回归后依然是有效的,因为《基本法》在这方面已经作出了明确的规定。

2. 相关法律解释

在该案中,法官明确地阐述了《基本法》的解释方法。陈兆恺首席法官指出,虽然一般来说,Jobe 案和 Sin Yau-ming 案①中所主张的宽松的和目的论的解释方法可以适用于《基本法》的解释,包括适用于本案有关的条文,但是这种方法不一定适用于《基本法》的每一项条文。他指出,《基本法》不是由普通法传统中的律师起草的,它是一份独特的文件,它一方面是国际条约(《中英联合声明》)的产物,另一方面,又是中华人民共和国的全国性法律和香港的宪法性文件。而该案的另一位法官莫蒂默(Mortimer)则更强调 Jobe 案和 Fisher 案②所提倡的宽松和目的论解释方法。他认为香港法院完全可以采取普通法原则来解释《基本法》,近年来发展的普通法解释方法有足够的宽度和灵活性,以及可用以目的论地解释这份类似宪法的文件的清晰的文字。这些普通法的解释原则,在国际公约的影响下已经有所调整。③

在分析了临时立法会成立的背景后,法院认为,全国人大在制定《基本法》的同时还通过了《关于香港特别行政区第一届政府和立法会产生办法的决定》,香港特别行政区筹备委员会成立临时立法会是《决定》赋予它的职权范围内的事,临时立法会的成立不但没有违反《基本法》,而且是为了实施《基本法》而有其需要的。

在对《基本法》第 8 条和第 160 条进行解释时,法官认为,《基本法》

---

① Jobe 案是英国枢密院审理的上诉案件,Sin Yau-ming 案是香港回归前香港高等法院上诉法庭审理后又由英国枢密院审理的上诉案件。

② Fisher 案是英国枢密院审理的上诉案件。

③ 转引自陈弘毅:《〈香港特别行政区基本法〉的理念、实施与解释》,载《法理学的世界》,中国政法大学出版社,2003 年版,第 356 页。

的目的十分明确,即保持我们的法律及其制度不变(与《基本法》相抵触的除外)。这些法律制度反映了我们社会的组织结构。沿续性是保持稳定的关键,任何动荡都是灾难性的。即使一刻的法律真空都可能会导致混乱。除抵触《基本法》的规定外,原有法律及其制度必须得以沿续。现行的制度在1997年7月1日当天就已是存在的了。这些一定是《基本法》的目的。最后,法院判定,《基本法》第8条和第160条已经使得香港原有法律得以沿续,即使没有全国人大常委会《关于处理香港原有法律的决定》和临时立法会的涉及原有法律延续事项的《香港回归条例》,案件中的上诉人仍受7月1日之前已经开始的普通法诉讼程序的约束。

从上述的判决中可以发现,尽管法院多次提到了可以适用目的论解释方法,而且也阐述了其对于《基本法》有关立法目的和原意的理解,但在判决时还是采用了《基本法》这一制定法规范的。另外,法院还明确表示,从议会主权理论出发,法庭不对人大的决议的合宪性(即符合《基本法》)进行判断,也不审查人大上述决议的依据。法庭仅审查该等规范是否存在。总体上看,在香港回归初期,香港法院对《基本法》的解释主要还是采取文本主义的解释原则,而在一定程度上参考目的解释原则。

(二)居留权案

香港法院关于《基本法》解释方法最突出、最集中的论述体现在香港终审法院于1999年1月29日和1999年2月26日,分别对"吴嘉玲诉入境事务处处长"(Ng Ka Ling and Another v. The Director of Immigration)一案所作的判决[1]和补充判决[2]中。该案在高等法院上诉

---

[1] FACV14/1998;[1999] 1 HKLRD 315.
[2] FACV14/1998;[1999] 1 HKLRD 577.

法庭审理时称为"张丽华诉入境事务处处长"(Cheung Lai Wah and Others v. The Director of Immigration)[1]。而在终审法院审理时,"吴嘉玲案"与另一起相同诉因的"陈锦雅诉入境事务处处长"(Chan Kam Nga v. The Director of Immigration)案[2]合并审理。

1. 基本案情

该案的核心问题是关于香港永久性居民在内地所生的中国籍子女在《基本法》实施以后法律地位问题的争议。

《基本法》第22条第4款规定,中国其他地区的人进入香港特别行政区须办理批准手续,其中进入香港特别行政区定居的人数由中央人民政府主管部门征求香港特别行政区政府的意见后确定。第24条第1款规定,香港特别行政区居民,简称香港居民,包括永久性居民和非永久性居民。第24条第2款规定,永久性居民为:(一)在香港特别行政区成立以前或以后在香港出生的中国公民;(二)在香港特别行政区成立以前或以后在香港通常居住连续七年以上的中国公民;(三)第(一)、(二)两项所列居民在香港以外所生的中国籍子女;等等。第24条第3款规定,香港永久性居民在香港特别行政区享有居留权和有资格依照香港特别行政区法律取得载明其居留权的永久性居民身份证。

在1997年7月1日之前,香港永久性居民在内地所生的中国籍子女并不享有来香港定居的法定权利,只可以根据每天准许的150名内地人士移居香港的配额,申请排期来港定居。1997年之后,大批持双程证或未经正当程序从海关入境的内地人士声称作为香港永久性居民在香港以外所生的中国籍子女,根据《基本法》第24条第2款第3项的规定,他们也是香港永久性居民并同时享有居留权。

---

[1] CACV203/1997;[1998] 1 HKLRD 772.
[2] FACV13/1998;[1999] 1 HKLRD 304.

为了防止大批此类人士涌入香港,香港特别行政区筹备委员会在1996年通过了《关于实施〈中华人民共和国香港特别行政区基本法〉第24条第2款的意见》(简称《意见》)。该《意见》规定,《基本法》第24条第2款第3项所规定的在香港以外所生的中国籍子女,在本人出生时,其父母双方或一方必须是根据《基本法》第24条第2款第1项或第3项的规定已经取得香港永久性居民身份的人。香港特别行政区临时立法会在制定《入境条例(第2号)(修订)》时采纳了上述《意见》的规定,并另外规定香港男性永久性居民与其子女的关系,即"只有当该子女其后因父母结婚而获确立婚生地位,该男子与该子女之间才存在有父亲与子女的关系"。《入境条例(第2号)(修订)》从1997年7月1日起生效。同时,1997年7月9日,临时立法会紧急通过了《入境条例(第3号)(修订)》,并从1997年7月1日起生效。该修订确立了"居留权证与单程证"挂钩制度,即凭血缘关系而成为永久性居民的人士,必须持有有效的旅行证件和居留权证明书,才能确立其永久性居民的身份。根据入境处7月11日的公告,居留权证书必须在当地公安出入境管理处提出申请,而不可来香港提出。而且只有大陆出入境管理处批准的单程证才是所谓的有效的旅行证件,否则即使香港入境处批准了居留权申请,也不能确立居民身份。

该案中的原告是几位在内地出生的中国籍公民,在1997年7月1日或之前来到香港,其父亲都是符合法律规定的香港居民。他们向香港入境处申请居民身份而遭拒绝。入境处的理由是原告们都没有单程通行证。原告中还有一位非婚生女孩,母亲在其一周岁时即去世,所以无法根据《入境条例(第2号)(修订)》与其生父建立父女关系。该案中原告的诉讼理由归纳起来主要有以下几点。

第一,《入境条例(第2号)(修订)》中规定,香港居民在香港以外所生的中国籍子女,如要获得居留权,在本人出生时,其父母双方或一方必须是已经取得香港永久性居民身份的人并享有香港居留权。该规定与《基本法》第 24 条第 2 款相抵触而无效。

第二,《入境条例(第 2 号)(修订)》中规定的男性香港居民在中国内地所生的非婚生子女不能享有《基本法》第 24 条第 3 款所赋予的居留权,该规定与《基本法》相抵触而无效。

第三,《入境条例(第 3 号)(修订)》规定的生效时间为 1997 年 7 月 1 日,这一有溯及力的条款违反《公民权利与政治权利国际公约》的有关规定。由于该《公约》的效力是由《基本法》所保障的,因此《入境条例(第 3 号)(修订)》的生效条款与《基本法》相抵触而无效。

第四,《入境条例(第 3 号)(修订)》规定身在内地的香港永久性居民必须获得内地公安部门办理的通行证才能进入香港。该规定与《基本法》相抵触而无效。

简言之,该案所涉及的《基本法》条文主要集中在第 24 条第 2、3 款和第 22 条第 3 款,而且所涉及的《基本法》法律问题相当广泛和复杂,从一审到上诉再到终审,高等法院原讼法庭、上诉法庭和终审法院都对该案作了详尽的说理和判决,同时也引发了关于《基本法》的一系列问题和争议。在此先分析在该案中香港法院对《基本法》所采用的解释方法,其他问题留待后文阐述。

2. 相关法律解释

(1)关于涉及《基本法》第 24 条第 2 款的"出生时间"问题的争议和解释。

《基本法》第 24 条第 2 款第 3 项规定,第 1、2 两项所列居民在香港以外所生的中国籍子女是香港永久性居民。该规定本身存在模糊不清之处。因为该项既可以理解为出生时其父亲或母亲已经是香港永久性居民(狭义解释),也可以理解为出生时其父亲或母亲并非香港永久性居民,但其父亲或母亲后来在其子女申请居留权时或法院在处理其诉讼时成为了香港永久性居民(广义解释)。① 根据狭义解释,该子女没有居留权,而根据广义解释则拥有。香港特别行政区政府在终审法院对该案判决后统计认为,如果按照广义解释,将会导致160多万人在未来的十年中享有居留权,而狭义解释则只意味着约20万香港居民内地子女享有居留权。

对于上述的两种不同解释,不同的机构存在着不同的理解。中英联合联络小组在1993年就《基本法》第24条第2款第3项所达成的协议中采纳了狭义解释,香港特别行政区筹委会在1996年通过的《关于实施〈中华人民共和国香港特别行政区基本法〉第24条第2款的意见》中也采用了同样的解释。另外,香港高等法院上诉法庭对此也采用了狭义解释。相反,高等法院原讼法庭和终审法院在"陈雅锦"案中采取了广义解释。

在香港的三级法院的法律解释中,都同时采用了文义解释的实证方式与目的解释相结合的方法。上诉法庭指出,香港永久性居民"在香港以外所生的中国籍子女"中的"所生"两字,把焦点放在子女的出生时间,所以除非某人出生时其父或母已经具有香港永久性居民身份,否则此人便不能满足第24条的规定。同时,上诉法庭又指出,第24条的目的是赋予各类与香港有真实联系的人有在港居留权,而如果一个非香港永久性居民在香港以外所生的子女难以见得与香港有何联系。针对原讼法庭所认为的广义解释有利于家庭的团聚,符合《公民权利与政治权利国际公约》中保护家庭的原则,上诉法庭对此进行了反驳。上诉法庭认为,在该案中,父母和子女的分居很大程度上是父母自己的选择,例如他们在内地生下孩子后移民到香港,或者他们本可以选择回到内

---

① 陈弘毅:《"一国两制"的概念及其在香港的适用》,载《法理学的世界》,中国政法大学出版社,2003年版,第323页。另参见黄江天:《香港基本法的法律解释研究》,三联书店(香港)有限公司,2004年版,第260页。

地定居与子女团聚。另外,上诉法庭的法官明确地指出了他们采用了目的解释方法。陈兆恺首席法官认为,法院应当对《基本法》中赋予权利和自由的条款给予"宽松的目的论的解释"。而马天敏法官也指出,即使法官未能发现有关条文背后的目的,法官仍须给予有关文字的清晰含义以一种宽松的解释。上诉法庭据此解释了《基本法》的立法原意。陈兆恺首席法官认为,《基本法》起草人的原意明显地并不是要让数以千计的在中国内地出生的人士会纯粹因某人(比如一个年近70者)在此连续居住7年成为香港永久性居民,便可以在多年后也成为香港永久性居民。因此,上诉法庭裁定,《入境条例(第2号)(修订)》并未违反《基本法》第24条第3款,因而是合宪的。

然而终审法院并没有认同上诉法庭的上述解释和观点。终审法院认为,以文字的一般解释作理解,由于第24条第2款第3项涵盖了在香港以外出生的人士,因此该条文便采用"所生"一词。无论"所生"一词是否包括其他意思,它都一定涵盖父母所生的子女。本案的上诉人均是由拥有香港永久性居民身份的父或母所生,以任何一名父或母及其子女为例,如问该子女是否是这名父或母所生,答案必然为"是"。同样地问父亲或母亲,答案依然肯定为"是"。没有人会再问该父或母何时才成为香港永久性居民,因为以日常语言的含义去理解,这点与该子女是否属于香港永久性居民所生这个问题毫无关系。

终审法院不但以文字的一般含义来理解条文,进而又阐述了其采用了目的解释方法和对《基本法》第24条的立法目的理解。终审法院认为,法院之所以有必要以这种取向来解释宪法,是因为宪法只陈述一般原则及表明目的,而不会留于讲究细节和界定词义,故必然有不详尽及含糊不清之处。在解决这些疑难时,法院必须根据宪法本身及宪法以外的其他有关资料确定宪法所宣示的原则及目的,并把这些原则和目的加以贯彻落实。因此,在确定文件的真正含义时,法院必须考虑文件的目的和有关条款，同时也必须按文件的背景来考虑文本的字句，而文件的背景对解释宪法性文件尤其重要。

据此，终审法院主要考虑《中英联合声明》所阐述的基本方针和政策，包括了"一国两制"、国家统一和高度自治原则。法院认为，居留权属于香港居民的基本权利，规定在《基本法》第三章"居民的基本权利与义务"的第一条，而这些自由是"两制"中香港制度的重心所在。另外，法院还考查了《香港人权法案》第19条第1款的规定。该规定与《公民权利与政治权利国际公约》第23条第1款表述一致，即家庭为社会之自然基本团体单位，应受社会及国家之保护。而《基本法》第39条也规定了《公民权利与政治权利国际公约》适用于香港的有关规定有效。

终审法院进而认为，《基本法》是一份有生命力的文件，法院应当尽量避免以字面的、技术型的、狭隘的或生硬的方法来解释《基本法》。对于居民的基本权利和自由，法院应当给予宽松的解释，使香港居民全面享有这些宪法性的权利和自由。所以，法院按照文字一般含义的解释，根本无须理会出生时间问题，而这种解释亦落实了《基本法》第24条的目的。最终，终审法院裁定《入境条例（第2号）（修订）》违反《基本法》第24条第3款，因而是违宪的。

(2)关于《入境条例（第2号）（修订）》中"非婚生子女"问题的解释。

《入境条例（第2号）（修订）》中规定男性香港居民在中国内地所生的非婚生子女不能享有《基本法》第24条第3款所赋予的居留权。对于该规定，香港高等法院原讼法庭、上诉法庭和终审法院的判决是一致的，即该规定违法了《基本法》第24条，因为《基本法》并没有对子女的身份——婚生子女或非婚生子女，作出区分或歧视。正如终审法院在"吴嘉玲"案判决中指出的，《基本法》以及《基本法》第39条提到的《公民权利与政治权利国际公约》都强调平等，反对歧视，而且《公民权利与政治权利国际公约》又规定了对于家庭的保护。虽然《入境条例（第2

号)(修订)》在制定前曾获得依据《中英联合声明》成立的中英联合联络小组的认可,但法院认为小组的协议不一定反映《基本法》第 23 条的正确解释。据此,三级法院最终都判定《入境条例(第 2 号)(修订)》的有关条款违宪。

在"非婚生子女"这个问题的解释中,终审法院采取了"目的文本主义"的方法,一方面考查了《基本法》的立法目的,同时结合对目的的理解来解释子女身份的通常字义。正是因为法院的正确解释,也使得香港特别行政区政府完全接受了关于此问题的裁定,并对《入境条例》有关条文进行修改。

(3)关于《入境条例(第 3 号)(修订)》"溯及力"问题的解释。

高等法院原讼法庭和上诉法庭的大多数法官认为《入境条例(第 3 号)(修订)》虽然规定了一些刑事罪名和溯及力,但禁止根据有溯及力的条文对当事人进行指控和定罪,因而仍然是有效的。但是高等法院陈兆恺首席法官(上诉法庭庭长)和终审法院都认为其是无效的。终审法院认为,根据《基本法》第 39 条而适用的《公民权利与政治权利国际公约》禁止依据有溯及力的条文对触犯刑事法律的人士定罪,而且该国际公约适用于不同法律制度的国家,包括那些不一定以立法作为刑法来源的国家。因此,如果《入境条例(第 3 号)(修订)》的有关条文具有溯及力,将会对有关人士造成不公平的民事后果和不利的对待。故而,终审法院判决该条文违宪。由此可见,终审法院对该问题也采用了灵活、宽松的目的论解释方法。

(4)关于涉及《基本法》第 22 条第 4 款的"通行证"问题的争议和解释。

《基本法》第 22 条第 4 款规定,中国其他地区的人进入香港特别行政区必须办理批准手续,其中进入香港特别行政区定居的人数由中央人民政府主管部门征求香港特别行政区政府的意见后确定。《入境条例(第3号)(修订)》规定身在内地的香港永久性居民必须获得内地公安部门办理的通行证才能进入香港。

对于《基本法》第22条第4款所规定的"中国其他地区的人",香港三级法院存在着不同的两种解释。一种解释认为,该条适用于一般的内地居民,也包括根据第24条享有香港永久性居民身份,但尚未完成赴港定居手续的原内地居民,他们都必须办理批准手续,取得内地公安机关签发的"单程通行证"方能进入香港行使居留权。而另一种解释认为,"中国其他地区的人"是指在中国内不具有香港永久性居民身份的人。任何人如果属于第24条香港永久性居民定义范围之内,此人便不受第22条的管辖,只需向香港当局证明其身份,取得香港入境处发出的"居留权证明书"便能行使其居留权。[①] 对此,高等法院原讼法庭和上诉法院都持前者解释,认为《入境条例(第3号)(修订)》中把"居留权证明书"和"单程通行证"挂钩的做法是符合《基本法》规定的。而终审法院则作了后者解释,认为上述做法是违反《基本法》的,因为它无理地限制了第24条赋予有关人士的居留权。可见,"通行证"问题的关键在于《基本法》第22条第4款的规定是否限制了第24条第3款所规定的居留权。

高等法院原讼法庭和上诉法庭认为无论从字面上或立法目的上去解释,第22条第4款都应当理解为适用于港人在大陆所生的、身为大陆居民的子女,这种理解是符合《中英联合声明》有关条款的,而且第24条和第22条是相关的,因此第24条所赋予的居留权可以受到第22条的限制。

终审法院从文义上解释了"中国其他地区的人"的含义。法院认

[①] 转引自陈弘毅:《回归后香港与内地法制的互动》,载《法理学的世界》,中国政法大学出版社,2003年版,第407页。

为,"中国其他地区的人"包括进入特别行政区定居的人,但不包括《基本法》已赋予其在香港特别行政区拥有居留权的特别行政区永久性居民。按照对言词的一般理解,根据《基本法》而拥有永久性身份的人士不能称之为"中国其他地区的人"。将他们形容成为了定居而进入特别行政区的人也是不正确的。他们进入特别行政区并非为了定居。他们本身为永久性居民,拥有进入特别行政区以及在特别行政区随意逗留的权利。从立法目的的角度来解释,终审法院又认为如果第 24 条所赋予的居留权可以受到第 22 条的限制,那些无疑拥有永久性居民身份却在内地居住的人士的居留权便毫无保障。特别行政区的宪法性法律一方面赋予他们在特别行政区内合法的居留权,另一方面却令这种权利受到国内机关的酌情权限制。而且这种酌情权的控制权是在特别行政区政府的权力范围之外。此外,如果第 24 条第 3 款与第 22 条第 4 款有关联,会导致同样拥有永久性居民身份但是分别居住在内地或内地以外地方的人士享有不同的居留权利。所以,在解释居留权条款时,一定要采取宽松的取向。

最终,终审法院认为《入境条例(第 3 号)(修订)》中要求港人在大陆的子女必须持大陆签发的"单程通行证"才能居港的规定是违宪和无效的;而要求他们先向香港当局申请"居留权证明书"的规定是合宪的,但"居留权证明书"制度的目的仅限于身份的核实,不能用来不合理地拖延他们来港权利的行使。①

通过终审法院的解释和论述,可以发现在居留权案件中法院虽然多次采用了目的论解释方法,但是在判决时还是较为严格地以相关法律文件为基础,采用了规范主义方法作出了判决。正如终审法院在

---

① 参见陈弘毅:《〈香港特别行政区基本法〉的理念、实施与解释》,载《法理学的世界》,中国政法大学出版社,2003 年版,第 367 页。

2001年另一宗涉及居留权的"入境事务处处长诉庄丰源"案件(The Director of Immigration v. Chong Fung Yuen)[1]判决中所指出的,法院根据普通法解释《基本法》时的任务是诠释法律文本所用的字句,以确定这些字句所表达的立法原意;法院的工作并非仅是确定立法者的原意;其职责是要确定所有字句的含义,并使这些字句所表达的立法原意得以落实;法例的文本才是法律。

另外,法院还结合了诸多外部解释资料对《基本法》相关条款作了解释。香港法院解释《基本法》时所采用的外部解释资料通常包括了《基本法》立法背景、中国《宪法》、《中英联合声明》、中英双方有关协议和备忘录、全国人大有关决议、有关的全国性法律、国际公约、香港原有的和现行的法律及普通法、香港特别行政区筹委会有关决议、有关学者专家(如《基本法》起草委员)的意见等。但是这些外部解释资料是否采纳以及如何运用,仍需由法院自由裁量决定。例如在"庄丰源"案中,终审法院认为,在全国人大常委会没有作出具有约束力的解释,而法院必须按照普通法处理法律释义的情况下,如果法院在借助内部资料及外部资料去确定有关条款的背景及目的,并参照该种背景及目的作出解释,断定文字的含义清晰,则外部资料,无论其性质,也不论其属于法律制定前或制定后的资料,均不能对解释产生影响。法院不会基于任何外部资料而偏离这些字句的清晰含义,赋予其并不包含的意思。

终审法院在"吴嘉玲"案中虽然采用了目的解释方法,较详细地阐述了其自身对于立法目的与效果的理解,但并没有充分遵从《基本法》的立法原意。正是终审法院这种较为激进的司法积极主义的倾向,导致了终审法院在该案中未能对《基本法》第22条所属的事项本质作出清晰的判断,也没有依照《基本法》第158条的规定将该条款提请全国

---

[1] FACV26/2000;[2001] 2 HKLRD 533.

人大常委会解释,从而引发了一场影响广泛的争议。关于这场争议留待后文详述。

(三)国旗案

香港回归之后,香港法院受理了多起涉及言论自由的诉讼案件,在这些案件中香港法院通过对《基本法》和相关法律的解释,进一步重申和明确了保障和限制言论自由的标准。其中有代表性的当属"香港特别行政区诉吴恭劭等"案(HKSAR v. Ng Kung-Siu and Other)。[①]

1. 基本案情

1998年1月1日,该案两名被告人被发现参加了一次公开示威游行。期间两人使用了自制的、经故意污损的中华人民共和国国旗和香港特别行政区区旗。两名被告人被控公开及故意以玷污方式侮辱国旗和区旗,违反了香港特别行政区临时立法会在香港回归时制定的《国旗及国徽条例》第7条和《区旗及区徽条例》第7条。被告人认为,两个相关条例的规定违反了《基本法》、《公民权利与政治权利国际公约》和《香港人权法案》所保障的言论和表达自由原则,因而是违宪和无效的。

香港裁判法院判决两人罪名成立。主要理由是:(1)国旗是神圣不可侵犯的。(2)《公民权利与政治权利国际公约》第19条所保障的言论和表达自由应当在尊重他人权利或名誉,以及保障国家安全及公共秩序等情况下方能行使。故《国旗及国徽条例》可以限制《公民权利与政治权利国际公约》第19条所赋予的言论和表达自由。(3)一个负责任的政府,不能忽视公然玷污国旗而造成扰乱社会秩序的可能性。(4)对区旗的保护应当不少于上述国旗的保障,故《国旗及国徽条例》第7条和《区旗及区徽条例》第7条均为有效。

该案上诉到高等法院上诉法庭后,上诉法庭改判被告人无罪。主

[①] HCMA563/1998;[1999] 1 HKLRD 783. FACC4/1999;[1999] 3 HKLRD 907.

要理由是:(1)《基本法》第 39 条第 1 款规定《公民权利与政治权利国际公约》等国际公约适用于香港,第 2 款规定香港居民享有的权利和自由,除依法规定外不得限制,此种限制不得与第 39 条第 1 款规定抵触。而《国旗及国徽条例》和《区旗及区徽条例》违反了《基本法》第 39 条以及《公民权利与政治权利国际公约》第 19 条。(2)按照《公民权利与政治权利国际公约》第 19 条和《香港人权法案》第 16 条的要求,如果关于禁止侮辱国旗和区旗的立法要能成立,必须证明它是为了保障"公共秩序"而"必要"的。上诉法庭认为,特别行政区政府未能说服法院确信此要求得到了满足。(3)政府没有必要通过《国旗及国徽条例》和《区旗及区徽条例》,因为现有法律已经为政府提供了多种条例来检控因不当使用国旗或区旗而引起的动乱或破坏,从而保障"公共安全"。

该案上诉到终审法院后,法官一致判决被告人有罪,而且《国旗及国徽条例》和《区旗及区徽条例》的规定符合《基本法》。两条例对于言论和表达自由的限制具有充分的依据,香港特别行政区对国旗和区旗的保护是基于"公共秩序"的理由,而且是"必要"的。

2. 相关法律解释

(1)关于"玷污"的解释。终审法院对"玷污"一词采取了文义解释方法,认为"玷污"通常的意思包括使他人或物受耻辱。两名被告人在游行期间公然手持和挥动受污损的旗帜,以及在游行结束后把旗帜系于栏杆上,这些行为显然是使旗帜蒙受耻辱。两名被告人刻意挑选被污损的旗帜并且公开和故意把旗帜示众,这行为构成了以玷污方式侮辱旗帜。①

(2)关于"公共秩序"的解释。终审法院认为,言论和表达自由的权

---

① "Case Update", Hong Kong Lawyer, Mar. 1999, P53. 转引自黄江天:《香港基本法的法律解释研究》,三联书店(香港)有限公司,2004 年版,第 391—392 页。

利并非绝对。《公民权利与政治权利国际公约》的前言承认个人对其他个体及其所属的群体必须承担义务。要限制自由必须经过法律规定，而且该限制是保障公共秩序所必要的。针对裁判法院和上诉法庭对"公共秩序"所作的狭隘理解，终审法院引用了香港法院的判例和国际法的材料，说明《公民权利与政治权利国际公约》中所提到的"公共秩序"并不限于国家组织在国内维持安宁和秩序，也包括了通过满足集体需要及保障人权从而确保公众福祉。鉴于"公共秩序"的概念范围并不能完全准确地界定，所以必须随着时间、地点和环境的改变而有所不同。终审法院李国能首席法官指出，就现在我们所处的时间、地点及环境而言，香港已经处于新的宪制秩序。贯彻'一国两制'的方针极之重要，正如维护国家统一及领土完整亦是极为重要一样。国旗和区旗具独有的象征意义，保护这两面旗帜免受侮辱对达致上述目标也就起着重大作用。因此，有充分的理由断定，将侮辱国旗及区旗的行为列为刑事罪行，对受保障之发表自由的权利施加限制，此举是有充分理据支持的。

（3）关于限制"必要性"的解释。要对基本自由加以限制，不仅要出于保障公共秩序的目的，同时该种限制也须是必要的。根据以往的判例，终审法院认为，"必要"一词应当以一般的含义去理解，不必借助诸如"迫切社会需要"等用语来代替"必要"一词。在该案中，法院肯定了香港特别行政区立法机关制定《国旗及国徽条例》的目的是为了履行《基本法》第18条所施加的实施全国性法律的责任。对此，法院在确定是否"必要"时应当给予充分的考虑。

在判断相关限制的"必要性"时，终审法院还指出，必须考虑该限制是否符合"比例原则"，即对权利或自由所施加的限制必须以其能够与该项权利或自由相容为基准，这样才有充分的理由和依据。除非限制的范围狭窄而明确，否则不能把此种限制视为与权利或自由相容。对于该案,法院指出,表达的自由涵盖了表达的实质内容(即表达什么)和表达的形式(即如何表达)。《国旗及国徽条例》和《区旗及区徽条例》均只影响后者。这就意味着人民虽不被允许以侮辱国旗和区旗的方式来表达意见,但仍可以通过其他方式表达相似的意见。因此,上述两个条例的有关规定是符合比例原则的。

可见,在"国旗"案中终审法院依然采用了字义解释(如对"玷污"和"必要"两个词语的解释)和目的解释方法,同时还采用了一定的社会学解释方法。

与目的解释方法相比较,社会学解释方法所针对的是法律的社会目的,而目的解释方法针对的是法律本身的目的。就大多数法律而言,其自身的立法目的的实现往往与社会目的相符合。但随着社会发展和变迁,社会目的可能与立法目的有所差异。另外,社会学解释方法注重的是对法律解释的社会效果加以推测和判断,而目的解释方法仅限于对法律目的之衡量。因此,即使在法律目的与社会目的相符合的情况下,社会学解释也比目的解释更为广泛。①

在该案中,终审法院上诉委员会在批准香港特别行政区政府提出的上诉许可申请时,建议特别行政区政府提交"班狄斯论据"(Brandeis Brief),即一种引用社会数据作为举证的方法,常见于涉及宪制的案件。特别行政区政府代表律师所提交的班狄斯论据包括:其他国家保护国旗、区旗的刑事法律;有关回归及主权的意义;国旗、区旗的象征含义;在香港特别行政区使用国旗、区旗以及推广国旗、区旗教育的资料。② 这些资料使得法院能够较全面地理解和判断国旗、区旗的意义和在"公共秩序"中的作用,并有助于法官对涉案的两个条例的社会目

---

① 黄江天:《香港基本法的法律解释研究》,三联书店(香港)有限公司,2004年版,第421页。

② 同上书,第414页。

的加以解读。

该案法律解释的另外一个特点在于终审法院在适用目的解释方法时,对不同的解释对象采用了宽严不同的方法。法院对言论和表达自由的解释采取了宽松的解释,而对其限制措施则使用了严格的解释,从公共秩序、必要性、比例原则等方面进行考查。因为相比较而言,基本权利和自由是具有更高价值,属于基本规则,而对其的限制属于例外。

(四)原居民案

1. 基本案情

由于历史原因,香港"新界"地区的居民被分为"原居民"和"非原居民"。原居民是指在1898年新界被清政府租借给英国时就已经存在的乡村居民经父系所传后代。长期以来,新界地区农业发达,宗族势力深厚,港英政府为了维护新界的统治稳定,对新界采取了与港九等市区不同的政策,在《新界条例》等香港本地法律中承认和维护"新界原居民的传统权益"。这些传统权益主要涉及到新界原居民地租优惠、获得政府丁屋土地权利、遗产继承、传统习俗等方面。但是随着香港社会的发展和变迁,20世纪60年代以后,新界快速市区化的同时大量非原居民涌入该地区,原居民与非原居民共处,使得新界各乡村的居民比例发生了很大变化,导致了一系列的矛盾。鉴于新界的历史状况和传统,《基本法》承认和延续了原居民的合法传统权益。《基本法》第40条规定,"新界"原居民的合法传统权益受香港特别行政区的保护。第122条规定,原旧批约地段、乡村屋地、丁屋地和类似的农村土地,其父系为1898年在香港的原有乡村居民,只要该土地的承租人仍为该人或其合法父系继承人,原定租金维持不变。

"原居民"案直接起因于新界地区村代表的选举事宜。新界的选举规则规定,各乡村选举出村代表,村代表是其所在区域的乡事委员会成员。乡事委员会选出的主席是该区区议会的当然成员和新界乡议局执行委员会的当然成员。而乡议局则是选举特别行政区行政长官的选举委员会和选举立法会的功能组别之一。根据香港《乡议局条例》，村代表选出后，必须得到民政事务局局长的认可，才能行使其合法职权。

新界西贡布袋澳村的村民陈华并非原居民，虽然他的妻子是原居民，乡事委员会仍以他不是原居民为理由拒绝其成为该村村代表的选举人。而元朗石湖塘村的村民谢群生被乡事委员会以相同的理由排除了其被选举权。因此两人分别向法院提出了诉讼，认为相关机关以"非原居民"为理由排除其选举权或被选举权的行为违反了《人权法案》、《性别歧视条例》和《基本法》，因而是无效的。由于涉及到新界地区约600个乡村的类似选举安排，所以该案件具有重大的影响。

"陈华诉坑口乡事委员会"（Chan Wah v. Hang Hau Rural Committee and Others）①和"谢群生诉八乡乡事委员会"（Tse Kwan Sang v. Pat Heung Rural Committee）②两宗案件分别在香港高等法院原讼法庭审理，两位原告都胜诉。两案的被告均表示不服，分别上诉至上诉法庭。上诉法庭将两案合并审理，并且均驳回了上诉。③ 此后，上诉人又上诉到终审法院。终审法院于2000年12月22日判决驳回上诉。④

2. 相关法律解释

（1）关于选举安排是否与《人权法案》抵触的解释。终审法院认为，《人权法案》第21条赋予了香港永久性居民的选举权和被选举权，并且不受无理的限制。从客观的态度来考查有关限制是否合理，应当考虑时代变迁的因素。法院认为，过去新界乡村的全部或大部分村民都是

---

① HCAL112/1998；[1999] 2 HKLRD 268.
② HCAL28/1999；[1999] 3 HKLRD 267.
③ CACV137/1999，CACV139/1999；[2000] 1 HKLRD 411.
④ FACV13/2000；[2000] 3 HKLRD 641.

原居民,在此情况下,村代表的职能涉及原居民的传统权益,所以村代表代表了原居民。但是随着香港社会快速变化,新界村民中原居民和非原居民的人口比例也发生了重大的改变,村代表在履行职权时实际上已不再只代表原居民,"代表某乡村"一词具有其一般的含义,即代表整个乡村。因此,组成整个乡村人口的原居民和非原居民均有权获得代表。所以该案涉及的选举安排对两位原告人的投票权和参选权的限制属于无理限制,与《人权法案》相抵触。

(2)关于选举安排是否与《性别歧视条例》抵触的解释。终审法院认为,在该案的选举安排中,嫁给原居民的女性非原居民可以获得选举权,但娶原居民为妻的男性非原居民却无选举权,显然构成了对男性的歧视。而已婚的女性原居民,婚后如果仍在村内居住满7年,虽有选举权,却无被选举权,显然构成对已婚妇女的歧视。因此,这种选举安排与《性别歧视条例》有关条文相抵触。

(3)关于《基本法》第40条的解释。终审法院认为,《基本法》第40条保护了"新界"原居民的合法传统权益,但是从原居民的合法传统权益是否可以推断出原告人拥有所辩称的政治权利仍需加以考查。法院指出,如果从《基本法》明文规定的权益中可以合法推断出某些派生权利,原居民所辩称的政治权利属于《基本法》第40条所必然隐含的权益,则法院就会断定原居民如无其辩称的政治权利,其传统权益便得不到充分保护。但是考查了《基本法》第40条所指的"权益"的广泛定义后,法院认为就该案而言,该等政治权利无法派生出来。另外,法院还指出,原居民的合法权益还通过了香港本地立法加以明确地保护,而《基本法》第40条提供的则是宪法性保护。所以,原告人以《基本法》第40条来主张政治权利是缺乏理由和依据的。

在该案中,香港法院坚持了文本主义的解释方法,对"传统权益"等概念的含义严格从字面和法律整体加以解释。另外,对于村代表的代表性又从社会目的、社会影响等角度采用了社会学解释方法。虽然《基本法》并未授权司法机构通过解释《基本法》和香港本地条例的方法来废除抵触《基本法》和本地条例的习惯法,但是通过香港法院的判决促使了习惯法的改变。在该案判决之后,香港通过了《村代表选举条例》,完善了新界乡村的选举机制。这可以视为香港法院以司法解释推动社会变迁的典型事例。

第三节　关于《基本法》解释的问题与争议

《基本法》从根本上为香港法院规定了对《基本法》的解释机制、审查对象和范围以及解释程序。香港回归后,起初香港法院较为严格和审慎地遵循了《基本法》的有关条款,但是在随后的"吴嘉玲"案中,终审法院在判决中的一些"毫不含糊"的解释和阐述使得《基本法》解释中的核心问题凸现出来,同时也引发了内地与香港各方的关注。特别是全国人大常委会对《基本法》有关条文作出了解释之后,有关理论和法律问题成为了《基本法》实施中必须面对和解决的关键。

在"吴嘉玲"案中,香港终审法院声称其不但有权审查香港特别行政区立法机关制定的本地法律,还有权审查全国人大及其常委会所制定的法律。法院还认为,其无需将《基本法》第 22 条和第 24 条的有关条款按照第 158 条的规定提请全国人大常委会解释。对于终审法院的上述裁定,中央政府和香港特别行政区政府表示了极大的关注。随后,应香港特别行政区行政长官的请求,国务院提请全国人大常委会对《基本法》相关条款进行解释。1999 年 6 月 26 日,第九届全国人民代表大会常务委员会第十次会议通过了《关于〈中华人民共和国香港特别行政区基本法〉第二十二条第四款和第二十四条第二款第(三)项的解释》(简称《解释》)。从终审法院的判决和全国人大常委会的《解释》内容分析，问题的关键主要反映在香港法院基于《基本法》的审查对象和对《基本法》的解释权限、解释程序两个方面。

一、香港法院的审查对象

如前所述，香港特别行政区法院有权审查香港本地法律是否符合《基本法》，如果本地法律违反《基本法》，香港法院则有权拒绝适用。但是，香港法院是否有权审查全国人大及其常委会的立法行为则在《基本法》中没有明确的规定。在香港回归之初的"马维騉"案件中，香港高等法院上诉法庭就已经涉及到了该问题。上诉法庭的法官认为，由于全国人大及其常委会的立法行为属于主权行为，因此香港法院对该主权行为的合法性没有司法管辖权，但是对于该立法行为是否存在仍具有审查权。

之后的"吴嘉玲"案件中，终审法院对上诉法庭在"马维騉"案中的意见采取了完全不同的态度。终审法院明确地、"毫不含糊"地指出其有权审查全国人大及其常委会的立法行为是否符合《基本法》，而且有责任在发现有抵触时，宣布此等行为无效。其理由是：(1)全国人大及其常委会的立法行为属于主权国行使主权的行为；特别行政区法院对该立法行为的审查权源自主权国家。(2)《基本法》既是全国性法律，又是特别行政区的宪法；《基本法》既分配权力，也界定权限；任何抵触《基本法》的法律均属无效并须作废。(3)香港特别行政区法院在《基本法》赋予特别行政区高度自治原则下享有独立的司法权；当涉及是否有抵触《基本法》以及法律是否有效的问题出现时，这些问题均由特别行政区法院裁定。(4)鉴于制定《基本法》是为了按照《中英联合声明》所宣示和具体说明的内容落实"一国两制"的基本方针，而《基本法》第159条第4款规定《基本法》的任何修改均不得抵触既定的基本方针；为了行使司法管辖权去执行及解释《基本法》，法院必须具有司法管辖权去审查全国人大及其常委会的立法行为,以确保其符合《基本法》。

尽管可以说终审法院的上述理由还不够合理和严密,甚至"在逻辑层次上颇为零乱",[①]而且针对上述观点和理由,大陆的学者专家也给予了各种批驳,但是值得注意的是,在1999年6月26日全国人大常委会的《解释》中并未对终审法院所宣称的对全国人大立法行为的审查权给予评论和回应。所以,目前对终审法院所宣示的该种审查权的讨论还是集中表现在学术和理论层面上。

由于"一国两制"政策的内在规定性和香港司法独立性的特点,中国大陆与香港的法律制度在很大程度上并不能相互衔接和相容,由此考虑香港法院对人大立法行为的审查权也不能单纯地从内地的现行法律制度着眼和判断。尽管目前中国内地并未建立由法院实施的违宪审查制度,但是在《基本法》规范和香港法院的实践中,香港法院确实对香港本地的法律可以进行是否违反《基本法》——香港的宪法性法律——的司法审查。有学者指出,虽然《基本法》第19条第3款规定,香港法院对国防、外交等国家行为无管辖权,但是该条并没有完全排除香港法院在审理案件中可涉及国家行为的事实问题。这就为香港法院审查可能涉及国家行为的案件留下了微妙的空间。不过,就世界范围而言,大多数实行违宪审查的国家,其法院的违宪审查权也都受到一定的限制。香港法院不应将国家行为的合法性作为审查的对象,而只能局限于对该国家行为是否存在进行确认或审查。[②]

即使对于香港法院是否有权审查全国人大及其常委会的立法行为还存在着很大的理论探讨的空间,但是香港法院在"吴嘉玲"案判决中所显示的较为激进的司法积极主义也为其招致了广泛的批评。由于该

---

① 林来梵:《从宪法规范到规范宪法》,法律出版社,2001年版,第400页。
② 同上。

案的判决将会导致香港人口激增,对香港社会产生重大的压力和影响,所以很多批评认为终审法院的判决没有奉行司法节制原则,忽略了判决可能带来的社会不利影响,同时也有可能对法院自身的公信力造成损害。鉴于各方和社会的批评,香港法院在之后的案件审理中开始对司法权进行了自律,对全国人大常委会就《基本法》的各项解释也表示了较充分的尊重。

二、香港法院对《基本法》的解释权限、范围和程序

《基本法》第 158 条规定了《基本法》解释权的归属、解释范围以及香港法院解释《基本法》时应当遵循的法律程序,这是正确理解香港法院关于《基本法》解释问题的出发点。

(一)香港法院的解释权限

《基本法》第 158 条第 1 款规定,基本法的解释权属于全国人民代表大会常务委员会。因此《基本法》的解释权从根本上讲是属于全国人大常委会的权力。第 158 条第 2 款又规定,全国人大常委会授权香港特区法院在审理案件时对《基本法》关于香港特区自治范围内的条款自行解释。所以,香港法院对《基本法》的解释权来源于全国人大常委会的授权。

(二)香港法院的解释范围

依据《基本法》第 158 条第 2 款和第 3 款的规定,就解释范围而言,全国人大常委会对《基本法》全部条款拥有解释权,而香港法院的解释范围则以事项分类。一类属于涉及香港自治范围内的《基本法》条款,终审法院可以自行解释;另一类属于《基本法》其他条款。但是后者如果在香港法院审理案件时需要对《基本法》关于中央人民政府管理的事务或中央和香港特别行政区关系的特定条款进行解释,而该条款的解释又影响到案件的判决,在对该案件作出不可上诉的终局判决前,应由

香港特别行政区终审法院提请全国人大常委会对有关特定条款作出解释。如全国人大常委会作出解释,香港法院在引用该条款时,应以全国人大常委会的解释为准。但在此以前作出的判决不受影响。

(三)香港法院的解释程序

由前述可见,对于《基本法》特定条款的解释,香港法院应当遵循一定的先决程序。然而,在"吴嘉玲"案件中,终审法院并未按照上述第158条第3款的规定,提请全国人大常委会对涉案的《基本法》第22条和第24条进行解释。

终审法院认为,其将有关条款提请人大常委会解释应当符合两个条件:(1)"类别条件",即有关条款涉及中央人民政府管理的事务或中央和香港特别行政区关系,属于香港自治范围之外的条款;(2)"有需要条件",即类别条件中的有关条款会影响案件的判决。法院采用"立法目的"这一解释原则,认为第158条的一个重要目的是保障特别行政区的高度自治,故而在判断有关条款是否符合类别条件和有需要条件时,"惟独终审法院才可决定"。

在判断类别条件时,终审法院认为,《基本法》第24条第2款规定了香港永久性居民的身份认定条件,属于香港自治范围,不符合类别条件;而《基本法》第22条第4款属于《基本法》"中央和香港特别行政区关系"这一章,因而可被假设为一项"自治范围外的条款"。当法院解释"自治范围内"的条款(第24条第2款)时,发现其与另一条"自治范围外的条款"(第22条第4款)有关联,法院要确定"最主要需要解释的条款"是哪些条款。如果"最主要需要解释的条款"并非"自治范围外的条款",便不须提交人大常委会解释,因为这样会"严重削弱特别行政区的自治"。

(四)终审法院的问题与错误

正如许多学者所普遍指出的,终审法院的上述立场及其理由存在着诸多错误,导致其作出了错误的判决。

1. 逻辑方法上的错误。《基本法》第158条中"有需要条件"(即会影响案件的判决)为决定什么是"基本法中有关的条款"(即"类别条件"的判断)提供了精确而又客观的标准。但是问题在于,终审法院主观地仅凭直觉就把《基本法》第24条确认为"正在解释的主要条款",而根本没有进入"有需要条件"阶段并将该条件适用于第22条第4款,以决定该案审理中是否必须解释该条款。① 正是终审法院忽略了"有需要条件"的重要作用,单纯地扩大了对"类别条件"的解释,尽管其使用了字面含义、立法目的等解释方法,仍导致了错误的结论。

2. 不适当地扩大了终审法院的解释权。第158条第3款中的"该条款的解释又影响到案件的判决"不仅是指案件的实质内容而言,更重要的是针对提请全国人大常委会解释的程序性要件。即只要有关条款可能影响案件判决,终审法院便有义务提请全国人大常委会解释。终审法院无权替代全国人大常委会作出一个先决的实质性判断以决定是否需要提请解释。如果这样,就意味着终审法院在事实上已经自行解释了有关条款,不适当地扩大了其解释权和解释范围,而这恰恰是第158条第3款所反对和禁止的。

3. 片面地理解立法目的。《基本法》第158条的真正立法目的是求得人大释法和香港法院释法之间的适当平衡。因此,香港法院在实现司法自治的同时,也必须遵守自治的界限、尊重中央政府的权力。终审法院声称第158条的一个重要立法目的是保障特别行政区的高度自治,所以在判断有关条款是否符合类别条件和有需要条件时,"惟独终审法院才可决定"。这种片面的对立法目的的解读结果意味着排斥了

---

① 陈弘毅:《终审法院对"无证儿童"案的判决:对适用〈基本法〉第158条的质疑》,载佳日思、陈文敏、傅华伶主编:《居港权引发的宪法争论》,香港大学出版社2000年版,第126页。

全国人大常委会对相关《基本法》条款的最终解释,将会极大地削弱人大的解释权,因此是不符合第 158 条的立法原意的。

(五)全国人大常委会对《基本法》有关条款的解释

当终审法院不适当的越权解释发生后,全国人大常委会于 1999 年 6 月 26 日通过了《关于〈中华人民共和国香港特别行政区基本法〉第二十二条第四款和第二十四条第二款第(三)项的解释》。该《解释》除了对《基本法》第 22 条第 4 款和第 24 条第 3 款第 3 项作了解释,另外又明确指出:终审法院的判决对基本法解释的条款,涉及中央人民政府管理的事务和中央和香港特别行政区关系,但其没有依照《基本法》第 158 条第 3 款的规定提请全国人大常委会作出解释;终审法院的解释不符合立法原意;香港法院在引用《基本法》条款时,须以本解释为准,但本解释不影响终审法院原判决有关当事人所获的居留权。终审法院在随后对"吴嘉玲"案的补充判决中宣称"并没有质疑人大常委会根据第 158 条所具有解释《基本法》的权力,及如果人大常委会对《基本法》作出解释时,特别行政区法院必须要以此为依归","这个解释权是不能质疑的","全国人大及人大常委会依据《基本法》的条文和《基本法》所规定的程序行使任何权力是不能质疑的"。尽管如此,终审法院在之后的一些案件(如"庄丰源"案)中也未完全遵守全国人大常委会的《解释》,以自己的意愿解释了《解释》所未涉及的《基本法》第 24 条第 2 款第 1 项的内容。这对《基本法》的解释机制又带来了新的挑战。

三、香港法院对人大释法的司法适用

在全国人大常委会对《基本法》第 22 条第 4 款和第 24 条第 3 款第 3 项作出解释后,香港法院在多起涉及居港权案件的判决中多次强调了全国人大常委会对《基本法》所作的解释对香港法院具有约束力,并以此作为一些案件的判决依据。但是香港终审法院于 2001 年 7 月 20

日对于"入境事务处处长诉庄丰源"(The Director of Immigration v. Chong Fung-yuen)①一案的判决,与全国人大常委会的有关解释又有了不尽一致之处②,再次涉及到《解释》的司法适用问题。

(一)"庄丰源"案情概要

庄丰源是一名于1997年9月29日在香港出生的中国公民。他声称其属于《基本法》第24条第2款第1项所规定的香港永久性居民,并享有在香港的居留权。而入境事务处处长则否认庄丰源的主张,认为他不符合《入境条例》中关于父母的规定。高等法院原讼法庭在一审中判决庄丰源胜诉,并裁定《入境条例》中关于父母的规定与《基本法》第24条第2款第1项相抵触,同时宣告庄丰源为香港永久性居民并拥有香港居留权。在上诉审中,上诉法庭和终审法院均维持了原讼法庭的判决。

(二)终审法院的法律解释与法律适用

1.法律争议点。终审法院在该案中所要解决的法律争议有两点:(1)《基本法》第24条第2款第1项是否属于第158条第3款所指的范围之外的条款,即是否属于"关于中央人民政府管理的事务或中央和特别行政区关系"的条款。如果是,终审法院就有责任向全国人大常委会就有关条款作出要求解释的提请。(2)《入境条例》有关父母的规定是否和《基本法》第24条第2款第1项相抵触。

2.终审法院对《基本法》的法律解释和对《解释》的法律适用。终审法院表示,香港法院对《基本法》解释上应当采取何种处理方法,需要考虑以下因素:(1)普通法是否适用;(2)全国人大常委会所作《解释》的效力;(3)普通法对法律释义的处理方法。针对这些因素,终审法院首先

---

① FACV26/2000;[2001] 2 HKLRD 533.
② 参见《就香港特别行政区终审法院对居港权案件的判决,全国人大常委会法工委发言人发表谈话》,载《法制日报》2001年7月22日。

肯定了必须引用在香港发展的普通法来解释《基本法》，这符合《基本法》中有关香港特别行政区享有以普通法为基础的不同法律制度的规定。其次，终审法院承认全国人大常委会对《基本法》所作解释的效力。终审法院指出，全国人大常委会依据中国《宪法》第 67 条第（四）项以及《基本法》第 158 条所授权力对《基本法》作出解释，香港法院便有责任依循；常委会这项权力的适用范围扩及《基本法》的每一项条款，而并非限于《基本法》第 158 条第 3 款所指的"范围之外的条款"。第三，终审法院认为香港法院的基本职能之一就是解释法律，其中包括《基本法》。但是此项职能受制于《基本法》第 158 条第 3 款对终审法院就"范围之外的条款"行使管辖权的规定，以及受全国人大常委会根据第 158 条所作解释的约束。除此之外，解释法律便属于法院的事务。终审法院进一步指出，法院根据普通法解释《基本法》时的任务是诠释法律文本所用的字句，以确定这些字句所表达的立法原意。法院的工作并非仅是确定立法者的原意。其职责是要确定所有字句的含义，并使这些字句所表达的立法原意得以落实。法例的文本才是法律。

基于上述立场和方法，终审法院最终认为，《基本法》第 24 条第 2 款第 1 项订明在 1997 年 7 月 1 日之前或之后在香港出生的中国公民这类别人士为永久性公民，该条款的特性是用来界定其中一类享有居留权的永久性居民。因此法院认为该条款并不涉及中央人民政府管理的事务或中央和特别行政区关系，终审法院无须向全国人大常委会提请解释《基本法》相关条款。

在排除了提请全国人大常委会解释《基本法》的必要性后，终审法院又排除了对全国人大常委会《解释》的法律适用。终审法院认为，该《解释》没有包含任何对《基本法》第 24 条第 2 款第 1 项作出的，并对香港法院有约束力的解释，在此情况下，终审法院有责任采用普通法的方式解释该条款。在比较了《基本法》第 24 条第 2 款第 1 项与该款其他项的法律措词,以及参照该项的背景和目的后,终审法院指出该条款的含义是清晰的,即在 1997 年 7 月 1 日之前或之后在香港出生的中国公民享有永久性居民身份。即使全国人大常委会在《解释》中声明其他有关各项条款的立法原意已经体现在"筹委会意见"中,也不能影响以普通法得出的该清晰含义。最后,终审法院驳回了入境事务处处长的上诉。

从终审法院对"庄丰源"案件的判决中可以发现,终审法院不仅直接利用全国人大常委会《解释》的不足绕开了对该《解释》的适用,而且与"吴嘉玲"案件一样地否定了将《基本法》有关条款提请全国人大常委会解释。正是这些做法使得《基本法》的双轨解释机制面临着又一次的考验。

除了终审法院对某些涉及《基本法》解释的案件使用了不尽合理甚至是错误的法律解释方法之外,《基本法》对自身的解释机制所作的规定也有其不尽完善之处。正如有的学者指出的,存在着诸多"灰色地带",导致了诸多问题和争议的出现。例如《基本法》没有明确规定全国人大常委会是否可以解释香港特别行政区自治范围内的条款;没有明确规定特别行政区法院是否拥有"违宪审查权";没有设置特别行政区法院应当提请而拒绝提请全国人大常委会解释的解决机制;没有明确规定自治范围内条款与自治范围外条款的认定标准、认定权限归属以及认定权限冲突的解决机制等等。[①] 对这些问题的完善过程中,必须坚持"一国两制"的政策内涵与实质,充分认识到大陆与香港在法律制度体系和传统上的差异。在对香港法律制度和传统的考查基础上,尊重香港法院的司法独立性,理解其长期形成的司法制度对香港宪制与法制的作用,促进香港法院对香港社会稳定和发展的推进功能。而香

---

① 胡锦光:《中国宪法问题研究》,新华出版社,1998 年版,第 315 页。

港法院也应当更深入地理解《基本法》的精神实质和对香港社会的重要意义,更为积极地在司法实践中实施和发展《基本法》制度和理念。

四、《基本法》解释与"一国两制"

回归后的香港法院司法权包括法律解释权从根本上讲都是由中央政府通过《基本法》授权的,其对《基本法》本身的解释权也来自《基本法》的规定和授权。此外,全国人大常委会也拥有《基本法》解释权。因此,在这种双轨解释机制下,香港法院并无权超越《基本法》的规定,对不属于其解释范围的条款或事物没有解释权。在"吴嘉玲"案件中,终审法院超越了其解释权范围,违反了解释程序,不仅损害了《基本法》的权威,损害了全国人大常委会依法享有的解释权,同时也损害了其自身的威信。因此,尽管目前的《基本法》解释机制仍有不足之处,但是香港法院仍旧应当采取司法节制主义,与中央政府共同努力,妥善处理和完善《基本法》的解释机制。

在这种体制下,香港的法律制度并不是一个完全自足、自我完结的体系,通过全国人大常委会对《基本法》的立法解释这一途径,中国法的一些要素有可能渗入香港地区的普通法中;反之,在某些特定情形下,《基本法》即使在香港地区实施,也有赖于中国法律制度的运作,如全国人大常委会对其进行的立法解释。因此,香港的法律制度体系,包括对《基本法》的解释机制存在着"双向开口",即分别面对着普通法和中国法开放。[①] 在这双重的法律环境中,香港法院不仅要继续其普通法传统以维持法制的稳定性,同时又应当在"一国两制"的原则和《基本法》规范下寻找到与内地法律制度的衔接点,推动香港政制与法政在新的历史条件下的健康、稳步发展。

---

① 林来梵:《从宪法规范到规范宪法》,法律出版社,2001年版,第426页。

第十一章　香港法院作用带来的思考

在不同的宪政架构和法律传统下，不同国家和地区的司法机关在国家和地方政治制度与法律制度中的作用有所不同。香港的司法权来自于《基本法》，司法的作用受制于《基本法》，司法的体制和程序来自于《基本法》和特别行政区法律的规定。由于承袭判例法传统，司法机关——法院的权力和作用除《基本法》外还可以从先例中寻找依据。在《基本法》的制度架构下，香港特别行政区法院在香港特别行政区政治制度中的作用主要体现在对特别行政区政府行政行为的审查上，同时也体现在对特别行政区立法机关——立法会立法行为的审查上。法院在法律制度中的作用体现为在个案审判中解释和适用法律，同时也体现在法院通过确立先例的方式创制法律。通过透视法院在香港政制与法制中的作用，我们可以对法院作用的传统性、制度性和成长性，作进一步的思考。

第一节　法院作用的传统性

法院在政制与法制中的作用很大程度上受制于特定国家或地区的观念传统和政治法律传统。传统的力量虽然是非刚性的，但却是长久释放的。

一、法院作用的观念传统

香港实行资本主义制度,虽然社会变迁,各种社会思潮涌动,价值多元,甚至越来越关注社会整体利益,但其核心的价值观仍然是个人主义的。就司法的法律效果、政治效果、社会效果的考量而言,由于香港法院法官所接受的长期个人主义教育和熏陶,法官更重视个案的法律效果,而情愿把政治效果、社会效果等问题留给立法机关和政府去考量。香港终审法院在"吴嘉玲居留权案"审理中的立场,就是最好的说明。

香港的法律观念,与西方国家的法律观念是一脉相承的。这种个人本位的法律观起源于古代罗马,虽然历经中世纪政教角力的冲击,却孕育了近代的西方革命,并被革命后的制度所确定。及至19世纪末,经济垄断带来政府干预以及对个人本位的挑战,其极端的表现就是法西斯暴政的出现,以及以"国家"、"社会"、"民族"的名义貌视甚至剥夺个人的权利。二战后,出于对独裁与战祸的反思,个人本位的原则再次确立。虽然社会的发展导致多元价值观,然而,占统治地位的核心价值观依然是个人主义的。个人作为权利出发点和归宿的立场至今没有改变。因此,西方国家的法官多以个人本位为其核心的法律观念。

内地实行社会主义制度,虽然在市场经济取代计划经济后,逐步吸取了资本主义的若干价值元素,对个体利益的关注大大加强,但是,对社会整体利益、全局利益的重视,仍然是社会主义价值观的核心。司法审判需要有大局观念,就司法的法律效果、政治效果、社会效果的考量而言,法官不能就个案论个案,不能只关注个案当事人的个体利益而忽视了社会的整体利益和稳定,法官有责任追求司法的法律效果、政治效果和社会效果的高度统一。而坚持共产党对法院的领导,是实现三种效果统一的政治保证。

法院作用是与法律观念有密切关系的。法律观念是决定法官司法良知的基础,法律观念是法官司法行为的根本指南。虽然,现代法律观在核心价值方面仍然有分歧,在个人与社会的天平上仍然有不同的倾向,但总体一致的法律观念也已经形成,这就是公平正义,就是要合法合理、平等对待、及时有效、公正司法。法律观念和司法理念有个别性的一面,也有普世性的一面。

二、法院作用的政治传统

香港长期处于英国的殖民统治体制下,虽然不能直接传承英国本土全部的政治传统,但很大程度上受英国政治传统的熏陶。英国式的三权分立观念,对香港的政治制度有很大的影响。"九七"回归前,英国统治者在香港建立了总督集权、行政主导的政治制度。但在总督之下,设立立法局、政府和行政会议、法院等机关协助或代表总督行使权力,在较大程度上受到了英国英皇下的三权分立政治体制和政治传统的影响。特别是英国的司法独立、司法监督行政的政治传统,逐步被香港所继受。香港甚至仿效了显示威严的英国法官服饰:头带灰白色的环形卷发发套,身着猩黑色长法袍。20世纪80年代末开始,香港又受到同属普通法系的美国的三权分立体制和观念影响。法院的地位被提升,法院被赋予了越来越多的政治使命。"九七"回归后,香港的政权归属发生了根本性变化,但相当部分的政治传统得以延续,其中包括法官地位和文官地位的政治传统。因此,基于普通法系的部分政治传统,法院在香港政制与法制中能发挥较大的作用。

在我国内地,基本的政治传统是坚持中国共产党的领导和人民代表大会制度。基于人大监督下的一府两院制,司法机关相对于权力机关而言系下位对上位的关系而非相互独立或并列的关系。基于宪法序言确立的共产党的领导地位及实质的权力关系,所有国家机关均接受执政党——共产党的领导。长期以来,人大对法院的监督与对政府的监督在方式上很少有区别,执政党对各国家机关的领导方式似乎也没有大的区别。某种意义上讲,司法系统实质上还是党政系统的一个延伸或组成部分,法院尚不可能作为以权力制约权力的一支独立力量存在。

政治传统是国家或民族政治经验的总结,是政治文明的基础,政治传统需要得到充分的重视。政治文明又需要与时俱进,在立足本土的同时,吸收各国成功的政治经验。政治文明的发展在必要时还要突破不合时宜的传统束缚。因此,无论基于怎样的政治传统,在现代政治文明中,司法权威、司法对行政的监督是一定要得到坚持的。

三、法院作用的法律传统

就法律传统而言,英国的判例法传统,既被"九七"回归前的香港所传承,也被"九七"回归后的香港所传承,法官造法不仅可能,而且是司法活动的一个重要内容。基于判例法的统一性,普通法系国家的法官通常可以在司法判决中援用其他普通法系国家和地区的司法判例,香港《基本法》也作了类似的规定,因此,法官在创制法律和适用法律方面有较大的主动性和自主性。基于判例法传统,法官看起来要比立法者和行政官员更能够代表法的尊严。

同时,判例法的传统对法官的专业能力和职业操守亦有很高的要求。法官候任者不仅接受过良好的专门法律教育,而且还须是有威望的长期执业的律师。法官虽然享有司法豁免权,但其专业能力和职业操守须得到广大同行的认同。

内地基本上延续了大陆法系的法典法传统,立法机关垄断法律创制权,法官只负责司法的观念根深蒂固。大陆法系的法典法是典型的主权国家法,所有的法典和其他制定法均被贴上国家标签。援用外国制定法的情况是难以想象的。机械式的司法被看成是忠于法律的美德。法官的创造性司法活动不仅不被鼓励，甚至要被禁止。基于法典法的传统，伟大的立法者要比法官更能代表法的尊严。

基于上述法典法传统，对法官的素质要求自然不及判例法传统。就我国内地而言，法官的专业化不是传统而是革新，是目前司法改革的目标之一。历史上，我国长期是"父母官"统掌行政与司法权。纵然也有少数几个专行司法的朝廷官员，但对其道德修养的要求，远超过对其专业能力的要求。新中国建立后，"干部"一词在较长时间内是各种官员（包括法官）的统称。对官员政治素质和政治能力的要求高于一切。改革开放以后，对干部的专业化要求开始受到重视。不过，我国法律专业教育及司法考试历史尚短，法官的职业化才刚刚开始。各地司法环境差距大，法官及其他司法从业人员素质不一。然而，最高法院的法律解释、司法指导，以及法院内部规章制度，各种层面上对司法活动的监督制度（包括立法机关的监督和执政党的监督），又在很大程度上弥补了这方面的不足。

第二节 法院作用的制度性

法院在政制与法制中的作用受特定国家或地区的基本制度所决定。法院作用与法治化程度成正比，与宪政成熟程度成正比，与司法的独立性地位成正比。

一、法院作用与法治

香港法院在香港政制与法制中的作用与香港的制度健全法治化发展密切相关。今天的香港是一个法治社会，但香港是一个历史不长、根基不深的法治社会。英国殖民统治期间，总督集立法、行政、司法、军事大权于一身,是典型的专制体制。20世纪70年代以后,随着香港的经济起飞,政府管理制度的改进,政府反贪措施的推进,港英政府开始重视法制建设,《公民权利及政治权利国际公约》和《经济、社会和文化权利国际公约》也于1976年由作为签署国之一的英国引申至香港。虽然香港的集权政治制度尚未改变,但依法治理的原则开始形成。20世纪80年代,随着"九七"临近,英国政府不得不通过与中国政府谈判,以解决香港的前途问题。从这时起,港英政府出于笼络人心的目的,不时地向北京打出民意牌,因而比历史上任何时候都"尊重"民意,逐步进行民主改革,强调法治。同时,香港市民在日益活跃的公共生活中得到了法制教育,对法律的认同快速增强。至90年代,港英政府基于对"九七"后制度变化的担忧,逐步赋予法院更大的权力。1991年,港英政府制定《人权法案条例》,法院开始审查本地立法并决定其是否有效的尝试。

1984年《中英联合声明》的签定,为解决香港问题提供了政策指引。1994年《基本法》的问世,为"九七"后"一国两制"的实施,为香港特别行政区的政制法制建设,为香港法治化的持续与提升,提供了坚实基础。根据前两个法律文件,"九七"后,香港的法治理念和司法制度基本不变,但是,香港的司法任务却有一定的变化。

"九七"回归后,香港以《基本法》为基础,加快了民主与法制化进程。香港首次获得完全独立的司法权与终审权,香港法院承担起实施、解释《基本法》、终局性裁决香港特别行政区诉讼争议的艰巨任务。《基本法》既是对新的政治制度的全面设计,又是对香港居民人权保障的大力推进,它的实施,对于香港的民主、法治、人权事业的发展,具有革命性的意义。法治化的深入和《基本法》新制度的落实,促使香港法院在政制与法制中发挥更加积极的作用。

法治化的深入和宪政的发展,是香港的进步,是中国的进步,也是世界性发展的总趋势。随着社会的发展,法治的观念已被大多数人所接受，人们对法治的理解也不断加深，法律渗透到社会生活的各个方面。不仅依法确定政治国家与个人的关系，依法规范公权力的行使，已开始成为具有普世性的观念，而且宪法制度与法律制度日益健全，司法作为解决私人与私人、国家与私人间利益争端的最终解决手段也日益被人们所接受。

法治化进程中，最初是激发了人们对制定良好法律的愿望，立法机构的民主化与立法权的优越化相伴发展。随着对立法机构立法效率的担忧，人们又开始希望通过加强行政权，强化法制运行。尽管人们逐渐意识到人权保障是法治发展的终极目标，但是立法优先或是行政优先均不能保证与法治的方向始终保持一致。人权保障的进一步追求，需要宪政的全面发展，需要司法能发挥更加积极的作用。因此，随着民主政治的制度化、法治化，法院除了发挥解决纠纷的传统作用外，还被要求发挥政治及社会方面的作用。

司法是法律实施的过程，是法治实现的过程，法的品质和效果需要通过司法的审查或检验。司法也是民主获得保障的过程，民主权利需要得到司法救济，民主秩序需要得到司法维护，民主政治需要司法体现。司法是人权的最后屏障，司法不仅要阻却个人对他人人权的侵害，司法还要阻却政府对个人人权的侵害。司法是宪政的保障。可见，法院的作用与法治化程度成正比，与宪政的成熟程度成正比。

二、法院作用与司法独立

法院在政制与法制中的基本地位，由其独立性所决定。香港法院从殖民体制走入特别行政区体制，其独立性地位的确立已有较长的历史。但是，相比"九七"回归之前，回归后的法院的独立性程度有了很大的提升，而终审权的获得与终审法院的设立与运行，就是香港法院独立性提升的突出标志。香港法院的作用是随法院独立性的提高而增强的。

就各国司法改革和法院作用扩张的趋势看,司法独立得到越来越多的强调。其实,司法独立是司法权正常运行的基础。现代宪政国家均肯定司法独立的这一宪政原则。一方面,司法独立有助于司法权威的确立,有助于对司法的社会公信力的提高,司法独立是主观性司法公正的一个重要条件。另一方面,司法独立使法律的科学性和技术性得到承认,使法官的自主审判成为可能。法律的原则和规范通过法官的自主审判,通过法官的公正理念与司法技术的作用得以实施,司法独立又成为客观性司法公正的一个重要条件。

在我国内地,宪法和法律只是肯定了法院在行使其职权时的某种独立性,即司法程序的技术性独立。同时,这种独立性又是指人民法院而非法官个人独立行使审判权。法院院长作为法院"行政首长"审核全院案件的作用远重于作为"首席法官"主持对重大案件的直接审理。另外,地方法院的设置与司法行政管理体制没有同地方政府脱离,法院在其活动中受到行政机关的较多制约。虽然司法权与立法、行政等权力的关系模式不同,司法权相关制度也有不同,但是,司法独立的基本价值及司法独立的原则底线,应该是一致的。司法独立是我国宪政建设的一个重要内容,也是我国内地司法权正常运行及实现司法公正的重要制度保证。如果希望内地的人民法院能在政制和法制中发挥更积极的作用,就要努力贯彻我国现行宪法关于"法院依法独立行使审判权"的规定,加快司法改革,积极提升人民法院的地位与威信。

第三节 法院作用的成长性

法院在政制与法制中的作用具有成长性。法院作用的扩张既与社会的法治化进程同行,又与人权事业的发展齐步。

一、法院在政制中作用的成长性

虽然《基本法》并非一部宪法,香港特别行政区也非一个国家。但是,《基本法》对于香港,无疑起着宪法性法律的作用,香港也因为《基本法》而步入宪政的轨道。虽然《基本法》并未明文规定香港法院拥有司法审查和违宪审查权,但是,《基本法》第 8 条明确规定了对香港原有法律的保留,第 19 条明确规定"香港特别行政区法院除继续保持香港原有法律制度和原则对法院审判权所作的限制外,对香港特别行政区所有的案件均有审判权。"事实上,"九七"回归前,香港法院长期拥有并行使对行政机关行政行为的司法审查权,而且,在"九七"回归前夕,也已有了对本地立法进行审查的先例。"九七"回归后,法院不仅加强了对行政机关行政行为进行司法审查的力度,而且,开始较多地依据《基本法》、《人权法案条例》及国际人权公约对特别行政区立法机关的立法在个案审判中进行附带性的审查。这虽然在学术界有一定的争议,但是,作为拥有《基本法》原始解释权的全国人大常委会并未通过任何解释行为对香港特别行政区法院的上述行为进行质疑。香港法院对本地立法进行的审查,虽然不能称为典型意义上的违宪审查,但与美国式的违宪审查有惊人的相似。这些审查活动虽未达到成熟的程度,但在实施和捍卫《基本法》、促进新的政治制度的平稳运行及人权保障等方面,有着不可忽视的作用。

现代宪政理念要求法院与政治权力保持适当距离。一方面,当人权与政治权力发生冲突时,法院要作为中立的裁判者;一方面,在政治权力迫害人权时,法院又当成为人权的最后保护屏障。就立法、行政、司法三机构而言,司法机构虽然是最弱势的一个机构,但似乎是最接近接受宪政理念的一个机构。第二次世界大战以后,人们基于对政治权力集中与专横的担心,越来越期待司法能发挥越来越多的政治作用。

有越来越多的国家将限制政治性机构——立法、行政机构权力的重任托付给了司法机构,由普通法院来行使司法审查和违宪审查权。有学者赞誉说:"通过法院进行违宪审查并以此保障人权,由于在价值上是基于中立原则而进行的,所以法院的价值判断必然会受到公众认知的影响,这样,法院在无形中就必须接受来自各个方面的压力,忠实地履行宪法就成了法院得以保持中立、非政治化的条件。人权的保障在这样的体制下就是比较可行的。"[1] 司法消极主义向司法积极主义的转变,是一种世界性的趋势。香港法院在政制中作用的增强,也可谓与时俱进。

内地法院在政制中作用提升也是有目共睹的。基于现行的宪法框架与政治制度,宪法司法化并无可行性,但是,对于宪法司法化的学术探讨异常活跃。然而,在对行政行为的司法审查方面,内地法院正在发挥越来越积极的作用。行政诉讼的实际受案范围有所扩大,行政诉讼原告的胜诉率有所提高,行政机关尊重并自觉履行法院判决的情况也大大改善。司法审查在监督政府依法行政方面正发挥越来越重要的作用。

基于现代社会的利益关系和利益诉求日趋复杂,立法和行政这样的政治性机关判断和决策的正当性、合法性会受到越来越多的质疑,而且这种质疑会越来越多地来自社会个体成员。通过司法的中立性、程序性裁决,将大大满足个体的愿望。虽然对立法合宪性监督的研究尚需时日,盲目提倡宪法司法化,对我国政制与法制发展有害无益。但是,扩大对行政行为的司法审查范围,提高行政审判的权威性,不仅有利于加强对个案行政相对人的救济,而且,将会在很大程度上缓解日益

---

[1] 李岩:《现代国家的违宪检查与人权保障》,载《宪政论丛》,第 1 卷,法律出版社,1984 年版,第 176 页。

频繁的政治性行为所可能导致的社会关系紧张。目前,内地的行政行为合法性、适当性问题比起立法的合宪性问题,有更强的迫切性。加强法院在政制中的作用,首先应从加强法院对行政行为的司法审查做起。

二、法院在法制中作用的成长性

在适用法律方面,香港法院在"九七"回归后面临特别的挑战。这种挑战在于,"九七"回归前,香港法院需适用英国的法律,而且是依普通法的传统和技术适用法律,"九七"回归后,香港法院需适用中国的基本法律——《基本法》,以及根据《基本法》附件(三)适用于香港的法律,而且不得不考虑大陆法的传统和法律技术。香港法院通过适用法律,开始了一些法律技术整合的尝试和努力。双语司法已经取得了明显的成果,法律解释也已有新的探索。法院在解决区际法律冲突和开展与内地司法协作方面有了重大进展。

在通过司法判例创制法律方面,香港法院也面临新的挑战。一方面,由于"九七"回归后香港在历史上首次拥有终审权,香港本地"法官造法"的地位和作用大大提升,终审法院的先例成为具有最高约束力的先例。由于《基本法》这一法典法成为香港法体系中的最高法,解释适用《基本法》所形成的先例,将大大丰富《基本法》和促进《基本法》的发展。另一方面,在《基本法》框架下,通过司法判例创制法律,却遇到前所未有的困难。大陆式法典的抽象性、制定法与制定法及制定法与司法判例的效力关系,都给新时期的"法官造法"增加了难度。由于代表主权的全国人大常委会直接拥有《基本法》的解释权,全国人大无须通过新的立法或法律修改,而是通过全国人大常委会解释《基本法》就可以阻止不受欢迎的个案判决成为有长远约束力的先例。法院系统垄断法律解释的传统已被改变。香港法院"法官造法"的行为已置于全国人大常委会的直接监督之下。同时,香港法院在通过判例创制法律时,置身于两大法律传统——普通法传统和大陆法传统的冲突与协调中,置身于两种语言——英文和中文,以及双语立法和双语司法的并行发展中,置身于特别行政区政治权力磨合与人权要求增长的巨大压力中,置身于发展本地判例法与追随普通法主流的双重任务中。

经济的全球化、社会的法治化和法律的多元化发展,是一个世界性的趋势。这就给司法审判和法律解释带来了很大的挑战。法院应当在法律解释,甚至于法律创制方面,发挥更加积极的作用。欧盟法院在整合大陆法系和普通法系法律技术包括法律解释技术方面,进行了积极的努力,并取得了可喜的成果。判例法在普通法系国家和地区的主导性地位得到继续,判例在大陆法系国家和地区中解释法律及填补法律漏洞的作用得到越来越多的承认。法院在法制中的主动性作用正在得到加强。

在我国,全国人大常委会的立法解释在法律解释中具有最高地位和效力。但是,由于全国人大常委会一方面因作为立法机构受繁重的立法任务所累,一方面因委员会制受民主化表决程序所累,所以法律解释的效率大打折扣。而就司法解释而言,其实际上须覆盖大部分的法律解释空间。但是,最高人民法院长期进行抽象条款式的司法解释,混淆了司法权与立法权的界限,无助于司法解释技术的发展。只有结合个案的司法解释,才能恢复司法权运行的本来面目。要发挥司法解释在原始个案以外的效力,就应借鉴判例在两大法系国家和地区中的作用,特别是判例在大陆法系国家和地区的最新发展,积极探索中国式的判例制度,改革法院的法律解释和司法审判。当然,直接的司法造法,无论是就传统还是现行政治制度,均是不可行的。

参考文献

一、著作

1. 郑宇硕编:《香港政制及政治》,香港天地图书有限公司,1987年版。
2. 香港政府新闻处:《香港便览》,香港政府印务局,1986年版。
3. 杨奇主编:《香港概论》(下卷),三联书店(香港)有限公司,1993年版。
4. 邢慕寰、金耀基主编:《香港之发展经验》,中文大学出版社,1986年版。
5. 香港大学学生会社会科学学会编著:《政治参与在香港》,香港广角镜出版社,1984年版。
6. 史深良:《香港政制纵横谈》,广东人民出版社,1991年版。
7. 王仲田:《政治学导论》,中共中央党校出版社,1997年版。
8. 汪永成:《双重转型:"九七"以来香港的行政改革与发展》,社会科学文献出版社,2002年版。
9. 中国第一历史档案馆编:《香港历史档案图录》,三联书店(香港)有限公司,1996年版。
10. 《香港与中国:历史文献资料汇编》,香港广角镜出版社,1981年版。
11. 马沅编译:《香港法例汇编》(第1卷),香港华侨日报社,1953年版。
12. 苏亦工:《中法西用——中国传统法律及习惯在香港》,社会科学文献出版社,2007年版。
13. 李昌道等:《香港政制与法制》,上海社会科学院出版社,1991年版。
14. 李昌道、董茂云:《比较司法制度》,上海人民出版社,2004年版。
15. 徐静琳:《演进中的香港法》,上海大学出版社,2002年版。
16. 朱国斌、黄辉等:《香港司法制度》,河南人民出版社,1997年版。
17. 汤维建、单国军:《香港民事诉讼法》,河南人民出版社,1997年版。
18. 甄贞主编:《香港刑事诉讼法》,河南人民出版社,1997年版。
19. 胡锦光主编:《香港行政法》,河南人民出版社,1997年版。

20. 赵秉志主编:《香港刑事诉讼程序法》,北京大学出版社,1996年版。
21. 张学仁主编:《香港法概论》,武汉大学出版社,1996年版。
22. 董立坤:《香港法的理论与实践》,人民出版社,1999年版。
23. 刘玫:《香港与内地刑事诉讼制度比较研究》,中国政法大学出版社,2001年版。
24. 黄学贤:《比较行政法——港、澳、台行政法析论》,中国社会出版社,2004年版。
25. 李昌道:《香港政治体制研究》,上海人民出版社,1999年版。
26. 黄江天:《香港基本法的法律解释研究》,三联书店(香港)有限公司,2004年版。
27. 汤德宗、王鹏翔主编:《2006两岸四地法律发展》(下册),(台)中央研究院法律学研究所筹备处,2007年版。
28. 林来梵:《从宪法规范到规范宪法》,法律出版社,2001年版。
29. 舒国滢等:《法学方法论问题研究》,中国政法大学出版社,2007年版。
30. 张千帆:《宪法学导论》,法律出版社,2004年版。
31. 胡锦光:《中国宪法问题研究》,新华出版社,1998年版。
32. 沈宗灵:《比较宪法——对八国宪法的比较研究》,北京大学出版社,2002年版。
33. 董皞:《司法解释论》,中国政法大学出版社,2007年版。
34. 佳日思、陈文敏、傅华伶主编:《居港权引发的宪法争论》,香港大学出版社,2000年版。
35. 郭华成:《法律解释比较研究》,中国人民大学出版社,1993年版。
36. 齐树洁主编:《英国民事司法改革》,北京大学出版社,2004年版。
37. [法]勒内·达维:《英国法和法国法》,舒扬、刘晓里译,西南政法学院法制史教研室,1984年版。
38. [法]孟德斯鸠:《论法的精神》,张雁深译,商务印书馆,1961年版。
39. [新西兰]瓦莱里·安·彭林顿:《香港的法律》,毛华等译,上海翻译出版公司,1985年版。
40. [英]诺曼·J.迈因纳斯:《香港的政府与政治》,伍秀珊等译,上海翻译出版公司,1986年版。
41. G. B. Endacott: Government and People in Hong Kong 1841—1962, Hong Kong, Hong Kong University Press, 1964.
42. 《香港司法机构》,香港司法机构刊物,2008年第一版。

二、论文

1. 张鑫:《香港特别行政区基本法实施中的问题》(上),载《亚洲研究》(香港),1994年第10期。
2. 宋立功:《初评问责制的开局》,载香港《信报:财经月刊》,2002年9月刊。
3. 董茂云:《香港特别行政区的法制特色》,载《复旦学报》,1997年第5期。
4. 董茂云:《论判例法在香港法中的主导地位》,载《政治与法律》,1997年第1期。
5. 陈友清:《香港原有法律的适应化及几个理论问题》,载《现代法学》,1999年第3期。
6. 杨荣珍:《香港回归前后法律的变化》,载《法学杂志》,1997年第4期。
7. 王赫:《"一国两制"下香港的法律渊源》,载《甘肃理论学刊》,1998年第4期。
8. 贺卫方:《人民陪审制研究的三个困难——关于陪审制答〈北大法律评论〉之一二三》,载"北大法律信息网",http://article.chinalawinfo.com/article/user/article_display.asp?ArticleID=40797,2008年9月30日访问。
9. 肖建国:《香港民事司法救济法论——以比较法为视角的研究》,载《北京科技大学学报》(社会科学版),2000年第5期。
10. 林莉红:《香港的行政救济制度》,载《中外法学》,1997年第5期。
11. 陈弘毅:《论香港特别行政区法院的违宪审查权》,载《中外法学》,1998年第5期。
12. 陈弘毅:《〈香港特别行政区基本法〉的理念、实施与解释》,载《法理学的世界》,中国政法大学出版社,2003年1月。
13. 陈弘毅:《普通法权限中的宪法解释》,施嵩译,载《学习与探索》,2007年第1期。
14. 王振民:《论回归后香港法律解释制度的变化》,载《政治与法律》,2007年第3期。
15. 郑贤君:《"九七"后香港司法架构的特点——建议终审庭的设立对香港司法体制的影响》,载《中外法学》,1997年第1期。
16. 郑贤君:《我国宪法解释技术的发展——评全国人大常委会'99〈香港特别行政区基本法〉释法例》,载《中国法学》,2000年第4期。
17. 程洁:《论双轨政治下的香港司法权——宪政维度下的再思考》,载《中国法学》,2006年第5期。

18. 香港特别行政区律政司编:《基本法简讯》,第1—10期。

19. 朱湘黔:《试评〈关于内地与香港特别行政区法院相互认可和执行当事人协议管辖的民商事案件判决的安排〉》,载《法制与社会》,2007年4月。

20. 《扩大陪审员来源应提供足够支援》,香港《文汇报》2008年1月29日社评,http://paper.wenweipo.com/2008/01/29/WW0801290002.htm,2008年10月1日访问。

21. 吴木銮:《从香港陪审员被判刑看社会的共同治理》,载《中国保险报》,2008年1月7日,http://news.163.com/08/0107/14/41K3UADB00012GG9.html,2008年10月1日访问。

22. 李岩:《现代国家的违宪检查与人权保障》,载《宪政论丛》第1卷,法律出版社1984年版。

三、司法机构资料

1. 《香港特别行政区司法机构民事司法制度改革工作小组最后报告书摘要》,香港司法机构网站,

   http://www.civiljustice.gov.hk/fr/paperhtml/fr_es_tc.html,2008年3月25日访问。

2. 《法官行为指引》,香港司法机构网站,

   http://www.judiciary.gov.hk/tc/publications/gjc_c.pdf,2008年8月20日访问。

3. 《关于非全职法官及参与政治活动的指引》,香港司法机构网站,

   http://www.judiciary.gov.hk/tc/crt_services/pphlt/pdf/guideline_part_time_judge.pdf,2008年3月26日访问。

4. 《如何就法官的行为作出投诉》,香港司法机构网站,

   http://www.judiciary.gov.hk/en/crt_services/pphlt/pdf/complaintsjjoleaflet.pdf,2008年3月26日访问。

5. 《无律师代表诉讼人资源中心督导委员会报告书》,香港司法机构网站,http://rcul.judiciary.gov.hk/rc/simp/screport/RC%20Report%20Chin.pdf,2008年9月30日访问。

6. 《司法人员推荐委员会报告》(1997—2002年,2003年,2004年,2005年,2006年),香港司法机构网站,

   http://sc.info.gov.hk/TuniS/www.judiciary.gov.hk/tc/publications/publications.htm#pub,2008年9月30日访问。

7.《法官及司法人员薪酬厘定制度顾问研究报告书》(2003 年 2 月),香港司法机构网站,

http://www.judiciary.gov.hk/tc/publications/consultancy_report_c.pdf,2008 年 9 月 30 日访问。

8.《出任陪审员的准则》,香港法律改革委员会陪审团小组委员会咨询文件,2008 年 1 月 28 日,

http://sc.info.gov.hk/doc?srcurl=www.hkreform.gov.hk%2Ftc%2Fdocs%2Fjuries_c.doc&srcfmt=2&dstfmt=2&srclng=1&dstlng=2&hkscs=1,2008 年 10 月 1 日访问。

附　录

香港特别行政区终审法院[①]

图一

---

① 图片来源:香港特别行政区康乐及文化事务署古物古迹办事处网站,http://sc.lcsd.gov.hk/gb/www.amo.gov.hk/b5/monuments_popup.php?largeImg=../graphics/b5/monuments/large/37/371.jpg&largeImg=../graphics/b5/monuments/large/37/371.jpg&mid=37&mdesc=前法国外方传道会大楼(中环炮台里一号)。访问时间:2009年11月11日。

图二

香港特别行政区司法机构体系[1]

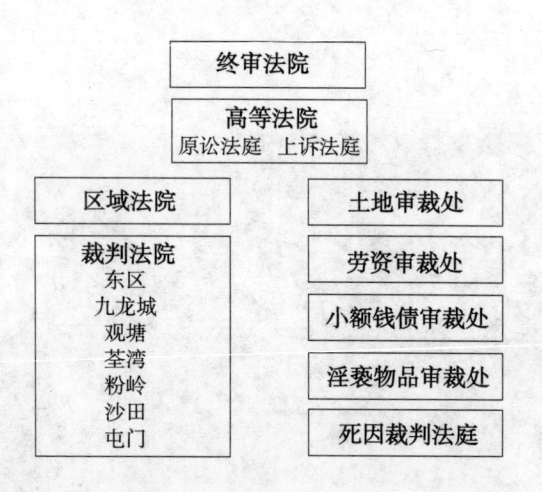

```
                    ┌──────────┐
                    │  终审法院  │
                    └──────────┘
                    ┌──────────┐
                    │  高等法院  │
                    │原讼法庭 上诉法庭│
                    └──────────┘
    ┌──────────┐              ┌──────────┐
    │  区域法院  │              │  土地审裁处 │
    └──────────┘              └──────────┘
    ┌──────────┐              ┌──────────┐
    │  裁判法院  │              │  劳资审裁处 │
    │   东区    │              └──────────┘
    │  九龙城   │              ┌──────────┐
    │   观塘    │              │ 小额钱债审裁处│
    │   荃湾    │              └──────────┘
    │   粉岭    │              ┌──────────┐
    │   沙田    │              │ 淫亵物品审裁处│
    │   屯门    │              └──────────┘
    └──────────┘              ┌──────────┐
                              │ 死因裁判法庭 │
                              └──────────┘
```

高等法院、区域法院及土地审裁处的上诉机制[2]

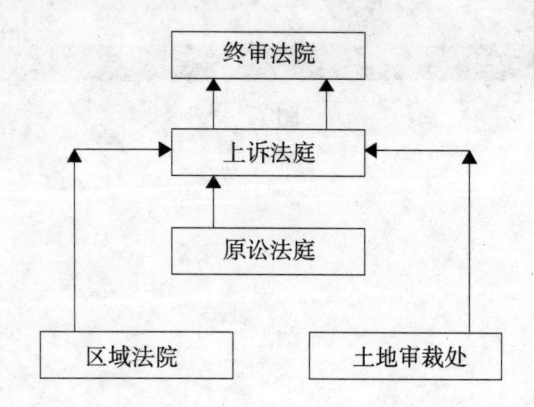

```
            ┌──────────┐
            │  终审法院  │
            └──────────┘
                 ↑
            ┌──────────┐
     ┌─────→│  上诉法庭  │←─────┐
     │      └──────────┘      │
     │           ↑            │
     │      ┌──────────┐      │
     │      │  原讼法庭  │      │
     │      └──────────┘      │
┌──────────┐              ┌──────────┐
│  区域法院  │              │  土地审裁处 │
└──────────┘              └──────────┘
```

---

[1] 资料来源：香港特别行政区司法机构网站，http://www.judiciary.gov.hk/chs/organization/courtchart.htm 。访问时间：2009年11月11日。

[2] 同上。

裁判法院及审裁处的上诉机制[1]

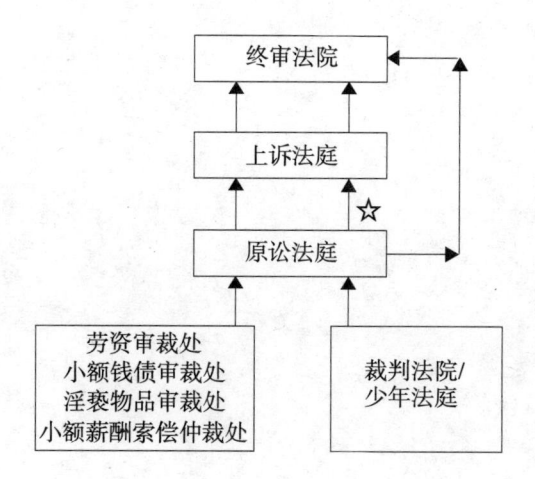

```
            终审法院 ←┐
             ↑  ↑    │
            上诉法庭  │
             ↑  ↑    │
                ☆    │
            原讼法庭 ─┘
             ↑    ↑
    ┌────────┘    └────────┐
劳资审裁处              裁判法院/
小额钱债审裁处          少年法庭
淫亵物品审裁处
小额薪酬索偿仲裁处
```

（原讼法庭可把上诉或上诉中的任何论点保留以待上诉法庭考虑，亦可指示该项上诉或上诉论点的辩论在上诉法庭进行）

---

[1] 资料来源：香港特别行政区司法机构网站，http://www.judiciary.gov.hk/chs/crt_services/pphlt/html/hc.htm 。访问时间：2009年11月11日。